旅の英会話
ENGLISH CONVERSATION

基本的な単語やフレーズだけでも
覚えておけば、現地の人と
コミュニケーションが取りやすくなる。

基本フレーズ

☐☐☐ をください（お願いします）。
☐☐☐, please.
プリーズ

ex. コーヒーをください。
Coffee, please.
コーフィー プリーズ

☐☐☐ はどこで買えますか。
Where can I get ☐☐☐?
ウェア キャナイ ゲット

ex. 水はどこで買えますか。
Where can I get mineral water?
ウェア キャナイ ゲット ミネラル ウォーター

☐☐☐ まで距離はどのくらいですか。
How far is it from here to ☐☐☐?
ハウ ファ イズィット フロム ヒヤ トゥ

ex. ロンドン塔まで距離はどのくらいですか。
How far is it from here to Tower of London?
ハウ ファ イズィット フロム ヒヤ トゥ タウォ オブ ロンドン

☐☐☐ へはどうやって行けばいいですか。
How do I get to ☐☐☐?
ハウ ドゥ アイ ゲットゥ

ex. バービカンへはどうやって行けばいいですか。
How do I get to Barbican?
ハウ ドゥ アイ ゲットゥ バービカン

《タクシー内で》☐☐☐ まで行ってください。
To ☐☐☐, please.
トゥ　　　　　　プリーズ

ex. ピカデリー・サーカスまで行ってください。
To Piccadilly Circus, please.
トゥ ピカデリー サーカス プリーズ

☐☐☐ 行きのバス乗り場はどこですか。
Where is the bus stop for ☐☐☐?
ウェア イズ ダ バス ストップ フォー

ex. タワー・ブリッジへのバス乗り場はどこですか。
Where is the bus stop for Tower Bridge?
ウェア イズ ダ バス ストップ フォー タウォブリッジ

この地下鉄（バス）は ☐☐☐ へ行きますか。
Does this tube(bus) go to ☐☐☐?
ダズ ディス チューブ（バス）ゴー トゥ

ex. この地下鉄はピカデリー・サーカスへ行きますか。
Does this tube go to Piccadilly Circus?
ダズ ディス チューブ ゴー トゥ ピカデリー サーカス

会話例

タクシー乗り場はどこですか。
Where can I get a taxi?
ウェア キャナイ ゲッタ タクスィー

《地下鉄・バス内で》この席は空いていますか。
May I sit here?
メアイ シット ヒア

トイレはどこですか。
Where is the restroom?
ウェア イズ ダ レストルーム

返品（交換）したいのですが。
I'd like to return(exchange) this.
アイドゥ ライク トゥ リターン（エクスチェンジ）ディス

メニューをください。
May I have a menu, please?
メアイ ハヴァ メニュー プリーズ

注文してもいいですか。
May I order?
メアイ オーダー

注文したものがまだきていません。
My order hasn't come yet.
マイ オーダー ハズント カム イェット

会計をお願いします。
Check, please.
チェック プリーズ

予約をしているのですが。
I have a reservation.
アイ ハヴァ リザヴェイション

荷物を預かってください。
Please keep my luggage.
プリーズ キープ マイ ラゲッジ

Wi-Fiのパスワードを教えてください。
Could you tell me the password for Wi-Fi?
クッジュー テルミー ザ パスワード フォー ワイファイ

締め出されてしまいました。
I rocked myself out.
アイ ロックド マイセルフ アウト

財布を盗まれました。
My wallet was stolen.
マイ ウォレット ワズ ストールン

盗難証明書を作成してくれますか。
Could you make a theft certificate?
クッジュー メイカ セフトゥ サーティフィケット

31

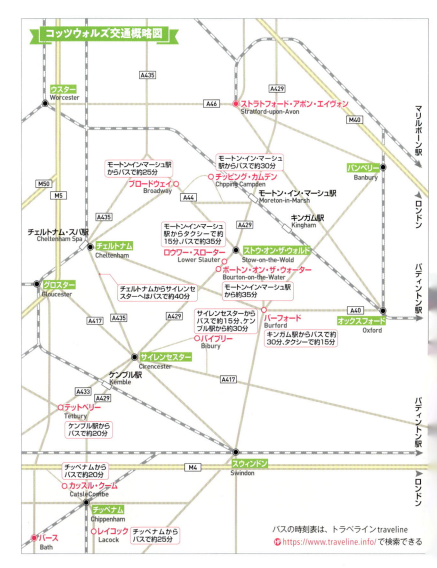

基点となる街へのアクセス

ロンドンの出発駅	到着駅	所要時間
マリルボーン Marylebone	ストラトフォード・ アポン・エイヴォン Stratford-upon-Avon	約2時間
パディントン Paddington	モートン・イン・マーシュ Moreton-in-Marsh	約1時間30分
	キンガム Kingham	約1時間20分

ロンドンの出発駅	到着駅	所要時間
パディントン Paddington	ケンブル Kemble	約1時間10分
	チッペナム Chippenham	約1時間10分
	バース・スパ Bath Spa	約1時間30分

鉄道の時刻表は、トレインラインtrainline https://www.thetrainline.com で検索できる

いざというときにやっぱり安心

タクシー Taxi

ロンドン名物のブラックキャブは、料金高めだが運転手は道を熟知したプロ中のプロ。予約制で少し安価なミニキャブも便利だが、客引きしてくる車など予約なしでの乗車には要注意。アプリで呼び出し、支払いをするUberも一般的。

どこから乗る？
流しのタクシーを見つけるのは難しい。ホテル、または駅や大通りにあるタクシースタンドを探そう。

料金はどのくらい？
ブラックキャブはメーター制で曜日や時間帯によって値段が変わる。電話、ウェブでの予約は＋£2、空港からは＋£2.80。6マイル以上の距離はレートが上がる。ミニキャブは予約時に目的地を告げ、料金が決まる。チップはともに10％ほど。

ロンドン市内のタクシー料金

距離（マイル）	平日6:00～20:00	平日20:00～22:00 土・日曜6:00～22:00	22:00～6:00
初乗り	£3.20		
1	£6.20～9.60	£6.20～9.60	£7～9.60
2	£9.40～15	£9.80～15	£10.60～15
4	£16～24	£18～24	£18～28
6	£25～31	£31～34	£31～34

ロンドンっ子御用達の移動手段

貸し自転車 Santander Cycles

市内70箇所ものステーションがあり、目的地周辺のステーションに乗り捨てる形で利用。車道を通行する。料金は、1回のライドを30分以内にすれば繰り返し使っても1日£2。30分を超える場合は30分ごとに£2。クレジットカードで支払う。

貸し自転車の乗り方

① 料金を支払う

ステーションに設置されたタッチパネル式の支払い機を使う場合は、「Change language」を選び日本語で表示させる。画面の指示に従って手続き、支払いを済ますと5桁の番号が書かれた紙が出てくる。

② 自転車を選んで乗車

借りたい自転車を選び、前輪左上のボタンで紙に記された5桁の番号を入力。青色ランプが点灯したら取り外して乗車。

③ 返却する

返却時はドッキングステーションに力強く自転車をセットする。ランプが青色になれば返却完了。事前登録が必要だが、ステーションの場所や空き、待機自転車数などが表示されるアプリでの貸し出しも便利だ。

渋滞なし！テムズ川を移動

コミューター・サービス
Commuter Service

テムズを行く水上バスで、全22の桟橋を発着する6系統。距離によって料金は異なるが大人片道、オイスターカード使用時で£4.50、桟橋での切符購入で£4.90。オイスターカードは乗船前と下船後にタッチ。また、観光用のボートも充実しており、食事付きクルーズなどもある。

ロンドン市内から郊外へ

 鉄道 National Rail

ナショナル・レールとは複数の民間鉄道会社によって運営される統一ブランド。ロンドンにはパディントンやキングス・クロスなど11のターミナル駅があり、目的地によって乗車駅が異なる。予約は公式ホームからのネット、駅窓口、現地旅行会社を通じての3種類があり、早めのネット予約では割引率が高くなる。一定期間、エリアごとに乗り放題のブリット・レイル・バスもネット購入可能。

ナショナル・レールの乗り方

① チケットを購入する
当日でも駅の窓口、券売機での購入可。予約済みの切符はメールで届いた予約番号を券売機に入力して乗車当日に発券する。

② 改札を通る
自動改札を通る。切符は紛失すると未払いとみなされ、罰金的な料金が課せられる。降車時まで大切に保管する。

③ 乗車する
構内の電子掲示板で自分が乗る電車のプラットホームを確認。遅延による変更も掲示板に表示される。指定席の場合は、車両番号、座席番号を確認、大きな荷物は荷物置き場に置く。

④ 降車する
車内の電光掲示板とアナウンスで、降りる駅をチェックし、降車する。

ロンドン郊外を走る路面電車

 トラムリンク Tramlink

ロンドン南部を走る。バリアフリー構造なので乗り降りが楽で、路面電車という名の響きから想像するよりかなり速い。乗車時に停留所にあるカードリーダーにICカードをタッチ。現金での乗車は不可。片道£1.5。また1時間内なら同料金で乗り換えも可。

使いこなせたらすごく便利

 バス Bus

使いこなせると便利なバス。現金での支払いはできないので、トラベルカードかオイスターカード必携。

バスの乗り方

① バス停を探す
駅やバス停周辺の案内板で路線番号、乗り場、バス停名を確認する。最初の乗車から1時間以内なら複数のバスやトラムを乗り継いでも£1.5と定額で利用可能。

② バスに乗る
バスが来たら水平に手を挙げて乗車の合図を。車体の表示で路線番号、目的地を再確認。ICカードをカードリーダーにタッチする。

③ バスを降りる
車内電光掲示板とアナウンスで降りるバス停名が告知されたら、STOPボタンを押す。2階に乗車した場合などは降りる準備は早めに。

上空からの眺望が最高

 ケーブルカー Emirates air line

グリニッジ・ペニンシュラとロイヤル・ドックスを結ぶ10人乗りゴンドラのケーブルカー。トラベルカードは不可、オイスターカードでは片道£3.50、窓口での支払いは£4.50となる。

地下鉄の乗り方

1 改札を通る

改札は無人。紙製のトラベルカードや片道切符はTicketと書かれた差込口に入れると改札機上部から排出されるので忘れずに受け取って構内に入る。オイスターカードは、黄色い円の部分をタッチして通過する。

2 乗車する

複数の路線が1つのホームで発着することもあるので、ホームの頭上に設置された電光掲示板に書かれている行き先表示を確認してから、電車に乗り込む。

3 降車する

目的の駅に着き、ホームに降りたらWay outというサインと矢印に従って出口に向かう。

オイスターカード、トラベルカードの購入

どの駅にもある券売機で買うのが一般的。大きな駅にある有人のビジターセンターや一部コンビニなどでも購入できる。

1 言語とICカードや切符の種類を選択

日の丸のマークを選択すると画面が日本語に切り替わる。「Oyster」の「新規カードを購入する」を選択。トラベルカードの場合は「1日券」をタッチ。

2 チャージ金額や使用交通機関を選ぶ

1人につき1枚のカードが必要なので、購入者人数を選択する。オイスターカードの場合は£5～£50の中からチャージしたい金額を選んでタッチ。トラベルカードの場合は使用する期間や交通機関を選ぶ。

3 料金を支払う

オイスターカードの場合はチャージ額にデポジットの£5を加えた合計金額をVISA、JCBなどの各クレジットカードまたは現金で支払う。クレジットカードの場合、暗証番号が必要。

オイスターカードのチャージ

英語でチャージはTop Upと表現する。券売機の画面右側にある黄色いカードリーダーにカードをかざすと、現在のカード内残高と、チャージ希望金額選択肢が表示されるので、希望の金額を選んで支払う。再度、黄色いカードリーダーにオイスターカードをかざすと、画面に新残高が表示され、チャージ完了となる。

オイスターカードの返金

購入から48時間以上経過すると返金可能となる。上部の看板にrefundと書かれた券売機を使用。オイスターカードをカードリーダーにかざして、プリペイド払い戻しをタッチ。現金で返金される。£10以上の払い戻しは、大きな駅にあるビジターセンターの窓口での返却となる。

ロンドンと近郊を結ぶ列車

オーバーグラウンド
Overground

ロンドン市内と近郊を走る列車。Underground地下鉄に対して地上を走るためこの名で呼ばれる。一部地下鉄とも乗り入れ運転しており、ゾーン制、乗り方などは基本的に地下鉄と同じ。トラベルカード、オイスターカードも使用できる。

TRAFFIC INFORMATION
ロンドンの市内交通

世界最古の地下鉄であるUnderground、愛称Tubeをはじめ公共交通機関が充実。
地下鉄やバス、公共自転車レンタルを乗りこなして、楽しく効率よく街を満喫したい。

旅行者の街歩きをカバーする

 地下鉄 Underground

料金の設定方法を除けば、日本国内都市部の地下鉄とほぼ同じ感覚で利用できる。通常は早朝5:00台〜深夜0:00台まで運行。金・土曜はヴィクトリア線、ジュビリー線の全線とノーザン線、ピカデリー線、セントラル線の一部または一方向が終日運行している。

「ゾーン」を知っておこう

ロンドンとその近郊を、年輪のような同心円で1〜9までのゾーンに区切り、運賃を定めている。バッキンガム宮殿、ビッグベン、バッキンガム宮殿など主要な見どころの多くはゾーン1〜2。ヒースロー空港はゾーン6となる。

地下鉄での注意事項

- 車両のメンテナンスやスト等による欠便も比較的多い。公式ホームページや改札周辺の掲示板などを要チェック。
- 乗り越し制度がなく、罰金としての割高な課金となるため乗車前に目的地までの切符を購入、あるいはICカードに十分な金額を入金しておく。
- スリや置き引きなどにも要注意。ドア近くの席でスマートフォンを見ていたら、停車駅でドアが閉まる寸前に降車しながらひったくり、そのまま逃げられてしまったとう例もある。また、週末の終夜運行は便利だが、郊外に近づくにつれ車内の人数が減るので安全には気を付けたい。
- 日本と異なり、駅にトイレは設置されていない。

チケットの種類

地下鉄、電車、トラム、バス、水上バスすべてをTFLが運行しておりICカードが共通で使える。一度ずつ切符を購入するよりICカードでの利用の方が安く、バスやトラムリンクは現金不可のため、滞在の日数や計画にあわせて下記のどちらかを持つのが便利。

好きなだけチャージして利用できる

オイスターカード Oyster Card

日本のSuicaやicocaと同様のプリペイド式交通ICカード。カード購入時にデポジット£5を支払いチャージしながら使用する。地下鉄では1回ごとに購入する切符の半額以下だったり、ゾーンごとに1日の上限額(一定額以上は乗り放題となる)が決まっていたりと公共交通機関の利用がかなり割安になる。ただし、日本のICカードのように降車時に不足分を精算する考え方が一般的ではなく、乗車前に十分な料金をチャージしておかないと、罰金的に割高な料金を請求されるので、乗車前に十分な金額をチャージしておく。

滞在日数と移動区域で値段が決まる定額制

トラベルカード Travelcard

TFLの運行する乗り物に乗り放題のバス。24時間、7日間、1ヶ月、1年間の各有効期限と、ゾーンごとの移動可能区域によって値段が異なる。例えば7日間の場合、ゾーン1〜2で£35.10、1〜3で£41.20、1〜4で£50.50。オイスターカードも、ゾーンごとに1日の上限額が決められているので、一般にオイスターカードが返金可能となる48時間以上のロンドン滞在で、日によって移動区間が異なり、市内をあちこち回ろうと考えている旅行者にとってはオイスターカードのほうがお得、というケースがほとんど。

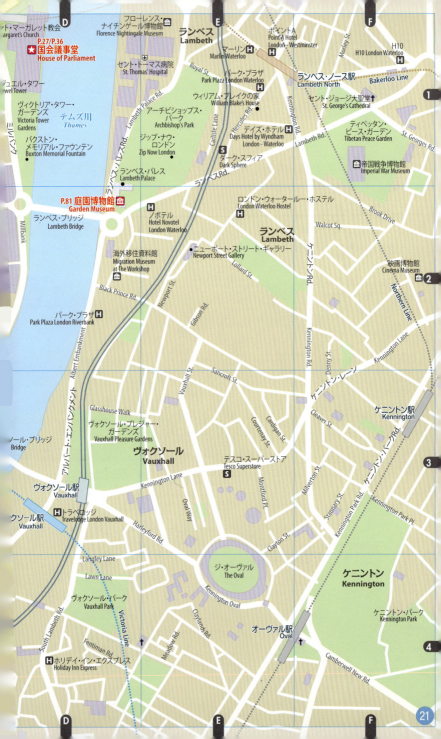

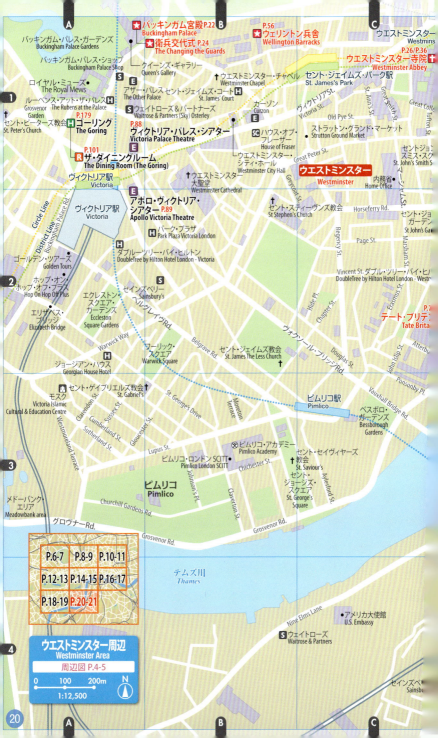

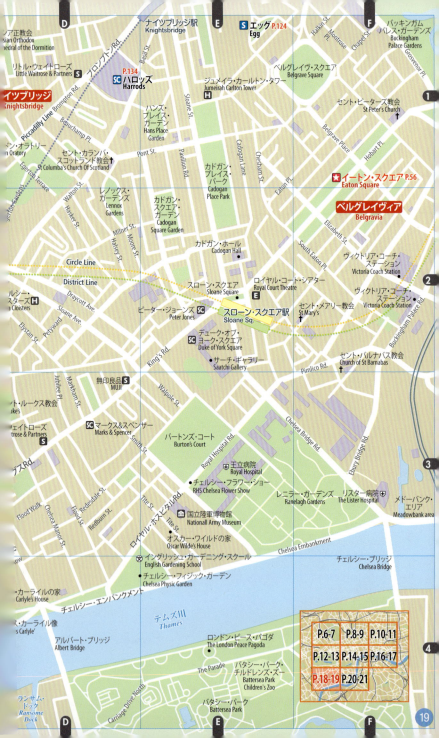

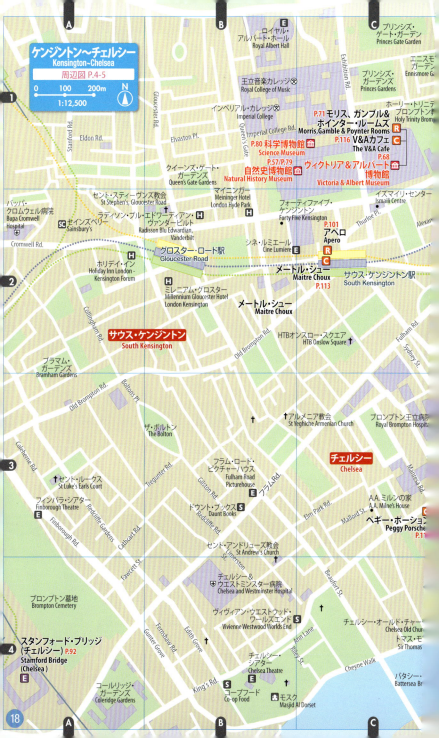

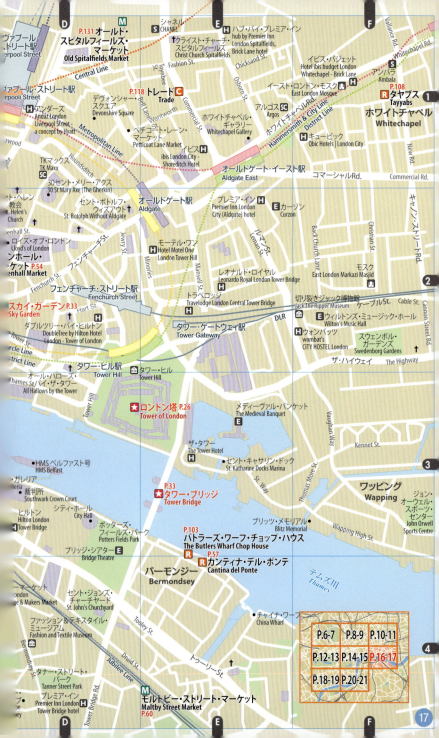

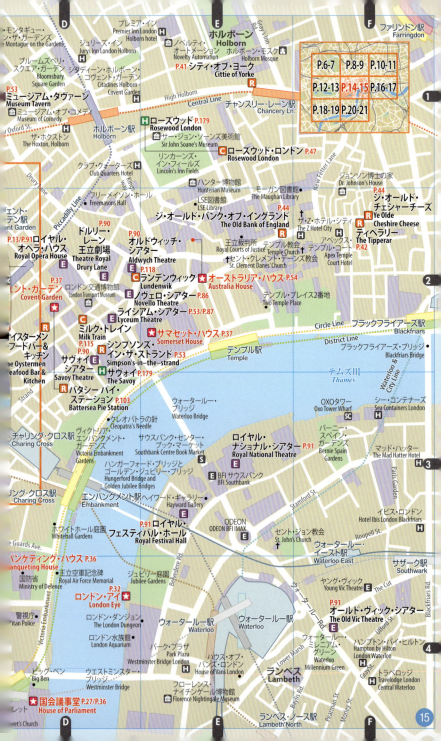

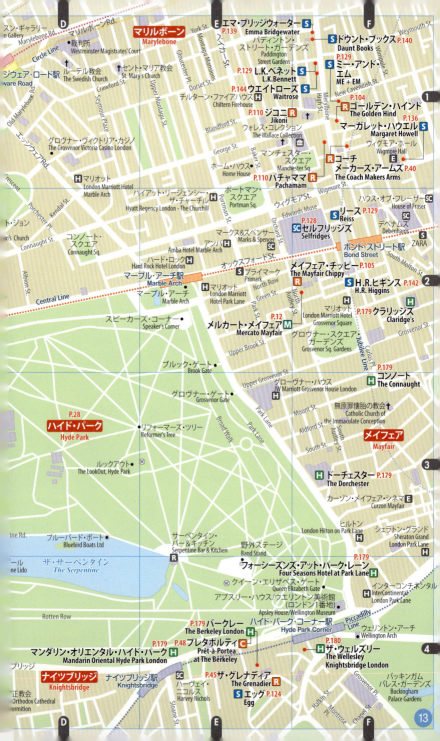

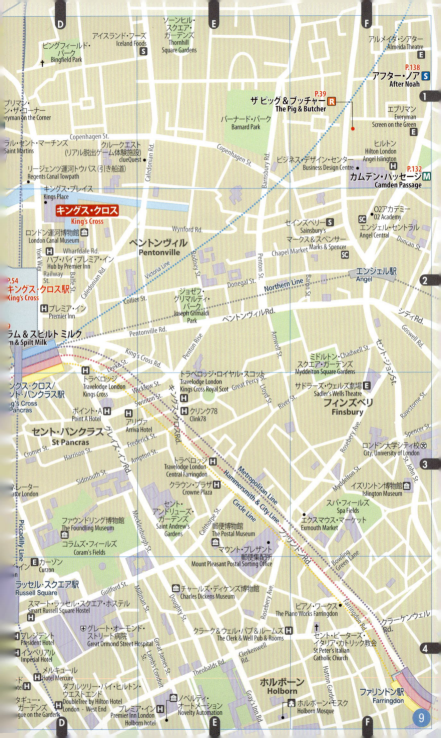

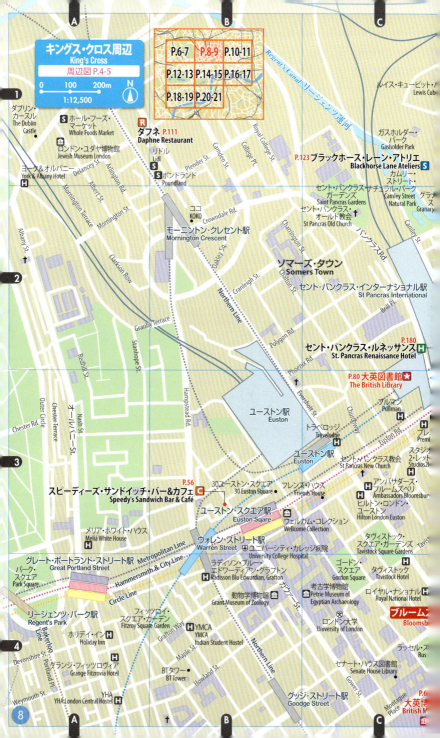

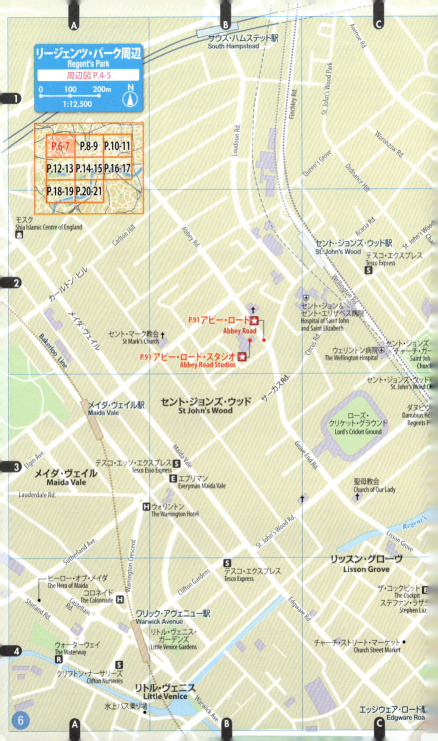

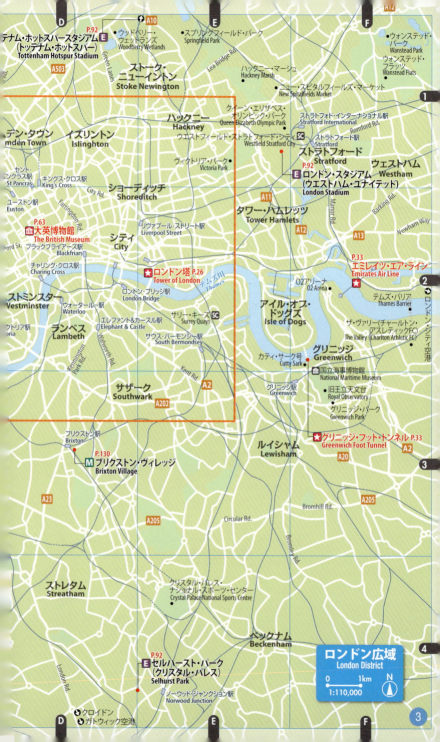

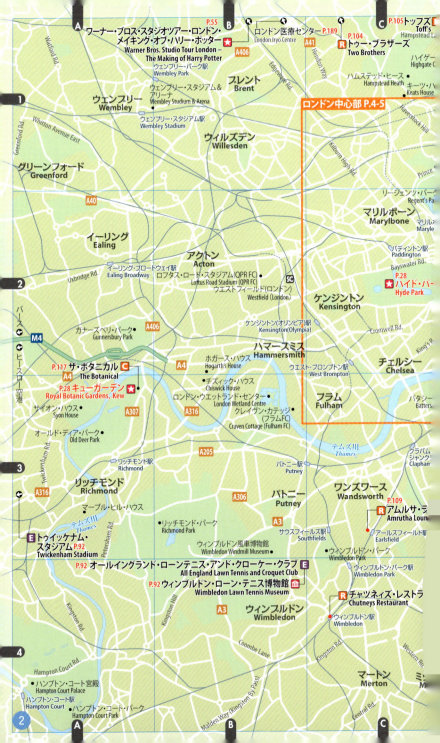

otonatabi premium

ハルカナ
harukana

付録

CONTENTS
ロンドン広域…P2
ロンドン中心部…P4
リージェンツ・パーク周辺…P6
キングス・クロス周辺…P8
ショーディッチ周辺…P10
ハイド・パーク周辺…P12
ソーホー〜バッキンガム宮殿…P14

ロンドン
MAP
街歩き地図

街の
交通ガイド
付き

シティ〜ロンドン塔周辺…P16
ケンジントン〜チェルシー…P18
ウエストミンスター周辺…P20
ピカデリー・サーカス周辺…P22

ロンドンの市内交通…P24
ロンドン地下鉄路線図…P28
コッツウォルズ交通概略図…P30

旅の英会話…P31

otonatabi premium

ロンドン
コッツウォルズ

LONDON COTSWOLDS

日本からのフライト時間
約12時間30分

ロンドンの空港
ヒースロー空港
▶P.184
ロンドン市内へヒースロー・エクスプレスで約15~21分

ビザ
6カ月未満の滞在ならビザは不要

通貨と換算レート
ポンド（£）
£1＝約143円（2020年1月現在）

チップ
習慣としてはある
▶P.11 ▶P.95

言語
英語

時差
東京
| 0 | 1 | 2 | 3 | 4 | 5 | 6 | 7 | 8 | 9 | 10 | 11 | 12 | 13 | 14 | 15 | 16 | 17 | 18 | 19 | 20 | 21 | 22 | 23 |

ロンドン
| 15 | 16 | 17 | 18 | 19 | 20 | 21 | 22 | 23 | 0 | 1 | 2 | 3 | 4 | 5 | 6 | 7 | 8 | 9 | 10 | 11 | 12 | 13 | 14 |

ロンドン（夏）
| 16 | 17 | 18 | 19 | 20 | 21 | 22 | 23 | 0 | 1 | 2 | 3 | 4 | 5 | 6 | 7 | 8 | 9 | 10 | 11 | 12 | 13 | 14 | 15 |

日本時間の前日　　　　　　　　　　夏時間は、3月最終日曜~10月最終日曜

ハルカナ ロンドン
CONTENTS

ロンドンへようこそ！ … 4
旅の基本情報 … 8
　ロンドンのエリアと主要スポット … 8
　滞在のキホン … 10
　ロンドンのいま！最新情報 … 12
至福のロンドン モデルプラン … 14
　出発前に予約 … 20

ロンドンでぜったいしたい9のコト … 21
BEST 9 THINGS TO DO IN LONDON

01 英国王室のロンドン … 22
　ロイヤル・ファミリー … 25
　美しかったダイアナ元妃を偲ぶ … 29
02 テムズ川に親しむ … 30
03 ダブルデッカーでまわるロンドン … 36
04 伝統を継承するパブという街文化 … 38
05 優雅な午後の
　アフタヌーンティー … 46
06 シェイクスピアはグローブ座で観る … 50
07 シャーロック・ホームズを追いかける！ … 52
08 映画やドラマのロケ地を訪ねて … 54
09 週末のお楽しみは
　マーケット三昧 … 58

ART … 61
アート

大英博物館 … 62
ヴィクトリア＆アルバート美術館 … 68
ナショナル・ギャラリー … 72
テート・ブリテン … 76
テート・モダン … 78
自然史博物館 … 79
専門性の高いミュージアム … 80
ブルー・プラーク/ナショナル・トラスト …

© Victoria and Albert Museum, London

ENTERTAINMENT … 83
エンターテインメント

ミュージカル … 84
ウエスト・エンド … 90
オペラ、バレエ、演劇 … 91
スポーツ … 92

GOURMET … 93
グルメ

食べたいものを食べる！ … 94
ブレックファスト … 96
モダン・ブリティッシュ … 98
伝統的英国料理 … 102
フィッシュ＆チップス … 104
シーフード … 106
インド料理 … 108
エスニック … 110
スイーツ … 112
カフェ … 116
サンドイッチ … 118

SHOPPING … 119
ショッピング

欲しいものであふれるロンドン！… 120
話題のショップ … 122
ロイヤルワラント … 126
キャサリン妃お気に入りブランド … 129
マーケット … 130
デパート … 134
モダンブランド … 136
サヴィル・ロウ … 137
インテリア＆雑貨 … 138
書店 … 140
ビューティ＆香水 … 141
紅茶＆コーヒー … 142
ヴィンテージ … 143
スーパーマーケット … 144

AREA WALKING … 145
歩いて楽しむロンドン

バッキンガム宮殿周辺 … 146
ソーホー〜コヴェント・ガーデン周辺 … 148
シティ〜ロンドン塔周辺 … 150
キングス・クロス周辺 … 152
ケンジントン〜チェルシー周辺 … 154
ロンドンの歴史 … 156
イギリスの文豪たち … 158

COTSWOLDS … 159
コッツウォルズ

コッツウォルズへの旅 … 160
チッピング・カムデン … 162
ブロードウェイ … 164
ボートン・オン・ザ・ウォーター … 166
ロウアー・スローター … 167
バイブリー … 168
バーフォード … 169
テットベリー … 170
カッスル・クーム … 172
レイコック … 174
ストラトフォード・アポン・エイヴォン … 175
バース … 176
ウィリアム・モリスとコッツウォルズ … 178

HOTEL … 179
ホテル

ホテルリスト … 179

旅の基本情報 … 181
インデックス … 190

本書の使い方

●本書に掲載の情報は2019年10〜11月の取材・調査によるものです。料金、営業時間、休業日、メニューや商品の内容などが、本書発売後に変更される場合がありますので、事前にご確認ください。
●本書に紹介したショップ、レストランなどとの個人的なトラブルに関しましては、当社では一切の責任を負いかねますので、あらかじめご了承ください。
●料金・価格は「£」で表記しています。また表示している金額とは別に、税やサービス料がかかる場合があります。
●電話番号は、市外局番から表示しています。日本から電話をする場合には→P.188を参照ください。
●営業時間、開館時間は実際に利用できる時間を示しています。ラストオーダー(LO)や最終入館の時間が決められている場合は別途表示してあります。
●休業日に関しては、基本的に年末年始、クリスマス、祝祭日などを除く定休日のみを記載しています。

本文マーク凡例

☎ 電話番号
✆ 最寄り駅、バス停などからのアクセス
Ⓤ 地下鉄駅
㊜ 所在地　Ⓗ はホテル内にあることを示しています
㊡ 定休日
㊏ 料金
㊋ 公式ホームページ
Ⓙ 日本語が話せるスタッフがいる
Ⓙ 日本語のメニューがある
Ⓡ 予約が必要、または望ましい
Ⓒ クレジットカードが利用できる

地図凡例

★ 観光・見どころ　Ⓡ 飲食店　Ⓜ マーケット
㊍ 博物館・美術館　Ⓒ カフェ　Ⓝ パブ・ナイトスポット
† 教会　SC ショッピングセンター　Ⓗ 宿泊施設
Ⓔ 劇場・競技場　Ⓢ ショップ　✈ 空港　Ⓤ 地下鉄駅

本書では、下記の略称を使用しています。
St=Street　Rd=Road

あなたのエネルギッシュな好奇心に寄り添って、
この本はロンドン滞在のいちばんの友だちです！

ハルカナ→旅 LONDON
ロンドンへようこそ！
誰よりもいい旅を！
あなただけの思い出づくり！

ピカデリー・サーカス

まずはピカデリー・サーカスで
ロンドンの匂いに包まれて

いつのまにかこの街は
食都になりました

#アイビー

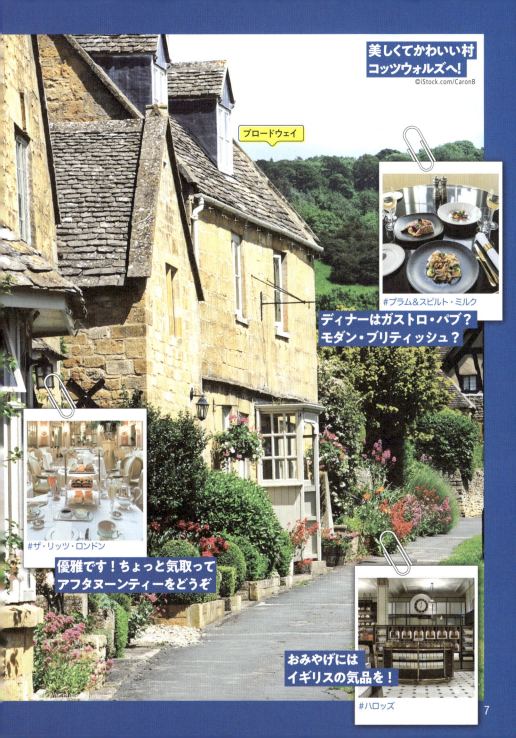

美しくてかわいい村
コッツウォルズへ!
©iStock.com/CaronB

ブロードウェイ

#プラム&スピルト・ミルク

ディナーはガストロ・パブ?
モダン・ブリティッシュ?

#ザ・リッツ・ロンドン

優雅です!ちょっと気取って
アフタヌーンティーをどうぞ

おみやげには
イギリスの気品を!

#ハロッズ

出発前に知っておきたい
ハルカナ ✈ 旅の基本情報

どこに何がある？
どこで何する？

街はこうなっています！
ロンドンのエリアと主要スポット

ロンドンの中心部はコンパクトだが、それぞれに特徴をもつエリアに分かれている。行きたい観光スポットの位置や特徴を押さえておきたい。

赤い2階建てのバス「ダブルデッカー」にトライ

英国を象徴する建造物が立ち並ぶ

A バッキンガム宮殿〜ウエストミンスター寺院 ▶P.146
● Buckingham Palace, Westminster

英王室の中心となる宮殿

バッキンガム宮殿に世界遺産のウエストミンスター寺院とウエストミンスター宮殿（現・国会議事堂）などが立ち並び、ロンドンのシンボルともいえる時計塔、ビッグ・ベンもここにある。

多くの観光客で賑わうロンドンの繁華街

B ソーホー〜コヴェント・ガーデン周辺 ▶P.148
● Soho, Covent Garden

ウエスト・エンドもこのエリア

各国の料理店が並ぶレストラン激戦区でギャラリーにブランドショップ、バー、劇場などが集中。おしゃれな店が揃うコヴェント・ガーデンは市民と旅行者で賑やか。マーケットも人気。

アカデミックな雰囲気が漂う街

C 大英博物館〜キングス・クロス周辺 ▶P.152
● The British Museum, Kings Cross

世界有数の規模を誇る大英博物館やロンドン図書館、ロンドン大学などが立ち並ぶ文教地区。キングス・クロス駅やセント・パンクラス駅など『ハリー・ポッター』のロケ地として知られる。

ロンドンはココ

● アビー・ロード
● ロンドン動物園
● リージェンツ・パーク

E リージェンツ・パーク周辺

マリルボーン駅
ベイカー・ストリート駅

パディントン駅

F ハイド・パーク周辺
● ハイド・パーク
● ケンジントン・ガーデンズ
● ケンジントン宮殿

トラファルガー・スクエア
セント・ジェームズ・パーク
● バッキンガム宮殿

● ヴィクトリア＆アルバート博物館

G ケンジントン〜チェルシー周辺

ヴィクトリア

テムズ川

バタシー・パーク
クイーンズタウン（バタシー）駅

8

ロンドンってこんな街

テムズ川が街を横切るロンドン。主な観光スポットは、シティから見てテムズ川の北側と西側に集まっている。近年は東側のイースト・エンドが最先端の流行発信エリアとして注目を浴び、観光エリアも拡大しているが、ロンドンの中心となるトラファルガー・スクエアからほとんどの名所まで4〜5分以内で歩ける。また、地下鉄やバスなどの交通網が発達しているので便利に使いたい。

旅の基本情報 — ロンドンのエリアと主要スポット

新旧の顔をもつ経済の中心地
D シティ〜ロンドン塔周辺 ▶P150
● City, Tower of London

ローマ帝国時代から存在するロンドン最古の街。セント・ポール大聖堂、ロンドン塔などの名所が集まり、荘厳な中世の建物と金融街として斬新なデザインの高層ビル群が混在する。

ホームズ、ビートルズの聖地
E リージェンツ・パーク周辺
● Regent's Park

湖周辺でピクニックができる

ホームズゆかりのベーカーStやビートルズの『アビイ・ロード』の横断歩道があるエリア。リージェンツ・パークは動物園や野外劇場があり、バラの季節は特に美しい。

ロンドン最大の緑のオアシス
F ハイド・パーク周辺
● Hyde Park

緑豊かなハイド・パークとケンジントン宮殿があるケンジントン・ガーデンズは市民の憩いの場。ボート遊びができる人工湖やダイアナ・メモリアル・プレイグラウンドなど家族連れに人気。

ハイソな高級住宅街
G ケンジントン〜チェルシー周辺 ▶P154
● Kensington, Chelsea

ハロッズなど老舗デパートやブランド店が立ち並ぶ商店街と高級住宅地が広がるエリア。ヴィクトリア&アルバート博物館、科学博物館、自然史博物館の3大ミュージアムが隣接する。

ロンドンの旬を発信する下町エリア
H ショーディッチ〜イースト・エンド周辺
● Shoreditch, East end

古くは移民街や倉庫街だったイースト・エンド。家賃の安さにひかれて多くのアーティストが移り住み、個性的な店が集まる最先端のカルチャーエリアとして注目されている。

集合場所としても有名なトラファルガー・スクエア

9

ハルカナ ✈ 旅の基本情報

まずはこれをチェック！
滞在のキホン

ロンドンへ出発する前に知っておきたいフライトや交通、通過と物価、治安情報などを確認したい。

イギリスの基本

- **地域名（国名）**
  グレート・ブリテンおよび北アイルランド連合王国
  United Kingdom of Great Britain and Northern Ireland
- **首都**
  ロンドン
- **人口**
  約883万人（2017年）
- **面積**
  24万3531km²
- **言語**
  基本は英語
- **宗教**
  英国国教会、カトリックなどキリスト教が多く、ほかイスラム教、ヒンドゥ教、ユダヤ教、仏教など
- **政体**
  立憲君主制
- **元首**
  エリザベス2世

✈ 日本からの飛行時間
❖ **日本からロンドンまで、平均約12時間30分**

羽田空港（HND）からは、ブリティッシュ・エアウェイズ、日本航空、全日空が直行便を運航。成田国際空港（NRT）と関西国際空港（KIX）からは、ブリティッシュ・エアウェイズ（BA）が直行便を運航している。日本に戻る便は約11時間45分。

為替レート＆両替
❖ **単位はポンド£とペンスp。1£＝約143円**

ロンドンではクレジットカードの普及率が高いので、利便性と安全性を考えてカードがおすすめ。現地空港の両替所は為替レートが高く、両替は日本で済ませておくと安心。現地での両替は銀行、郵便局、ホテル、デパート、街なかの両替所などで可能。

パスポート＆ビザ
❖ **パスポートの有効期限に注意**

6カ月未満の滞在の場合ビザは不要。パスポートの有効残存期間は基本的に滞在日数以上あればOK。入国カードは2019年5月に廃止された。日本のIC旅券保持者で、18歳以上および成人と同伴する12～17歳の旅行者は自動化ゲートの利用が可能になった。

	1月	2月	3月	4月	5月	6月
ロンドンの月平均気温	5.8	6.2	8.0	10.5	13.9	17.0
東京の月平均気温	5.2	5.7	8.7	13.9	18.2	21.4
ロンドンの月平均降水量	55.0	46.8	41.9	46.4	49.1	46.8
東京の月平均降水量	52.3	56.1	117.5	124.5	137.8	167.7

- 暖流のせいでそれほどではないが、厚手のコートは必要
- 庭園では花々が咲き乱れ始める

祝祭日とイベント

- 1月1日 元日
- 4月10日 グッド・フライデー
  復活祭前の金曜。「受難日」「受苦日」とも呼ばれる
- 4月13日 イースター・マンデー
  復活祭
- 5月4日 アーリー・メイ・バンクホリデー
  元来は5月1日の5月祭
- 5月25日 スプリング・バンクホリデー
  聖霊降臨祭の翌日

※掲載している日程は2020年1月～2020年12月のものです
※印のあるイベントは、毎年日程が異なります
※名称が赤文字のものは国定休日です

日本との時差

日本との時差は−9時間。日本が正午のとき、ロンドンは午前3時。サマータイム実地時は8時間の時差となる

東京	0	1	2	3	4	5	6	7	8	9	10	11	12	13	14	15	16	17	18	19	20	21	22	23
ロンドン	15	16	17	18	19	20	21	22	23	0	1	2	3	4	5	6	7	8	9	10	11	12	13	14
ロンドン(夏)	16	17	18	19	20	21	22	23	0	1	2	3	4	5	6	7	8	9	10	11	12	13	14	15

言語

英語のほか、ウェールズ語、ゲール語も

移民の多いロンドンでは英語のアクセントは十人十色。観光地の英語表記やレストランメニューに黙って指をさす、黙ってうなづくなどは避けたい。「ハロー」「サンキュー」「ノーサンキュー」など、何でもいいので、相手の目を見てしっかり答えるのがマナー。

交通事情

チューブと呼ばれる地下鉄が便利

有名観光地のほとんどは地下鉄を使えばアクセス可能。ただし、突然のストや故障で運休になることも。また、ロンドンといえば、赤い2階建てのバスが有名。バスは現金での乗車ができないので、オイスターカードやコンタクトレスカードなど交通パスを購入のこと。

物価＆チップ ▶P000

物価は総じて日本より高く感じられる

レストランやホテルなどの料金にはサービス料が含まれていることが多く、基本的には不要だが、ただ、快いサービスを受けたときなどには、レストランで10〜15%を置く。タクシー10〜15%、ホテルのベルボーイやルームサービスには£1程度を目安に。

サマータイム

スリや置き引きなど観光地では特に注意

ほかの西欧諸国に比べて比較的治安がいいとされるが、スリや置き引き、ひったくりなどが観光名所や人通りの多いストリート、広場で多発。スマホやタブレットの盗難が増加しているので、自分の荷物からは目を離さず、地下鉄では乗客の少ない車両は避ける。

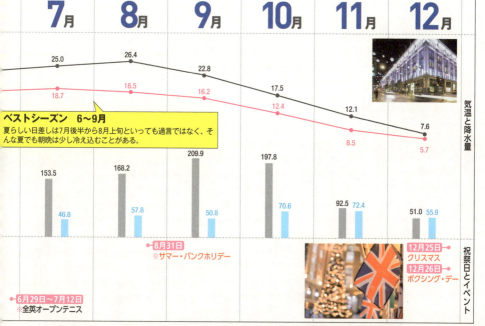

※月平均気温、月平均降水量は国立天文台編『理科年表2020』による

NEWS & TOPICS

LONDON 2019-2021

ロンドンのいま！最新情報

ハズせない街のトレンド！

2019年11月オープン

教会を改装したフードコート
メルカート・メイフェア

オックスフォードSt近くのセント・マークス教会が2年かけて改装され、麗しきフードコートに！ぜひ訪れたい。

メルカート・メイフェア
Mercato Mayfair
ハイド・パーク周辺 MAP 付録P.13 F-2
☎020-7403-0930 ◎⓪Bond Streetボンド・ストリート駅から徒歩5分 ㊟St Mark's Church, N Audley St, W1K 6ZA ⊙8:00〜23:00(金曜は〜24:00) 土曜9:00〜24:00 日曜9:00〜22:00 ㊡無休

➡壮麗な建物を生かした新スポットに、ロンドナーも連日足を運ぶ

多国籍のフードストールやバーが入居

美しいステンドグラスに囲まれ、話題沸騰中

ジェラート3フレーバーで£5

ホームメイドパスタは£9.50

「ピック＆チーズ」では、英全土から取り寄せるチーズが食べられる！

「Claw」のマカロニとチーズ、サラダ付き£9

カニのサンドは£10。好きな場所で味わう

広々としたスペースで気軽に食事がとれる

2019年9月オープン

コヴェント・ガーデンのフードホール
セブン・ダイヤルズ・マーケット

バナナやキュウリの卸し倉庫を改装したフードホール。館内には回転寿司ならぬ回転チーズバーがオープンし話題に。メキシカンやバーガー屋など十数店が入店。

セブン・ダイヤルズ・マーケット
Seven Dials Market
ソーホー〜コヴェント・ガーデン周辺
MAP 付録P.23 F-1
☎020-7733-6267 ◎⓪Covent Gardenコヴェント・ガーデン駅から徒歩3分 ㊟35 Earlham St, WC2H 9LD ⊙11:00〜23:00 日曜12:00〜22:30 ㊡月〜水曜

バナナの看板が目印になったエントランスから中へ

12

日々、常に新しいスポットが生まれる刺激的な街で、ロンドンのいまを感じてみよう！

高感度エリアの
イズリントン付近の運河

おしゃれな店が点在するイズリントンは、若い人たちの憩いの場。付近の運河にあるナロー・ボート・パブやカフェも大人気だ。

イズリントン付近の運河
Canal near Islington
ショーディッチ MAP付録P.10 A-2
交 Angel エンジェル駅から徒歩5分
所 Islington Tunnel, Colebrooke Row, N1 8AP

イズリントン・トンネルからイースト・サイドへ出たあたり

運河に係留されるナロー・ボートが連なり風情がある

運河沿いで、お茶をするひとときが楽しい

2018年9月リニューアルオープン
世界最高峰の名門歌劇場
ロイヤル・オペラ・ハウス

17世紀から続くオペラ・ハウス。より人々に開放された劇場を目指しリニューアル。レストラン、バー、カフェも併設している。

ロイヤル・オペラ・ハウス
Royal Opera House
ソーホー〜コヴェント・ガーデン周辺
MAP付録P.15 D-2 ▶P.91
☎020-7240-1200 交 Covent Garden コヴェント・ガーデン駅から徒歩2分 所 Bow St, WC2E 9DD
→エントランスを新設し、ロビーも拡張。オランダのデザイン事務所の設計

2017年9月オープン
スローライフな癒やしの空間
ピーターシャム・ナースリーズ

ロンドン郊外のリッチモンドにある人気園芸店がロンドンに出店。綺麗な花やグリーンにあふれたショップのほか、デリやレストランも開き、都会のオアシスのよう。

デリには素朴なケーキもある

ピーターシャム・ナースリーズ
Petersham Nurseries
ソーホー〜コヴェント・ガーデン周辺
MAP付録P.23 F-2 ▶P.138

グリーンをたっぷり配した心地よい空間で、優雅に買い物

ケーキはどれもおいしい！

ショップに隣接するデリも人気

→繊細なフラワーデザインの食器も充実した品揃え

グルメ好きなロンドンっ子に人気
フラット・アイアン・スクエア

ロンドン・ブリッジや有名なバラ・マーケットのあるバンクサイドにある。フードストールやバーもあり、若い人たちで盛り上がる。

フラット・アイアン・スクエア
Flat Iron Square
シティ〜ロンドン塔周辺
MAP付録P.16 B-3 ▶P59

週末はここで友だちと集まり、ライブに行くことも

旅の基本情報 ロンドンのいま！最新情報

LONDON TRAVEL PLAN

至福のロンドン モデルプラン

定番＋ハルカナおすすめ Do it！

食べて、見て、遊んで。定番から旬のおすすめスポットまでを効率よく網羅するハルカナ厳選のプランでワンランク上のロンドン旅行を。

とびっきりの 5泊7日

旅行には何日必要？

大人のロンドンを満喫するなら **4泊6日** 以上

博物館や美術館、劇場巡りに買い物、テムズ川遊覧や街歩きとロンドンには一流のエンターテインメントが勢揃い。近年、レストランの多様化とレベル向上が目覚ましく、食の楽しみも加わった。

プランの組み立て方

❖ **人気スポットとレストランは事前に予約しておこう**
見逃せないスポットが目白押しのロンドン。ミュージカル、人気レストランなどは日本で事前予約しておくのがおすすめ。公式HPからの予約が難しい場合は宿泊するホテルに予約をお願いしよう。また、人気観光スポット巡りやビートルズ、ラグビーなどのテーマごとに数時間のガイドツアーも充実している。賢く活用したい。

❖ **どこのエリアに泊まる？**
比較的治安がよく、便利なのはピカデリー～ソーホー、チェルシー、クイーンズウェイ駅周辺。

❖ **夜の楽しみ方**
ウエスト・エンドで観劇はロンドンの夜の大定番。パブ巡りも外せないが治安には細心の注意を。週末は終夜運行の地下鉄もあるが、1人で乗るのは要注意。また、2階建てバスも人の少ない時間帯は1階に乗車したい。

❖ **工事やストライキに注意**
工事やストライキで地下鉄の駅が閉鎖していることがある。最新情報はHPでチェックしよう。

【移動】日本 ➡ ロンドン
午前★日本発
夕方★ロンドン着

DAY 1

午前中出発の便はロンドンの午後に到着。移動時間が長く大変だが、1日目の夜を楽しもう。

15:00 ロンドン到着
ヒースローエクスプレス利用でパディントン駅まで約20分

ヒースローエクスプレスかTFLレイルなら空港～パディントン駅まで30分以内。ホテルまで1時間かからずに到着可能。

→日本からの直行便はヒースロー空港に到着

16:30 ホテルにチェックイン
チェックインにはパスポートが必要。さらに予約時に旅行会社や予約サイトから届く予約票や予約番号があると安心。

17:00 ロンドンの繁華街で街の香りを感じる ▶P.148
最寄りの繁華街まで地下鉄移動

まずはホテル最寄りの繁華街に出て街の雰囲気を味わいたい。地下鉄や2階建てバスに乗ってみるのもいい。

大英帝国、首都の華やかさを堪能

20:00 着いた夜はイギリスの伝統料理を味わう
DINNER

記念すべき旅の1食目はやはり英国伝統料理がいい。初日はパブで、キドニーパイやフィッシュ＆チップスなどカジュアルなディナーが気楽。英国ビールも楽しめる。 ▶P.102

→パイが絶品のパブ、ウィンドミル・メイフェア（→P.103）

【アドバイス】目当ての店がある場合、当日でもホテルのコンシェルジュに予約してもらうと安心

【移動】ロンドン市内

DAY 2

いよいよロンドンで本格始動。まずはアカデミックに世界最高峰の博物館やアートをガッツリ鑑賞する。

大英帝国が集めた歴史とアートのコレクション

10:00 大英博物館で歴史的遺物を鑑賞 ▶P62

世界最大規模にして、世界最高峰のコレクションを誇る博物館。敷地が広く、常時展示されているものだけでも15万点と膨大なため、見たいものを絞り、効率よくまわりたい。

展示文物はもちろん、ギリシャの神殿を思わせる建物も一見の価値あり

©The Trustees of the British Museum

歩いて12～13分

12:30 コヴェント・ガーデンでひと休み ▶P37

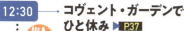

おしゃれな店やカフェも多い繁華街でランチ。今日は夕食が遅めなのでたっぷりと。

セント・ポール大聖堂近くに大道芸人が集結

LUNCH

徒歩8分

14:00 ウエスト・エンドの劇場街を散策する ▶P90

ランチのあとは新しくなったロイヤル・オペラ・ハウスを見たりしながら、ウエスト・エンドの劇場街を歩き、テムズ河畔のヴィクトリア・エンバンクメント沿いを散策。ウォータールー・ブリッジを渡って、ナショナル・ギャラリーへ。

歩いて40分

14:40 ナショナル・ギャラリーであの名画に出合う ▶P72

ボッティチェリ、ラファエロ、ダヴィンチ、フェルメール等々、美術の教科書で見た珠玉の西欧名画が集まる大美術館。ミュージアム・ショップも要チェック。

徒歩6分

絵画好きなら1日でも足りない名画の質と量。事前に見たい絵をチェックしよう

©National Gallery, London

17:30 ピカデリー・サーカス周辺でショッピング ▶P135

ロンドンでも屈指の繁華街で、王室御用達の老舗有名店が軒を連ねる。フォートナム＆メイソンの本店もここにある。

徒歩3分

↑フォートナム＆メイソンではアフタヌーンティーも楽しめる

↑大人気、キャス・キッドソンはおみやげ探しにも最適

←老舗デパート、リバティは店構えも素敵

19:30 ウエスト・エンドでミュージカル鑑賞 ▶P83

NYのブロードウェイと並び称される舞台の聖地。ロングランの名作ミュージカルは英語が苦手でも楽しめる。

徒歩2分

22:00 評判のシーフード店でディナー ▶P107

DINNER

舞台鑑賞後の夕食は夜遅くなるので、劇場近くで胃にもたれにくい海鮮料理をチョイス。カキもロブスターも絶品。

←洗練された雰囲気も素敵なランダル＆オービン

旅の基本情報

至福のロンドン　モデルプラン

衛兵交代式の予定は、王室師団のHPで確認を

花と緑に囲まれたバッキンガム宮殿。衛兵交代式はロンドン観光のハイライト

【移動】ロンドン市内

DAY 3

ロンドン観光の王道スポットをたどる3日目は、撮影したくなるスポットも多数。カメラの準備も万全に。

8:30

ケンジントン・ガーデンズからハイド・パークへ朝の散歩を楽しみたい ▶P28

隣り合わせに位置する2つの施設。どちらも王室ゆかりで緑と花が美しい。朝は優雅に英国式庭園の散歩からスタートする。

徒歩12分

↑1605年に築かれたケンジントン・ガーデンズ

市内最大の公園、ハイド・パーク

ダイアナ・メモリアル・ファウンテン

10:30

バッキンガム宮殿で衛兵交代式を見学する ▶P24

行進は11:00ごろから始まり、宮殿前庭での交代式は11:30ごろ。見学者が多いので少し早めに着いて見学場所を確保したい。

徒歩4分

12:00

セント・ジェイムズ・パークで水鳥たちに会う ▶P28

市内最古の王立公園。水鳥を中心にアヒルやキツツキなど鳥類が多く、14:30ごろにはペリカンの餌付けも見られる。

徒歩4分

湖を中心に庭が広がる

16

| 12:30 | ホース・ガーズで騎兵パレードを拝見 ▶P24 |

徒歩6分

衛兵といえばベアスキン帽姿の歩兵が有名だが、騎馬隊もかっこいい。歩兵よりも間近で見学できるのもうれしい。

アドバイス
バッキンガム宮殿の衛兵交代式と同時刻に騎兵隊の交代式も行われている

↑馬上の衛兵は、きらびやかな兜を装着

| 13:00 | ランチはパブでフィッシュ＆チップス ▶P38 |

徒歩12分

パブ、というとビールなどのお酒を飲む場所という印象が強いが、ランチもおすすめ。名物料理が評判の店も多い。

ザ・シャーロック・ホームズ・パブでロンドン名物に舌鼓

| 14:30 | イギリスの象徴ビッグ・ベンを眺める ▶P27 |

徒歩4分

テムズ川のほとりに立つ国会議事堂、ウエストミンスター寺院はロンドンを代表する景観。ただ時計台は2021年まで修理中。

対岸からウエストミンスター・ブリッジを入れての撮影もおすすめ

| 15:00 | ウエストミンスター寺院で歴史的名場面を想起 ▶P26 |

ウエストミンスター駅から地下鉄ディストリクト線またはサークル線で6分、サウス・ケンジントン駅から徒歩4分

国王の戴冠式やダイアナ妃の葬儀、ウィリアム王子とキャサリン妃の結婚式など、ニュースで何度も見た王室の教会を見学。

→1066年以降、400人の国王の戴冠式が行われている

| 16:00 | ヴィクトリア＆アルバート博物館で休憩も素敵 ▶P68 |

徒歩10分

1851年のロンドン万博を記念した博物館で、一流の工芸品が集まる。建物自体も美しく、館内のカフェもおすすめ。

↑お茶やお菓子はもちろん食事も楽しめるV&Aカフェ

↑ギフトショップも忘れずにチェック
©Victoria and Albert Museum, London

| 17:30 | 憧れのハロッズ本店でショッピング ▶P134 |

ナイツブリッジ駅から地下鉄ピカデリー線で6分、レスタースクエア駅から徒歩1分

世界一有名といっても過言ではない高級百貨店。食料品店として創業したこともあり、今も食品売り場の充実度は健在。

←ハロッズ・ベアや紅茶などは英国みやげの定番

| 19:00 | モダン・ブリティッシュの店で食のトレンドをチェック |

英国は食がイマイチという評判をガンガン打ち崩しているモダン・ブリティッシュ界の名店で特別なディナーを楽しむ。

→このカテゴリーの有名レストランの一軒、トレッドウェルズ

17

【移動】ロンドン市内 ⇒ コッツウォルズ ⇒ ロンドン市内

DAY 4

ちょっと足をのばして郊外へプチ・トリップ。日帰りで楽しむイングランドの田園風景。

パディントン駅からケンブル駅へ約1時間15分。ケンブル駅からタクシーで20分、バイブリーへ

10:00 バイブリーの田園風景は ロンドン子の憧れ ▶P168

テムズ川支流のコルン川沿いの美しい村。特に建築保護区に指定されているアーリントン・ロウは英国パスポートの表紙裏にも描かれるなど国を代表する景観。

牧羊が盛んなエリアでもあり、石造りの羊毛倉庫が立ち並ぶ

タクシーで約20分

12:00 ボートン・オン・ザ・ウォーター 水辺の景色にうっとり ▶P166

リトル・ベニスとも呼ばれる水辺の景色が美しく、まるで絵本のよう。パイなど素朴な郷土料理のランチも楽しめる。

タクシーで約20分

ハチミツ色といわれる、暖かな色合いの石造りの建物が並ぶ

LUNCH

13:30 ブロードウェイの愛称は コッツウォルズの宝石 ▶P164

シェイクスピアの『リチャード3世』にも登場。最もイングランドらしい風景が楽しめるエリアで、かわいいお菓子屋さんや雑貨店、ティールームもある。

中世から羊毛流通の中継地として栄えたブロードウェイ

⇒ 小高い丘の上に立つブロードウェイ・タワー

タクシーで約10分

15:30 チッピング・カムデンは 裕福な商人によって形成 ▶P162

羊毛の市場があった街で、裕福な商人たちが建てた茅葺き屋根、テラス付き、石造りの家々が素敵。王冠に飾られた宝石、と称される美しい街並みが楽しめる。

チッピングとは古い英語で市場を意味。商取引で栄えた街にふさわしい名だ

チッピング・カムデンからモートン・インマーシュ駅へタクシーで20分。モートン・インマーシュ駅からロンドンのパディントン駅へ約1時間35分

【移動】ロンドン市内

DAY 5

ホテルに荷物を預けたら出発ぎりぎりまでロンドンを遊び尽くそう。ショッピングにグルメ、アートも！

9:00 ── セント・ポール大聖堂から ロンドンを見渡す ▶P37

ロンドンを代表する建物のひとつで、数々の映画にも登場。ギャラリーと呼ばれる展望台からの景色は圧巻。

徒歩12分

チャールズ皇太子とダイアナ元妃の結婚式でも有名

10:00 ── テート・モダンで 近代美術の代表作を鑑賞 ▶P78

ピカソやダリ、アンディ・ウォーホルなど、近・現代アートの有名作品がずらり。

→発電所を美術館に改装したユニークな建物

徒歩5分

11:30 ── シェイクスピア・グローブ座 見学ツアーに参加 ▶P50

まず展示を見てから、30分ごとに行われるツアーに参加するのがおすすめ。

→日本語の音声ガイドや資料もある

徒歩8分

12:30 ── ランチはバラ・マーケットで 市場飯を堪能 ▶P58

ロンドンの台所。屋台料理や買い食いが楽しい食品市場だ。

アドバイス
日曜は開催していないので注意

瓶詰めなどはおみやげにも最適

徒歩15分

LUNCH

14:00 ── タワー・ブリッジは 世界一番有名な跳ね橋 ▶P33

上段の通路は展望台として旅行者に人気のアトラクション

ロンドンのシンボルでもある、2本のタワーが特徴的な跳ね橋。大きな船が通る際には今でも通行を止めて橋が開閉。

徒歩5分

15:30 ── ロンドン塔で 幽霊に会えるかも ▶P26

城塞、牢獄としての歴史を有する塔。王家に伝わる王冠や宝石が展示されているが、怪奇現象見たさに訪れる人も多い。

タクシー利用で約8分

宝物が置かれているため、内部の撮影は禁止

17:30 ── ショーディッチで買い物 素敵なカフェも点在 ▶P150

今、最も注目されるおしゃれエリア。日曜には花のマーケットも出現する。

→若いクリエイターたちが集うスタイリッシュなエリア

20:00 ── ショーディッチ・エリアで おしゃれなディナー ▶P150

ショーディッチには気鋭のシェフたちがこぞって出店。ロンドン最後の夜は最新トレンド・レストランでおしゃれな晩餐を満喫する。

 DINNER

【移動】ロンドン市内 ➡ 日本

朝★ロンドン発
翌日★日本着

DAY 6

楽しい思い出とともに帰国。フライトは約12時間。ヒースローを朝に発つと、日本到着は翌朝となる。

旅の基本情報 ／ 至福のロンドン モデルプラン

TRAVEL PETIT ADVICE
出発前に予約

観劇、食事、スポーツなど、好みのまま楽しむためには「出発前に予約しておく」ことが重要。
ロンドンに着いてからでは、予約が間に合わない場合がある。（ホテルの予約は→P.180）

❖ レストラン／アフタヌーンティー

ロンドンの高級レストランはその多くが老舗ホテル内にあるが、予約は必須と考えておきたい。HPに予約専門ページのあるレストランも多いので、気軽に利用できる。ロンドンが本場とされるアフタヌーンティーも、リッツやザ・ゴーリングなどの名門ホテルやハロッズやフォートナム＆メイソンなどで楽しむ場合は予約はマストだ。多くの場合3～6カ月前からHPで簡単な英語入力で予約が可能になる。また、オプショナルツアーなどで代理予約してくれる旅行催行会社を利用する方法もある。

❖ フットボール（サッカー）

4部制からなるイングランドのフットボールの最高峰プレミア・リーグは20チームがホーム＆アウェイで総当たりで競技する。シーズンは8月～翌年5月で、チケットは各クラブのHPや電話で申し込む。日本の広告代理店のHPで予約する方法もある。

❖ ラグビー

イングランド発祥とされるラグビーだが、その聖地とされるトゥイッケナムはスタジアムそれ自体がファン必見の名所となっている。最も人気の大会は2～3月開催の「6カ国対抗ラグビー」で、ほかに5月開催の「ロンドン・セブンス」などがある。プレミア・リーグ（国内リーグ）は9月～翌年4月に開催される。観戦チケットの購入サイトを利用したり、観戦ツアーに参加するなどして楽しみたい。

❖ 競馬

競馬は年間を通して各地で開催されるが、普通は当日券で入場できる。ただし6月のアスコットで催される「ロイヤル・アスコット（www.ascot.co.uk）」とエプソムで開催される「ダービー（www.epsomderby.co.uk）」は予約が必要となる。

❖ クリケット

イギリスの国技であるクリケットのシーズンは4～9月で、国別対抗戦や数日にわたって戦わされるテストマッチなどが人気だ。よく知られるローズ・クリケット競技場での試合を予約するならMarylebone Cricket Clubなどのサイトを利用する。

❖ ウィンブルドン選手権

テニス4大国際大会のひとつで、いわゆる全英オープンテニスの開催は6～7月。チケットの入手が困難なことでも知られるが、その予約・入手方法はいくつかある。一般的にはBallot（バロット）と呼ばれる抽選予約を多くのファンは試みる。当選の確率は10％程度で、日程や席は選択できない。日本からの場合は海外在住者用のオンライン抽選に申し込むことになる。関連サイトはThe Wimbledon Public Ballot - The Championships。旅行会社による観戦ツアーも各種あり、情報を十分に検討して選択すればいい。

ロンドンでぜったいしたい **9** のコト

LOVE LONDON！

ロンドン スペシャル TOP 9

これが今いちばん新しいロンドン！
絶対ハズせない王道とトレンドの人気スポット！
伝統と尖鋭の都市の、極上滞在を実現する
とっておき9つの厳選アイテム！

BEST 9 THINGS TO DO IN LONDON

01 イギリス王家の足跡をたどり 憧れロンドンの旅人になる

成熟した街の 美しき伝統の世界へ

英国王室のロンドン

伝統と刺激的なトレンドが共存する街、ロンドン。中世から歴代君主が威信をかけ、時代の最高峰、最先端を目指し作り上げた美しい都だ。その魅力を旅しよう。

The Royal Family

バッキンガム宮殿
Buckingham Palace
バッキンガム宮殿～ウエストミンスター寺院
MAP 付録P.14 A-4

英国とロンドンのシンボル
街の心臓ともいえる宮殿

1703年にバッキンガム公の邸宅として建造。その後、英国王室が購入し建築家ジョン・ナッシュにより豪華な改装がなされた。1837年、ヴィクトリア女王が即位時に移り住み公式の宮殿となった。エリザベス女王が宮殿内にいるときは屋上に王室旗、不在時は国旗が掲げられる。

☎0303-123-7300 交⊖St James's Park セント・ジェイムズ・パーク 駅から徒歩9分 所Buckingham Palace Rd, SW1 営7/20～8/31は9:30～19:00(最終入場17:15)、9/1～29は9:30～18:00(最終入場16:15)、※変更の可能性あり。要確認 休一般公開は夏期のみ 料£25 HPhttps://www.royal.uk/royal-residences-buckingham-palace

©iStock.com/TkKurikawa

バッキンガム宮殿を象徴して
王室は今も首都の中心で機能

　2012年のロンドン・オリンピックの開会式で、エリザベス女王が『007』のジェームズ・ボンドの役者とともにヘリコプターでバッキンガム宮殿を出発し、会場へ降り立つ、という演出を観客は歓喜で迎えた。
　ヘリコプターがテムズ川に沿って水面すれすれに滑空する様子は迫力満点で、首都ロンドンを世界に見せるのに、これほど効果的なことはなく、同時にそれは、王室がなお健在で国民とともにあるというメッセージでもあった。
　王室がその権威を確立したのは、18世紀、ヴィクトリア女王が国王になった時代、産業革命で大国となり、19世紀半ばには世界初の鉄道や地下鉄を敷設。世界各地を植民地化し、「太陽が沈まぬ国（地球上の植民地のどこかで日が沈んでも別の植民地で日が昇る）」となった。

王家がつくった街、ロンドンで
世界遺産や文化遺産を楽しむ

　大英帝国は栄華を極め、バッキンガム宮殿は国の総力をあげて建設された。その周囲には、観光の名所が集まり、戴冠式や王室の葬儀が催行される壮麗なウエストミンスター寺院には息をのむ。テムズ河畔に立つ国会議事堂のホールでは王家の式典も行われ、ビッグ・ベンの正式名はエリザベス・タワーである。
　1851年、世界発の万国博覧会はヴィクトリア女王の夫アルバート公が指揮して大成功をおさめ、その利益でハイド・パーク周辺にヴィクトリア＆アルバート博物館や文化的な施設を造ったという。
　これら王室の手になった華麗な建築物の美意識は見事で、旅行者はそこに立つだけで、王室の香りを嗅ぐことになる。宮殿前のザ・マルで騎馬兵とすれ違えば、ロンドンは王室の街なのだと実感する。

ロンドンでぜったいしたい9のコト

01 英国王室のロンドン

宮殿の前で衛兵
交代式を見たい
▶P.24

23

BEST 9 THINGS TO DO IN LONDON 01

バッキンガム宮殿前の風物儀式
これが伝統の衛兵交代式だ

熊の毛皮の帽子と赤い制服の衛兵はロンドンを代表するアイコンのひとつ。交代式は王室の街を実感する絶好のチャンス!

衛兵交代式を見る

バッキンガム宮殿前や関連施設周辺、沿道でも行進が見られる。

行われる日時
原則として11:00～。夏期は毎日、秋～冬は、月・水・金・日曜、春は、月・水・金・日曜(2019/12/10現在)。日時は天候や王室行事などでも変更されるのでウェブサイトなどで必ず事前確認を。
🔗 www.householddivision.org.uk/changing-the-guard-calendar

注意しておきたいこと
交代式の間は宮殿の門の両側やヴィクトリア女王記念碑の一角が柵やテープで囲われ、式の途中の移動は困難なので要注意!

衛兵交代式の流れ
● 10:30ごろ、騎兵が交代式のためホース・ガーズ前の広場に登場。
● セント・ジェイムズ宮殿で任務を終えた衛兵がバッキンガム宮殿に出発。
● 交代兵がウェリントン兵舎からバッキンガム宮殿に出発。
● 11:00にバッキンガム宮殿正門内で衛兵交代式開始。
● 任務を終えた騎兵が宮殿前を通過。
● セント・ジェイムズ宮殿前に交代兵が出発。任務を終えた衛兵がバッキンガム宮殿からウェリントン兵舎へ出発。

➡ セント・ジェイムズ宮殿前やウェリントン兵舎周辺も穴場。

衛兵交代式
Changing the Guard
MAP 付録P.14 A-4

セント・ジェイムズ宮殿とバッキンガム宮殿で任務に就いていた衛兵が、次の衛兵と交代する儀式。音楽隊の演奏とともにバッキンガム宮殿で行われる。制服姿の凛々しい衛兵たちが隊列を組み行進する様子は圧巻で印象的。まさに英国王室を中心に形作られた街だと実感できる。

🚇 St James's Park セント・ジェイムズ・パーク 駅から徒歩9分
📍 Buckingham Palace Rd, SW1

⬆女王陛下を守る近衛兵にして英国陸軍の兵士
©iStock.com/mychadre77

騎兵隊交代式
Horse Guard Parade
MAP 付録P.14 C-3

バッキンガム宮殿の近くに王室騎兵隊の本部、ホース・ガーズがある。警備する騎兵隊ライフ・ガーズの交代が、建物前の広場や周辺の通りで間近に見られる。騎馬兵の凛々しさも必見だ。

🚇 Charing Cross チャリング・クロス駅から徒歩5分 📍 House Guards Whitehall, SW1A 2AX

⬆ヘルメット姿が凛々しいホース・ガーズ
©iStock.com/matthewleesdixon

24

↑ウィリアム王子とキャサリンを中心に撮影された華麗なる王室ファミリー

不倫あり離婚あり！それでも愛される王家
ドラマチックで楽しい ロイヤル・ファミリー

バンケティング・ハウスの華麗な内部

王子や王女の結婚や不倫を、親戚や親しい知人の話のように語り合う国民。王室は英国でいちばんの人気ファミリーといえる。

一番人気の女王陛下をはじめ 強烈キャラが勢揃いの王室

11世紀、フランスのノルマンディー公がブリテン島を侵略し、ウィリアム征服王となったノルマン朝が英国王室のルーツという。現在のエリザベス2世はウインザー朝の第4代女王で在位67年、2007年にはヴィクトリア女王を抜き英国史上最高齢の君主となり、90歳を超えてなお元気な姿で国民に愛されている。英国は立憲君主制で君臨すれど統治せず。王位継承は直系の子孫のみで現在の順位はチャールズ皇太子、長男のウィリアム王子、その長子と続く。

チャールズ皇太子といえばダイアナ元妃との結婚、不倫、離婚、そして離婚歴のあるカミラ妃との再婚が注目を集めた。過去には国王エドワード8世の「王冠を賭けた恋」の歴史もある。アメリカ人既婚女性と恋に落ち彼女との結婚を選び退位した。先祖を見習ってかアメリカ人の元女優を妃に迎えて世界を驚かせたヘンリー王子はやんちゃで人気がある。英国王室が愛される理由はこうした人間味にありそうだ。英国民はロイヤル人間ドラマが大好きなのだ。

↑毎年6月の女王の誕生日式典の際は、馬車でザ・マルをパレードする

王室ファミリー

世界最長、67年の在位を誇る
エリザベス2世
Elizabeth II

1952年、父ジョージ6世の崩御に伴い即位。25歳にして英国はじめ16カ国の連邦王国の元首に。夫はエディンバラ公。王子3人と王女1人の母。

プリンス・オブ・ウェールズ
チャールズ皇太子
Charles, Prince of Wales

エリザベス2世の長男。2019年には皇太子生活67年となった。若いダイアナ元妃と離婚し年上の女性と再婚。称号は英国王の長男に与えられるもの。

称号はコーンウォール公爵夫人
カミラ妃
Camilla, Duchess of Cornwall

チャールズ皇太子との不倫が報じられ離婚し、皇太子の離婚後、ダイアナ元妃の死後に晴れて再婚。

世界に愛された悲劇の王女
ダイアナ元妃
Diana, Princess of Wales ▶P29

弱冠20歳でチャールズ皇太子妃に。世界が祝福したがその後、夫婦生活は破綻。離婚後、億万長者のエジプト人と交際中に事故死した。

ダイアナ元妃の面影を受け継ぐ
ウィリアム王子&キャサリン妃
Prince William & Catherine

チャールズ皇太子とダイアナ元妃の長男。1982年の誕生時は国中が喜びに沸いた。2010年、キャサリン妃と結婚。3人の子どもがいる。

女王に次ぐ人気のやんちゃ王子
ヘンリー王子&メーガン妃
Prince Henry & Meghan

チャールズ皇太子とダイアナ元妃の次男。2018年メーガン妃と結婚するが、2020年王室離脱を表明し、波紋を呼んでいる。

王室家系図

- ヴィクトリア (1837-1901) — アルバート
  - エドワード7世 (1901-1910) — アレクサンドラ
    - ジョージ5世 (1910-1936) — メアリー・オブ・テック
      - エドワード8世 (1936) — ウォリス・シンプソン
      - ジョージ6世 (1936-1952) — エリザベス・バウズ・ライアン
        - エリザベス2世 (1952-) — フィリップ
          - チャールズ — ダイアナ / カミラ
            - ウィリアム — キャサリン
              - ジョージ
              - シャーロット
              - ルイ
            - ヘンリー — メーガン
          - アン
          - アンドルー
          - エドワード

青字は男性、赤字は女性を表す。数字は在位期間を示している

□囲みの人物は王位に就いた人

01 英国王室のロンドン

ロンドンでぜったいしたい9のコト

BEST 9 THINGS TO DO IN LONDON 01

見逃せません！3大建築と植物園
英国王室の歴史を語る
圧倒的！世界遺産を見る

時の君主たちが総力をあげて造らせた宮殿や要塞は、ゴシックなどの美しい形のなかに歴史の重みやドラマを伝える。植物園も含め英国王室が築いた世界遺産は圧巻だ！

ウエストミンスター寺院
Westminster Abbey

バッキンガム宮殿～ウエストミンスター寺院
MAP 付録P.20 C-1

戴冠式やウエディング
葬儀も行われる王室の教会

現在の大寺院はエドワード証聖王が指示し1065年に完成。工事を見守るため隣にウエストミンスター宮殿を建て、以来教会と国家が強く結ばれた。200年後、ヘンリー8世がゴシック様式に改築。壮麗な装飾や彫像は当時のままだ。

☎020-7222-5152 交⓾Westminster ウエストミンスター駅から徒歩5分 所20 Dean's Yard, SW1P 3PA 開9:30～16:30 土曜9:00～14:00 ※最終入場は閉館1時間前、行事により時間変更や閉館もあるので、詳細は公式サイトなどで要確認 休日曜 料£22 HP www.westminster-abbey.org

↑ゴシック様式の壮麗さに圧倒される。1066年のウィリアム征服王以来、400人の国王が戴冠式を行った

↑ヘンリー7世記念聖母礼拝堂

↑ゴシック様式の極みともいえる寺院

↑身廊の高窓には美しいステンドグラスが

↑多くの墓が置かれる身廊の壮麗な空間

ロンドン塔
Tower of London

シティ～ロンドン塔周辺 **MAP** 付録P.17 D-3

処刑場の跡地も現存
波乱に満ちた世界遺産の塔

1066年、ウィリアム征服王がロンドンを守るため築いた要塞が始まり。一時期は王室の居城でもあったが、その後、牢獄にされ王族はじめトマス・モアなど多くの著名人が投獄、処刑された。歴史の暗部にふれられ刺激的な観光になりそうだ。

☎033-3320-6000 交⓾Tower Hill タワー・ヒル駅から徒歩5分 所Tower of London, EC3N 4AB 開9:00(日・月曜10:00)～17:30(11～2月は～16:30) ※最終入場は閉館の30分前 休1/1, 12/24～26 料£26.80(オンライン£22.70) HP https://www.hrp.org.uk/tower-of-london

↑国内城塞の見本ともされたホワイト・タワー。現在は武具の博物館

↑中世の王室の主要な宝物庫、ジュエル・ハウス

↑ホワイト・タワー内部。甲冑や武具、拷問具も展示

ガイドツアー
退役軍人の衛兵ビーフィーターが塔の歴史をおもしろく説明してくれる

国会議事堂
House of Parliament

バッキンガム宮殿〜ウエストミンスター寺院
MAP 付録P21 D-1

ロンドンに時を告げる時計台と議会政治を生んだ国会議事堂

世界の模範となる議会政治誕生の場。11世紀ごろウエストミンスター宮殿として建てられ、16世紀半ばごろ、議事堂となった。大火や戦災での焼失を経て現在は3代目。19世紀のゴシック建築の代表的なもので、併設の時計台ビッグ・ベンを含めロンドンの代表的なランドマークだ。

☎020-7219-3000 ⊕Westminster ウエストミンスター駅から徒歩2分 ㊟Westminster, SW1 ㊗見学時間は変更されるので公式サイトなどで要確認 ㊡無休 HP www.parliament.uk/visiting

ガイドツアー
ガイドツアー：£25.50
アフタヌーンティー＋ツアー：ツアーの料金＋£29（72時間前までに要予約）

↪テムズ河畔に沿うように立つ全長300mの建物。夜はライトアップされ輝く

ヴィクトリア女王が礎石を置いた塔
A ヴィクトリア・タワー
Victoria Tower

1834年の大火で宮殿が焼失したあと、再建工事で塔が追加され1860年に完成。同宮殿内最大の建物で美しいゴシック様式。

↪当初の名称はキングス・タワーで1897年ごろに改名された

大火や戦災を逃れた唯一の建物
B ウエストミンスター・ホール
Westminster Hall

11世紀に建てられたままの大広間で、1834年の火災で宮殿のほとんどは焼失したが、ジュエル・タワーと聖ステファン教会の地下室などとともに焼失を免れた。

11世紀の贅を極めた見事な装飾
C セントラル・ロビー
Central Lobby

宮殿中心部にある八角形のロビー。彫刻を施した柱やステンドグラス、装飾的な床の美しい空間。

テムズ河畔の時計台
D ビッグ・ベン
Big Ben

国会議事堂に併設の時計台。ゴシック建築でステンドグラスのような文字盤が美しい。

ロンドンでぜったいしたい9のコト

01 英国王室のロンドン

※時計台は2021年まで改修工事中

BEST 9 THINGS TO DO IN LONDON 01

↑アール・ヌーヴォーを思わせるヴィクトリア調の巨大温室パーム・ハウス ©iStock.com/Vladislav

キューガーデン
Royal Botanic Gardens, Kew
ロンドン近郊 MAP付録P.2 A-3

1759年、宮殿庭園として誕生
世界遺産に登録の王立植物園

エリアごとに趣が異なる広大な敷地で寒帯から熱帯まで、2万5千種の世界の植物が見られる。種子の遺伝子保全などで環境保護にも努めている。19世紀のガラスの温室は必見。

☎020-8332-5655 ❍Ⓤ❑Kew Gardensキュー・ガーデンズ駅から徒歩5分 ㊟Kew, Richmond, TW9 3AE ⏰10:00～18:30(土・日曜は～20:30) ※最終入場は閉園1時間前 ※季節により変動あり ㊡無休 £17(オンライン£16)、冬期£12.50

↑敷地内にある英国王室最小の宮殿

↑本場のイングリッシュガーデン！

↑日本庭園のエリア。園内には桜も

バッキンガム宮殿周辺の 4つの王立公園

ロンドンは街づくりの中心に公園がある。特にハイド・パークは広大でNYのセントラルパークと並ぶほど有名だが、バッキンガム宮殿周辺にはそれぞれ個性的な王立公園が集まっている。散策にも休憩にも最適なオアシスを堪能しよう。

↑隣接の宮殿は一部公開でカフェも
ケンジントン・ガーデンズ
Kensington Gardens
MAP付録P.12 B-3

園内は木々が多くリスがいたり池や小川には水鳥もいて癒される。ダイアナ妃記念噴水やかわいいピーターパン像、ギャラリーもあり見どころが多い。

☎0300-061-2114 ❍Ⓤ Queenswayクイーンズウェイ駅から徒歩2分 ⏰6:00～日没 ㊡無休 無料 www.royalparks.org.uk/parks/kensington-gardens

↑野外ライブやイベント会場にも
ハイド・パーク
Hyde Park
MAP付録P.13 D-3

市内最大の公園で大きな池やカフェもある憩いの場だ。夏期は花々が美しく、冬期は移動遊園地やスケートリンク、クリスマスマーケットも開催。

☎0300-061-2114 ❍Ⓤ Hyde Park Cornerハイド・パーク・コーナー駅からすぐ ⏰5:00～24:00 ㊡無休 無料 www.royalparks.org.uk/parks/hyde-park

↑王様が猟を楽しんだ森が公園に
グリーン・パーク
The Green Park
MAP付録P.14A-4

セント・ジェイムズとバッキンガムの両宮殿に隣接する公園。チャールズ2世の猟場を1826年、市民に開放。大木の並木道と緑の芝生が広がる。

☎0300-061-2001 ❍Ⓤ Green Parkグリーン・パーク駅から徒歩1分 ⏰5:00～24:00 ㊡無休 無料 www.royalparks.org.uk/parks/green-park

↑歴代の王が庭や池を設けた公園
セント・ジェイムズ・パーク
St. James's Park
MAP付録P.14 B-4

ザ・マルに隣接。40羽超のペリカンはじめアヒルなどの水鳥が暮らす湖や、バッキンガム宮殿が望める橋、眺めのいいカフェなどがある美しい公園。

☎0300-061-2350 ❍Ⓤ St James's Parkセント・ジェイムズ・パーク駅から徒歩2分 ⏰5:00～24:00 ㊡無休 無料 www.royalparks.org.uk/parks/st-jamess-park

ダイアナ・メモリアル・ウォークに美しかったダイアナ元妃を偲ぶ
Diana Memorial Walk

1997年、パリで不慮の交通事故死を遂げたダイアナ元妃。20年余りを経ても、世界は「悲劇のプリンセス」を忘れられない。ダイアナ元妃が暮らしたケンジントン周辺でゆかりの場所を歩いてみよう。

若さと美貌、輝くような笑顔 悲劇のプリンセスを偲んで

トレンドに敏感なブランドの店が集まるケンジントン・ハイSt。そぞろ歩いていると公園に出る。その一角にあるケンジントン宮殿がダイアナ元妃が結婚生活を送った場所だ。あの世紀のロイヤル・ウエディングの日、若く美しいプリンセスに誰がその後の悲劇を想像しえただろう。その落差ゆえ今も彼女は多くの人の心をとらえる。宮殿周辺に設けられた記念の場所を訪ねて数奇な人生に思いを馳せてみたい。

ゆかりの公園に記念の遊び場
ダイアナ・メモリアル・プレイグラウンド
Diana Memorial Playground
MAP 付録P.12 A-3

ケンジントン・ガーデンズにあり12歳までの子どもと付添の大人のみ入れる。
🕐 5:00～24:00
休 無休 料 無料

→ 砂浜や海賊船、テント小屋など子どもの楽園

19世紀に建てられた王室の公邸
クラレンス・ハウス
Clarence House
MAP 付録P.14 B-4

結婚式当日、ダイアナ元妃はここから教会へと向かった。セント・ジェイムズ宮殿と隣接し、宮殿と庭園を共有している。現在は、チャールズ皇太子とコーンウォール侯爵夫人だったカミラ夫人との公邸となっている。

🚇Ⓤ Green Park グリーン・パーク駅から徒歩6分 🕐 10:00～15:30(土・日曜は～16:30)、※最終入場は閉館1時間前 休 8月のみ公開 料 ガイドツアーのみ£11.30

ロンドンでぜったいしたい9のコト

01 英国王室のロンドン

ダイアナ元妃の暮らしが偲べる
ケンジントン宮殿
Kensington Palace
MAP 付録P.12 A-4

チャールズ皇太子と新婚生活を送り2人の王子を育て、離婚後も亡くなるまで住んでいた公邸。現在もウィリアム王子夫妻や若い王族の公邸で宮殿の一部のみ公開中。

☎0333-320-6000 🚇Ⓤ High Street Kensington ハイ・ストリート・ケンジントン駅から徒歩8分 🕐 10:00～18:00(11～2月は～16:00)、最終入場は閉館1時間前、祝日は要確認 休 無休 料 £23 URL www.royal.uk/royal-residences-kensington-palace

→ モダンな宮殿。ヴィクトリア女王の生家でもある メモリアル・ガーデン。公開中

波乱の人生を水の流れで表現
ダイアナ・メモリアル・ファウンテン
Diana Memorial Fountain
MAP 付録P.12 C-4

楕円形の泉。元妃の人生を表し、流れに緩急がつく造りになっている。

→ 小川や低い滝などの変化があり楽しい

BEST 5 THINGS TO DO IN LONDON

02 ローマ帝国時代から大英帝国へ 時代に寄り添って流れる大河

テムズ川に親しむ

新しい建築物を歴史的建造物が圧倒!

街のなかを蛇行しながら静かに流れるテムズ川。岸辺ではビッグ・ベンやロンドン・アイなど新旧の観光名所が一望できる。川と街の歴史を楽しもう。

River Thames

夜のタワー・ブリッジはライトアップされて荘厳な景観を増す ▶P33

テムズ川を下りロンドンの過去と現在の絵物語を眺める

　川岸を歩けば、寺院や宮殿など世界遺産の建物が描く美しいシーンに出会う。ロンドンがテムズ川を中心に発展してきたことがよくわかる。かつてここを支配したローマ人は川沿いに防護壁を造り、ウィリアム征服王は要塞を築いて対岸からの侵略者を防いだ。産業革命当時は地方都市と結ぶ水運の要となり、19世紀には世界最大級の港湾となった。時を経て現在、川沿いは散策路が整備され市民や旅人の憩いの場だ。
　ロンドン中心部はテムズ川を境に土地柄が変わる。川の北側は宮殿をはじめ金融街や劇場街、高級ショッピングエリアが集結し、それを取り巻く高級住宅街や下町がある。川を渡った南側には王立植物園と郊外の高級住宅街、移民の街が混在する。近年は現代美術館や大観覧車、展望台もあり、再開発されてエッジの効いたショップやオーガニックカフェが並ぶエリアも多い。

30　©iStock.com/johny007pan

ザ・シャードの展望台からロンドンの、光に満ちた夜景が楽しめる P32

ロンドンでぜったいしたい9のコト

02 テムズ川に親しむ

BEST 9 THINGS TO DO IN LONDON 02

高層ビルやロープウェー、橋から大河を眺め渡ってみる！

絶景！テムズを思う存分！

River Thames

11世紀の世界遺産から21世紀のモダン建築まで、歴史の流れを水面に映す川をあちこちから楽しもう。ロンドンの旅の真髄が見える。

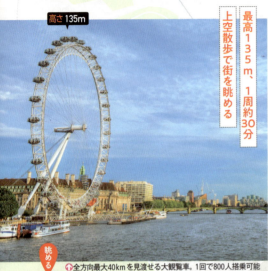

高さ135m

上空散歩で街を眺める

最高135m、1周約30分

眺める

ザ・シャード
The Shard

MAP 付録P.16 C-3

「ガラスの破片」という意味の名前どおり、尖塔のような斬新な高層ビル。著名な建築家レンゾ・ピアノの設計だ。69階と72階に展望室があり、館内にはホテルやレストランも。ロンドンの全体像を見るのに最適。

☎084-4499-7111 ✈London Bridge ロンドン・ブリッジ 駅から徒歩1分 ⌂32 London Bridge St, SE1 9SG ⏰10:00～22:00 休無休
￥£30.95
🌐www.theviewfromtheshard.com

高さ309.6m
ガラス張りの高層ビル

ロンドン・アイ
London Eye

MAP 付録P.15 D-4

2000年のミレニアム事業で造られた世界最大級の観覧車。見晴らしは抜群でバッキンガム宮殿やセント・ポール大聖堂などはもちろん、天気がよければウィンザー城も見えるという。休日は混むので注意。

☎0870-990-8881 ✈Waterloo ウォータールー駅から徒歩5分 ⌂Riverside Building, County Hall, Westminster Bridge Rd, SE1 ⏰11:00～18:00 休無休 ￥£28（オンライン予約は10～15%引）。チケット販売は搭乗開始30分前

↑全方向最大40kmを見渡せる大観覧車。1回で800人搭乗可能

橋の南にセント・ポール大聖堂、北にテート・モダンの新旧名
↓ライトアップされた寺院や宮殿の幻想的な眺めも楽しめる

渡る

ミレニアム・ブリッジ
Millennium Bridge

MAP 付録P.16 B-2

ミレニアム事業で約100年ぶりに造られた長さ325mの歩行者専用橋。ノーマン・フォスターの設計による近未来的な形で、セント・ポール大聖堂とテート・モダンをつなぐ、過去と現代を結ぶ格好に。

✈Mansion House マンション・ハウス駅から徒歩5分 ⌂Millennium Bridge, EC4V 3TT 休無休 ￥見学自由
🌐www.visitlondon.com

100年ぶりにテムズに架けられた「千年紀」橋

↑長さ244m、高さ65m 世界で最も有名な橋

高さ65m

大型船が通るときは橋が跳ね上がる仕掛け

ロンドンでぜったいしたい9のコト

高さ244m

↑西ヨーロッパで最も高い244mの展望台フロア
↑タワー・ブリッジや市街、川と船のパノラマを一望に

眺める
スカイ・ガーデン
Sky Garden
MAP 付録P.17 D-2

高さ150m

金融街・シティにそびえる高層ビルの展望フロア。地上150mのガラス張りのスペースにバーやレストラン、屋外テラス、小さいガーデンがあり、一周して景色が楽しめる。

☎020-7337-2344 ⊗⑪Monument モニュメント駅から徒歩7分 ⌂1 Sky Garden Walk, EC3M 8AF ⏰10:00〜18:00 土・日曜11:00〜21:00 休不定休 料無料(要予約)
🌐skygarden.london

天空の庭は昼も夜も！

360度、街を見渡せる

川の下を歩いて渡る
グリニッジ・フット・トンネル
Greenwich Foot Tunnel
MAP 付録P.3 F-2

20世紀初頭に造られた歩行者用トンネル。テムズ川の下を歩いて抜けると対岸のグリニッジ桟橋付近に到達。

⊗Cutty Sark for Maritime Greenwichカティ・サーク駅から徒歩3分 ⌂Cutty Sark Gardens | Greenwich, SE10 9HT ⏰24時間

↑らせん階段を下りると長いトンネルが続く

02 テムズ川に親しむ

エミレイツ・エア・ライン

O2アリーナ
North Greenwich — Emirates Greenwich Peninsula

0   500m

⑪North Greenwich 地下鉄駅名

渡る
タワー・ブリッジ
Tower Bridge
MAP 付録P.17 E-3

船の大型化に伴い19世紀後半に完成した橋。ゴシック様式の2基の尖塔が特徴。高さ40mのガラス張りの展望通路には歴史博物館もある。

☎020-7403-3761 ⊗⑪Tower Hill タワー・ヒル駅から徒歩11分 ⌂Tower Bridge Rd,SE1 2UP ⏰10:00〜17:30(最終入場)、10〜3月 9:30(1/1は10:00)〜17:00 休無休 料タワー・ブリッジ・エキシビションのみ £9.80 (オンライン £8.70) 🌐www.towerbridge.org.uk

↓テムズを渡るロープウェーは2カ所の五輪会場を結ぶ

アイル・オブ・ドッグス
Isle of Dogs

グリニッジ・フット・トンネル

グリニッジ
Greenwich

カティ・サーク号

渡る 眺める
エミレイツ・エア・ライン
Emirates Air Line
MAP 付録P.3 F-2

テムズ川に架かるロープウェー。2012年、五輪に合わせ開通。グリニッジ、ドッグランズ、シティの高層ビル群を一望に。

☎034-3222-1234 ⊗⑪North Greenwich ノース・グリニッジ駅から徒歩5分 ⌂Unit 3, Emirates Cable Car Terminal Edmund Halley Way, SE10 0FR ⏰7:00(土曜8:00、日曜9:00)〜23:00(冬期は〜21:00) 休無休 料 £4.50(オイスターカード £3.50) 🌐www.emiratesairline.co.uk

テムズ川の上空90mを空中散歩でパノラマ満喫！

高さ90m

↑川幅約1.1kmを10分前後で運行

BEST 9 THINGS TO DO IN LONDON 02

新旧のロンドン名所を川面からたどる感動の船旅！

歴史を見上げる旅
テムズ川クルーズ
River Thames

ロンドン観光はクルーズで楽しさが倍増する。川面からの景色はひと味違う街の魅力があり両岸には新旧の名所が揃っている。

↑ウエストミンスターの乗船所

通勤客も利用する水上バスと観光や船旅を楽しむボート

テムズの川めぐりは格別だ。ウエストミンスター寺院などの歴史的景観から、ザ・シャードなどの新しい観光名所にいたるまで両岸の歴史が一望できる。産業革命のシンボルにしてアール・デコ様式の代表建築でもある、バタシー発電所などもじっくり堪能できる。夕暮れどき、ライトアップされた橋や建物は幻想的だ。ロンドンの形や暮らしを、地上とはひと味違う視点から見られるのも楽しい。

テムズ川を走るボートには公共の足にも使われる水上バスと、観光に特化したレジャー用ボートがある。テムズ・クリッパーズは通勤にも観光にも使われる便利な水上バスだ。クルーズツアーは優雅な船旅が楽しめる。うまく使ってテムズ川沿いにロンドンの東西を一気に巡ろう。

水上バスの内部 屋根がある部分も

- エンバンクメント Embankment
- ウォータールー・ブリッジ
- ブラックフライアーズ Blackfriars
- ミレニアム・ブリッジ
- サザーク・ブリッジ
- ロンドン・ブリッジ
- Tower
- ナショナル・ギャラリー ★
- ウエストミンスター Westminster
- ウエストミンスター寺院 ★
- ロンドン・アイ London Eye
- バンクサイド Bankside
- ロンドン・ブリッジ・シティ
- ザ・シャード ★
- ミルバンク Millbank
- ランベス・ブリッジ
- カドガン Cadogan
- ヴォクソール・ブリッジ
- バタシー・パーク ★
- バタシー・パワー・ステーション Battersea Power Station
- セント・ジョージ・ワーフ St George Wharf
- ハンプトン・コート Hampton Court
- チェルシー・ハーバー Chelsea Harbour
- プランテーション・ワーフ Plantation Wharf
- パトニー Putney
- ワンズワース・リバーサイド Wandsworth Riverside

↑船ならタワー・ブリッジも真下から眺められる

テムズ川を行き交うリバーバス

テムズ・クリッパーズ
Thames Clippers
一日中乗り降り自由の高速水上バス。川下りしながら主要な観光名所が効率よく巡れる。☎0844-448-6744 ⓟ路線により異なる 休無休 ⓟ最短距離・片道£2.25〜、一日乗り降り自由のThames River Roamerは£17.80 ⓗwww.thamesclippers.com

1 チケットを買う
各乗り場のチケットオフィスで購入。IC交通カードのオイスターカード使用なら割引も。

2 乗船＆下船
各乗り場に行って待ち、乗船。目的地に着いたら下船するだけなので楽に乗り降りできる。

リバー・バス路線
- RB1 朝のみ
- RB1X
- RB2
- RB4 朝夕のみ
- RB5 週末のみ
- RB6 平日の朝のみ

↑テムズ川クルーズのメリットは両岸の観光名所が流れるように見られること。美術館をつなぐクルーズもあり移動時間も楽しめる

ロンドンでぜったいしたい9のコト

02 テムズ川に親しむ

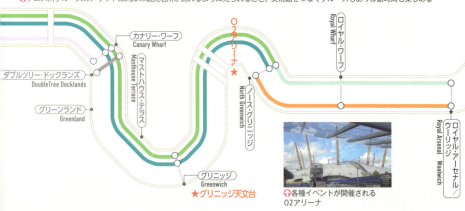

↑各種イベントが開催されるO2アリーナ

テムズ川のクルーズツアー

テムズ川の各乗船所に各クルーズのボートが集結しているので、その場で選んで乗船するか、オンラインで事前予約もできる。

アフタヌーンティー・クルーズ
Afternoon Tea Cruise

乗船●プール・キー

イギリスが誇る伝統の「アフタヌーンティー」を体験するクルーズ。紅茶とともに、本場の美味なサンドイッチやケーキを楽しみながら過ごす優雅な船旅で、ロンドンの観光スポットを巡ろう。

催行会社:シティ・クルーズ ☎020-77-400-400 ●2020年は4月4日〜10月31日。13:30、15:15出発(所要1時間30分) 料無休 料£25、子供(3〜12歳)£17 https://www.citycruisespoole.com

↑英国発祥のサンドイッチを紅茶で

クルーズツアーの催行会社

シティ・クルーズ
City Cruises

8カ国語の音声ガイド付き。24時間有効、乗降自由のチケットで便利だ。
https://www.citycruises.com

サーキュラー・クルーズ
Circular Cruise

約45分間で45カ所の名所が見られる。英語のガイド付き。オイスターで割引。
https://www.circularcruise.london

テムズ・リバー・サービス
Thames River Services

ウエストミンスターからグリニッジまでの周遊クルーズ。グリニッジ発着も。
https://www.thamesriverservices.co.uk

BEST 9 THINGS TO DO IN LONDON

03 馬車時代からの観光ルートをワクワクの2階建てバスでゆく

2階の最前席でワクワクも2倍!!

ダブルデッカーでまわるロンドン

ロンドン名物の2階建てバスは、2階建ての乗合馬車がルーツとされる。その名残のように、市内の要所を通る路線では、世界遺産などの観光名所が次々登場！

Double-Decker B

キュートなロンドンバスで気ままに街を眺めて走る

見てかわいく乗って楽しい。それがダブルデッカーだ。今回はロンドン西部から東部のシティ周辺まで、街の景色を楽しみながらバスで横断。特に2階の最前列は眺望抜群の特等席だ。座ったままでも乗り降りしても、気ままな世界遺産・名所巡りへ！

トランスポート・フォー・ロンドン
Transport For London
https://tfl.gov.uk

11番バスで行く

ケンジントン Kensington

バスルートは番号で確認。まずは11番で世界遺産を巡る！

↑地下鉄のフラム・ブロードウェイ駅。ここからすぐのフラム・タウン・ホールバス停から乗車

↑スローン・スクエア。トレンドショッピングに最適のキングスRdはここから

↑ヴィクトリア駅。1860年、ヴィクトリア女王の時代に開通

戴冠式も行う王室の教会

1 ウエストミンスター寺院
Westminster Abbey

MAP 付録P.20 C-1

エドワード証聖王が1065年に建立。その200年後、ヘンリー8世がゴシック様式に改築。当時の壮麗な装飾や彫像が見られる。

↑ゴシック様式の壮麗さが圧巻
▶P.26

19世紀の代表的なゴシック建築

2 国会議事堂
House of Parliament

MAP 付録P.21 D-1

ウェストミンスター宮殿を16世紀半ばに議事堂へ。旧来の建物が焼失し19世紀に再建。街のアイコンだ。▶P.27

↑繁栄を極めたヴィクトリア時代の遺産

17世紀の見事なパラディオ建築

3 バンケティング・ハウス
Banqueting House

MAP 付録P.15 D-4

焼失したホワイトホール宮殿で唯一残る建物。ルーベンスの天井画やチャールズ1世の処刑台などを見学できる。

☎020-3166-6155 今も王室の晩餐会や外国大使館行事に利用
Westminster ウエストミンスター駅から徒歩7分 Whitehall, SW1 10:00～17:00(最終入場16:30) 無休 £6.50(オンライン£5.50)

リージェンツ・パ
マリル
ハイド・
Sloane Sq
Lower
Cadogan Gardens
Sloane Squar
Duke Of York Square
チェルシー Chelsea
Markham Street
Chel
Chelsea Old Town Hall
Carlyle Square
Old Church Street
King's Rd.
Beaufort Street
Hobury Street / Worlds End
フラム・
ブロードウェイ駅
Fulham Broadway
Edith Grove / Worlds End
フラム・
タウン・ホール
Fulham Town Hall
Worlds End Health Centre
Rumbold Road
バタシー・パ
テムズ川
Thames
Tyrawley Road

ダブルデッカー・バスに乗る

乗り方

1 オイスターカードを買う
バスはキャッシュでは乗車できないので、地下鉄駅などでオイスターカードを購入して乗車しよう。バスに乗ったら運転席横の黄色いカードリーダーにタッチすればOK。

2 乗車＆下車
バス停にバスが来たら、目的地行きの番号かを確認し手を上げて停める。手を上げないと通過してしまうので要注意。目的のバス停に着いたら、座席にあるSTOPボタンを押して下車。

↑リヴァプール・ストリート駅。主要なターミナル駅で、金融街シティに近い。エキナカも充実

ロンドンでぜったいしたい9のコト

03 ダブルデッカーでまわるロンドン

←ベルグレイヴィア。バッキンガム宮殿に隣接する高級住宅街

世界の金融の中心が超高級ショップ街に
7 旧王立取引所
Royal Exchange
MAP 付録P.16 C-2

16世紀に始まった証券取引所で現在は閉鎖。英国の繁栄を物語る建物が高級ショッピングモールになった。

→19世紀に再建の豪華な内観。カフェもある

☎020-3861-6500 交ⓤBankバンク駅から徒歩1分
住Royal Exchange Bank ,EC3V 3LR 営8:00～23:00(店舗により異なる) 休土・日曜 料無料 HPwww.theroyalexchange.co.uk

英国国教の壮麗な聖堂
6 セント・ポール大聖堂
St. Paul's Cathedral
MAP 付録P.16 B-2

ルネッサンス調の優雅な建物で 34mのドームの天井画も見事。ドーム頂上からは祭壇を見下ろすことができ、塔からは街が一望できる。

☎020-7246-8530 交ⓤSt Paul's セント・ポールズ駅から徒歩2分 住The Chapter House, St. Paul's Churchyard, EC4M 8AD 営8:30～16:30(回廊は9:30～16:15) 休日曜(ミサのみなら無料入場可能) 料£18(オンライン£16)
HPwww.stpauls.co.uk

→英国の著名人が眠る納骨堂もあり見学できる

↑トラファルガー・スクエア。正面はナショナル・ギャラリー。大晦日のカウントダウンでも有名な広場

ロンドンらしさが満載の街
4 コヴェント・ガーデン
Covent Garden
MAP 付録P.15 D-2

演劇やエンタメスポット、ショップやカフェ、古き良き雰囲気と最先端が揃うロンドンらしいエリア。

☎020-7420-5856 交ⓤCovent Garden コヴェント・ガーデン駅から徒歩1分 住Covent Garden, WC2E 8BE 営10:00～20:00 日曜11:00～18:00 休無休 料無料

→かわいい雑貨店やカフェも集結

建物の豪華さだけでも必見
5 サマセット・ハウス
Somerset House
MAP 付録P.15 E-2

18世紀建造の元貴族の豪邸。現在はギャラリーなどが入り、冬期は中庭がスケートリンクに。

☎020-7845-4600 交ⓤTempleテンプル駅から徒歩3分 住Strand, WC2R 1LA 営8:00～19:00(レストランは～22:00/館内の施設ごとに異なる) 休無休 料入場無料。ギャラリーやイベントは別料金

→スケートリンクのある冬はクリスマス装飾も美しい

37

BEST 9 THINGS TO DO IN LONDON

04 誰でも気楽に利用できる ロンドン流オシャレ酒場

伝統を継承する パブという街文化

「パブめし」を超えた グルメ最前線

パブはイギリスの重要な街文化のひとつ。
この居酒屋を抜きに市民生活は語れない。

**飲むだけでもいい、食べてもいい。
気取らずに、ロンドンっ子の顔で**

パブはロンドン市内に5万数千軒あるという。街角を曲がればパブがある、といってもいい。パブとは「パブリック・ハウス」の略で、いわば街の社交場。18〜19世紀に発達したらしく、最初は宿泊所や雑貨屋も兼ねていたようだが、やがて酒場となり、今や形態はさまざまだ。

伝統的なしつらえの1階。昔ながらの常連が三々五々集まってくる

酒場というよりビストロ
トレンドの食事処は ガストロ・パブです

朝食もランチもある店が増え
美食を誇るパブも根を下ろした。
女性同士でも気軽に立ち寄れる。

**若手が作るキレのいい英国料理は
シンプルでありながらセンス抜群**

マークスマン
Marksman
ショーディッチ〜イーストエンド周辺　MAP付録P.11 E-2

力の抜けたおしゃれ感と、素材からベストなおいしさを引き出したメニューで若者層をひきつける。ロンドンのパブで初の「ミシュランパブ・オブ・ザ・イヤー」を受賞。1階がパブ、2階がダイニングになっている。

☎020-7739-7393
🚇Hoxton ホクストン駅から徒歩7分　🏠254 Hackney Rd, E2 7SJ
🕐18:00〜23:00 土曜11:00〜16:00, 18:00〜23:00 日曜12:00〜16:00, 18:00〜21:00
🚫無休

予算 £20〜 / £25〜

↑パブらしくないシックな外観。2階には開放的なテラス席もある

↑週末の定番、ロースト肉のメニュー。ほかにチキンやポークも

↑若き才と情熱が集まった、ガストロ・パブシーンの指標的存在

↑1階の重厚なパブから2階に上ると、ガラッとポップな雰囲気に

おすすめMENU

ブラウンバター・ハニータルト £8
Brown Butter & Honey Tart
リピーター続出、予約時に取り置きする人も多い隠れた名デザート

牛ミンチ入りのパンと西洋わさびのクリーム £5
Beef & Barley Bun, Horseradish
ほのかにピリッとするクリームが、肉とブリオッシュを見事に融合

こだわりのミート熟成室を完備 美味しい肉をがっつり食べたい日に
ザ・ピッグ&ブッチャー
The Pig & Butcher
ショーディッチ～イーストエンド周辺 **MAP** 付録P.9 F-1

ロンドンで最高品質を自負する希少品種の肉にこだわる。地下でさばき、熟成した肉を、見事な調理法で提供する。約30種あるビールもその季節のメニューに合うものを揃えているので、ベストマッチを聞いてみよう。

☎020-7226-8304 ⊗Ⓤ Angel エンジェル駅から徒歩8分 ⏏80 Liverpool Rd, Islington, N1 0QD 🕐12:00～15:00, 18:00～22:00 土曜12:00～16:00, 18:00～22:00 日曜12:00～21:00 ⓦ無休

予算 Ⓛ£15～ Ⓓ£20～

おすすめMENU
ピッグズヘッド・ウィズ・フライドエッグ £14.50
Pig's head with fried egg
豚の頭部分を調理した珍しい一品、目玉焼も絶妙の火加減

ブレイズド・エンダイブ、アップル、セロリサラダ・ウィズ・マスタードドレッシング £8
Braised endive, apple, celery salad with mustard dressing
苦みのあるエンダイブと相性のよいリンゴとセロリをあわせて

↑19世紀からパブとして機能、地元にしっかりと根を張っている

↑木材を多用し、軽くエアリーに。季節ごとの装飾もかわいらしい(上)。ビールやワインは、黒板の品書きを見ながらじっくり選ぼう(下左)。自慢の貯蔵室でおすすめの肉部位を教えてくれるジャックさん(下右)

600年近くの歴史を刻む 食通が唸る美食パブ
ギニア・グリル
Guinea Grill
ソーホー～コヴェント・ガーデン周辺 **MAP** 付録P.22 A-3

1423年創業のイン(旅籠)だった場所で、ドアを開けた瞬間、風格あるパブの世界へと引き込まれる。自慢は絶妙な焼き加減の英国産の極上ビーフ。ナショナル・チャンピオンに輝くミートパイやデザートなども絶品だ。

☎020-7409-1728 ⊗Ⓤ Green Park グリーン・パーク駅から徒歩8分 ⏏30 Bruton Place, Mayfair, W1J 6NL 🕐11:00～23:00 日曜12:00～18:00 ⓦ無休

予算 Ⓛ£30～ Ⓓ£65～

おすすめMENU
骨付きリブステーキ
Rib Steak on the bone
£39(ビーフのみの料金)
レアな焼き加減のリブステーキに、野菜を添えて

↑デザートのスティッキー・トッフィー・プディング £8.50
↑人気のステーキ&キドニー(腎臓)、マッシュルーム・パイ £18

↑由緒正しきパブの品格が漂う2階のプライベート・ダイニングのボードルーム

↑メイフェアの一角にあるオールドパブ(左)。1階カウンターでビールを飲んだり、左手奥のフロアや2階で食事がとれる(右)

ロンドンでぜったいしたい9のコト

04 伝統を継承するパブという街文化

39

BEST 9 THINGS TO DO IN LONDON 04

ロンドン初、ドリンクも食事も100％ヴィーガン徹底のパブ

ザ・スプレッド・イーグル
The Spread Eagle
ロンドン近郊 MAP付録P.5 F-1

マーケットの屋台から人気が出て、こちらに定期出店となったフードは気軽につまめるメキシカンスタイル。パンチのある味付けとインスタ映えする彩りもポイントが高い。イースト・エンドのパブらしく内装もヒップ。

☎020-8985-0400 ⊖①Homerton ホマートン駅から徒歩3分 ⋒224 Homerton High St, E9 6AS ⏰16:00～23:00(金曜は～翌1:00) 土曜12:00～翌2:00 日曜12:00～22:30 ⊘無休

予算 Ⓛ£15～
Ⓓ£15～

おすすめMENU
ビアー・バタード・トーフィッシュ
Beer Battered Tofish
£10
豆腐を魚に見立ててフライし、紫キャベツの酢漬けをのせたタコス

フーリー・ローデッド・ナチョス
Fully Loaded Nachos
£9.50
とうもろこしのチップスにアボカド、トマトなどの野菜をのせて

↑落ち着いた青を基調に、美しく配置されたアートや緑がアクセント

↑角地にあり、採光の良い大きな窓が両側にあり、てっぺんの塔が目印(左)。本業はミュージシャンのバーテンダーの女性(右)

↑生モッツァレラと濃厚なトマトを、玉ネギの甘みが引き立てる£10

おすすめMENU
スタッフド・クージェットフラワー、サマースカッシュ、ピスタチオ、ピクルド・チェリー
Stuffed courgette flower, summer squash, pistachios, pickled cherries
£16.50
芽ズッキーニなど野菜フリッターをまろやかなナッツクリームで

見た目も味も1級グルメメニュー
中心部からもアクセス良好で重宝

コーチ・メーカーズ・アームズ
The Coach Makers Arms
ハイド・パーク周辺 MAP付録P.13 F-1

「農場からフォークまで」が信条の食材管理、メニューはパイ生地にいたるまで手作りと、最上の食体験を提供する。サーブされる皿との調和も考えたプレゼンテーションにも感動。街歩きでひと息つきたいときにも。

☎0330-021-7107 ⊖①Bond Street ボンド・ストリート駅から徒歩5分 ⋒88 Marylebone Lane, W1U 2PY ⏰10:00～23:00(金・土曜は～24:00) 日曜10:00～22:30 ⊘無休

予算 Ⓛ£20～
Ⓓ£20～

↑140年の歴史を誇る建物は元銀行で、一度は馬車職人の宿に
↑石造りの街並みを眺めながら、至福のパブランチに舌鼓を

40

時代を超えて愛される老舗は居心地最高
黄昏のホロ酔いは伝統の
イングリッシュ・パブ

文豪が立ち寄り、政治家が密談する。何世紀もの歴史を刻んだ建物に、にじみ出る風格。時代背景もそれぞれ個性的なパブがずらり。

↑船底のような細長い室内、天井は黒い梁のチューダー朝風

中世から抜け出してきたパブ？ちょっとタイムスリップ気分に
シティ・オブ・ヨーク
Cittie of Yorke

大英博物館〜キングス・クロス周辺　MAP付録P.15 E-1

北部ヨークシャー最古の醸造所の木樽入りビールからはかすかにオークの香りが。木製パネルの重厚なインテリアに、秘密めいたブースがずらりと並ぶ。裁判所が近いので弁護士たちがよく利用するそう。食事もあ

☎020-7242-7670
⊖Holborn ホルボーン駅から徒歩6分
⌂22 High Holborn, WC1V 6BN ⊙12:00〜23:00 ⊗日曜
予算 ￡10〜 / ￡10〜

➡1430年代にあったパブを極力保存して建て替えた歴史的建造物

↑オーガニック・フルーツ・ビール各￡4.50。アプリコット、イチゴ、ラズベリー、チェリーの4種類

↑昼間でも薄暗い店内。ダイニングや地下にバーもあり意外と広い

➡ヨークシャー州のシンボル、白いバラの装飾があちこちに

パブQ&A
注文の仕方など特徴があるが、マナーはあくまで紳士的。

1 ビールの種類
英国ではラガーよりエールが好まれ、なかでもパブで人気なのは、熱処理なしで樽の中で発酵が進むビール「カスクエール」。その風味は繊細で、パブでの品質管理も味に影響する。

ペールエール Pale Ale
おしなべて色が薄く、すっきり繊細な味わい。ホップや麦芽の複雑なアロマが香り立ち、爽やかな苦みを残す飲み口で、少し冷やして飲むことが多い。
代表的な銘柄 London Pride, Camden Pale Ale, Old Speckled Hen

アイピーエー IPA
銅褐色の深みある色と、濃厚な泡立ちの見た目どおり、苦めで濃い味が特徴。柑橘系の風味や、キャラメルのような焦げた甘さを感じるものもあり、芳醇な味わい。
代表的な銘柄 The Kernel, Ghost Ship, Greene King IPA

スタウト Stout
黒く焦がした大麦や、ときにはコーヒー豆も使ったがっつりボディ、苦みとコクを強調する味で「ギネス」が代表的。色が黒く、常温で飲まれることが多い。「ポーター」も同じ系列。
代表的な銘柄 Guinness, London Porter

ウィートビール Wheat beer
酸味が爽やかな小麦を使ったビール。活発な酵母の発酵過程から生まれた、細やかで強めの炭酸が特徴だ。色みが淡く白っぽいので、ホワイトビールとも呼ばれる。
代表的な銘柄 Hoegaarden

ラガー Lager
切れ味のよい口当たりと、強い炭酸で爽快な気分にしてくれる。最近ロンドンで若者の手がけるマイクロ・ブリュワリー（ミニ醸造所）が流行し、ラガーブームが到来。
代表的な銘柄 Whitstable Bay, Camden Hells

2 バーでの注文方法
カウンターの最前列の客が注文を終えて飲み物を持って離れると、後ろにいた人が前に進む。バーマンが大体の来た順を把握していて、財布を持って待っている人に順番に注文を聞いてくれるので、特に列は作らない。

3 支払い方法
キャッシュオンデリバリーといい、カウンターで注文後、支払いを済ませて飲み物を受け取る。

ロンドンでぜったいしたい9のコト

04 伝統を継承するパブという街文化

BEST 9 THINGS TO DO IN LONDON 04 Pub

**パブなのに美術館クラスの風格
アール・ヌーヴォーの贅を尽くした**
ザ・ブラックフライアー
The Blackfriar
シティ〜ロンドン塔周辺 MAP 付録P.16A-2

さまざまな素材と技法でアール・ヌーヴォーを体現した内外装は、彫刻家ヘンリー・プールの作品。カウンター台や壁にはウエストミンスター寺院建設で余った大理石材を使用。奥の部屋のきらびやかなアーチ天井は必見だ。

☎020-7236-5474 ⊖⓪Blackfriars ブラックフライアズ駅から徒歩1分 ⌂174 Queen Victoria St, EC4V 4EG ⏰10:00〜23:00 土曜9:00〜23:00 休日曜

↑1875年に修道院の跡地に建設。4階建ての独立くさび型が珍しい(左)。気さくで陽気なマネージャーのジョンさんがバーを切り盛り(右)
→天井や壁画など、修道僧の生活にちなんだレリーフが歴史を語る

↑英国パイ・コンテストで優勝した、ビールで煮込んだ牛肉のパイ £14

→パブは2部屋に分かれており、すいていればどこにでも座れる

**ロンドン初のアイリッシュパブ
遥かなる緑の国にギネスで乾杯**
ティペラリー
The Tipperary
ソーホー〜コヴェント・ガーデン周辺 MAP 付録P.15 F-2

1300年ごろには僧院があり、ビール醸造もされていた場所。1700年にパブとなり、ロンドンでギネスが初めて注がれた歴史がある。第1次世界大戦直後に「遥かなティパラリー」という兵士の愛唱歌にちなみ、改名。

☎020-7583-6470 ⊖⓪Blackfriars ブラックフライアズ駅から徒歩7分 ⌂66 Fleet St, Temple, EC4Y 1HT ⏰11:00〜23:30 土曜10:00〜24:00 日曜12:00〜22:30 休無休

↑ギネスビール 1パイント(約500㎖)£5.20
→時代もののギネス広告のポスターや看板があちこちに

↑ギネスのシンボルマーク、ハープの形のビール・サーバー

↑アイルランドを象徴する緑に塗られた外壁と、国旗が目印
→細長い店内はカウンターがメイン。2階がレストランだ

42

昔のパブの別名は「血のバケツ」
ディケンズも拳闘観戦したかも
ザ・ラム&フラッグ
The Lamb & Flag
ソーホー〜コヴェント・ガーデン周辺 MAP 付録P.23 F-2

この地におよそ400年、ロンドンで一番古いパブといわれ、19世紀初めの顧客には作家チャールズ・ディケンズも名を刻む。荒んだエリアだったコヴェント・ガーデンの、ここで開かれていた拳闘試合が人気を集めた。

☎020-7497-9504 ⊗Ⓤ Covent Garden コヴェント・ガーデン駅から徒歩3分 ㊟33 Rose St, WC2E 9EB ⌚11:00〜23:00 日曜12:00〜22:30 ㊡無休 🍴

↑バー付近にはスツールがあり、気軽な感じでビールが飲める

→ビールの味を知りたいときは試飲を頼んでみよう。快く応じてくれる

↑コヴェント・ガーデンの表通りから横をのぞくと見える小さなパブ
↑ロンドン・プライド1パイント£4.95。エールのなかで不動の人気、芳しい麦芽の風味とフルーティな後味

ロンドンでぜったいしたい9のコト

読んでから見る？見てから読む？
名探偵ホームズの書斎を忠実再現
ザ・シャーロック・ホームズ・パブ
The Sherlock Holmes Pub
ソーホー〜コヴェント・ガーデン周辺 MAP 付録P.23 F-4

ホームズの書斎を再現した部屋は小説に出てくる小道具がぎっしり。ファンの協会で厳重に管理されており、ガラス越しに鑑賞できる。2階のレストランスペースにあり、じっくり見るには食事をするのがおすすめ。

☎020-7930-2644 ⊗Ⓤ Charing Cross チャリング・クロス駅から徒歩3分 ㊟10 Northumberland St, WC2N 5DB ⌚12:00〜23:00(金・土曜は〜24:00) ㊡無休 🍴

←フィッシュ&チップス(スモール)£13.79。こんがりホクホクのフィッシュ&チップスとビールで名探偵に乾杯

↑パブのご自慢はホームズとワトソンにちなんだ2種類のビール

↑間近に見たい場合はレストランの「書斎の窓ぎわ」を予約しよう

↑あちこちにホームズの「愛用小物」や「書簡類」が飾られている

↑英国らしい瀟洒な金の装飾と赤レンガのコントラストが美しい
↑小説の著者コナン・ドイルの肖像画が掛けられた2階のレストラン

04 伝統を継承するパブという街文化

43

BEST 9 THINGS TO DO IN LONDON 04

Pub

マーク・トウェインもなじみ客
英国の文壇バーならぬ、文壇パブ

ジ・オールド・チェシャーチーズ
Ye Olde Cheshire Cheese

ソーホー〜コヴェント・ガーデン周辺　MAP 付録P.15 F-2

詩人テニスンやコナン・ドイルなど多くの文豪が訪れたパブ。数々の小説にも登場し、ディケンズの『二都物語』やアガサ・クリスティの名探偵ポワロが食事するシーンなどでも描かれている。暗い照明が雰囲気たっぷり。

☎020-7353-6170　Ⓜ Blackfriars ブラックフライアズ駅から徒歩7分　🏠145 Fleet St, EC4A 2BU　⏰12:00〜23:00　無休

↑13世紀にあった僧院の迷路のような間取りが保たれた地下のバー

↑昔ながらの細い路地に正面玄関が。夜は灯りがともる丸看板が目印(左)

↓燻製チェダーチーズと洋梨のチャツネのサンドイッチ

↑入って右手は、ちょっと飲むのに便利な小さなバーになっている(右)

金の延べ棒や王冠も保管された
元銀行に大英帝国の栄華を思う

ジ・オールド・バンク・オブ・イングランド
The Old Bank of England

ソーホー〜コヴェント・ガーデン周辺　MAP 付録P.15 E-2

元英国銀行の建物で、中央にどんと据わった軍艦のような背の高いカウンターが特徴。豪奢な漆喰の装飾が施された天井も高く、大きな壁時計が時を刻んでいる。ロフト状の2階から下を眺めるのも一興だ。

☎020-7430-2255　Ⓜ Blackfriars ブラックフライアズ駅から徒歩14分　🏠194 Fleet St, EC4A 2LT　⏰11:00〜23:00 土曜12:00〜21:00　日曜

↑金庫破りが尻尾を巻いて退散しそうな、堅牢な石造り

→バーマンのいち押しはロンドナーの愛飲ビール、ロンドン・プライド

→金融街のど真ん中に位置し、ビジネスマン・ウォッチングにも最適

→きらびやかな内装は、シャンデリアが輝き出す夕刻からが美しい

満艦飾のしつらえはエルガーの
『威風堂々』が聴こえてきそう

ザ・チャーチル・アームズ
The Churchill Arms
ハイド・パーク周辺 MAP付録P.4 A-3

その外観からロンドン一カラフルなパブとして知られ、中では天井にびっしりと吊られたアンティークに目を奪われる。奥は90年代から続くリーズナブルなタイレストランで、温室風に花が飾られ、爽やかだ。

☎020-7727-4242 Ⓤ Notting Hill Gate ノッティン・ヒル・ゲート駅から徒歩5分
119 Kensington Church St, W8 7LN
11:00～23:00(木・金・土曜は～24:00) 日曜12:00～22:30 無休

↑マスターのジョンさんはビール好きのアイルランド出身(左)。季節を意識したビールは好みのラベルデザインでジャケ飲みしても(右)

↑天井にびっしりと吊られたアンティークに目を奪われる

↑英国国旗が誇らしげに翻る。チャーチル元首相の看板も

↑気後れしないフレンドリーな接客に、女性客もリラックス

ロンドンでぜったいしたい9のコト

04 伝統を継承するパブという街文化

↑門外不出のレシピでブラッディマリーを作ってくれるマネージャー(左)。遠くから客が飲みに訪れる、コンペ優勝のブラッディマリー£10(右)

↑ステーキ肉と内臓のパイにマッシュポテトと蒸し野菜を添えた、ステーキ＆キドニーパイ£16.50

歌手マドンナも打ち上げに使った
幽霊が出没するこぢんまりパブ

ザ・グレナディア
The Grenadier
ケンジントン～チェルシー周辺 MAP付録P.13 E-4

「ワーテルローの戦い」でも出陣地となった元将校クラブ。ある日ポーカー詐欺で撲殺された兵士が、幽霊となって事件のあった9月に出没するらしい。天井にびっしり貼られた紙幣は、慰霊のために客が始めた習わしだ。

☎020-7235-3074 Ⓤ Hyde Park Corner ハイド・パーク・コーナー駅から徒歩6分
18 Wilton Row, SW1X 7NR
11:00～23:00 日曜12:00～22:30 無休

↑昔の名残で、外には衛兵勤務用の待機箱が保存されている(左)
←世界各国のお札が貼られた天井。日本の紙幣が見つかるかも

BEST 9 THINGS TO DO IN LONDON

05 貴族文化の名残にふれる。これがイギリスのお茶時間

たっぷりの紅茶から広がる豊かな香り

優雅な午後のアフタヌーンティー

カジュアルな店もあるけれど、せっかくだから一度くらいはドレスアップしてお茶時間!

夕食までの空腹を満たすため女性が始めたお茶の社交場

パブが庶民の文化ならアフタヌーンティーは紛れもなく貴族が始めたイギリス文化だ。19世紀の中ごろ、侯爵夫人のアンナ・マリアという女性が始めたということになっているが、一方で産業革命が起こり働き方改革によってお茶の時間ができたから、という説もある。いずれにせよ女性の社交の場として広く普及してきた習慣には違いない。

アフタヌーンティーQ&A

堅苦しく考えることはないが簡単な基本マナーは守ったほうがいい。

1 どこでいつ楽しむ?
名門ホテルや老舗デパート、あるいはミュージアムなどにあるが£60〜70くらいはする。街なかのティールームなどでは比較的カジュアルに楽しめ、ドレスコードもうるさくはない。時間は13〜16時。意外と量が多いので、ランチは抜いたほうがいい。

2 服装は?
高級店などでは「スマート・カジュアル」な服装でよいが、品のあるおしゃれを。カジュアル店ではあまり気にしなくてよいがおしゃれに。男性も同じ。高級店ではネクタイがあるといい。

3 食べ方は?
2段スタンドと3段スタンドがあり、基本は下の段のサンドイッチから。最後に上段の甘味を。スコーンが別皿の場合もあり、サンドイッチの次に。温かいうちにナイフで上下2つに割り、間にジャムやクリームを挟んで食べる。サンドイッチなどはナイフとフォークで食べるのがきれいだが、パンは指でちぎるのが普通。

DATA
シャンパン・アフタヌーンティー・ウィズ・リッツ・ロゼ
Champagne Afternoon Tea with Ritz Rose £81
上品でやさしい味わいのセットのほか、ケーキのワゴンサービスも
11:30、13:30、15:30、17:30、19:30(予約制)

3段のトレイ
自分のペースで楽しめるように、トレイで一度に供される

スコーン
形も食感も場所によってまったく違う。レシピも千差万別

お茶
紅茶、中国茶やハーブティー、コーヒーのほか、オリジナルブレンドがあるところも

光あふれる優美なピンクのサロンは女性が最も美しく引き立つ色合い

ザ・リッツ・ロンドン
The Ritz London
ソーホー・コヴェント・ガーデン周辺
MAP 付録P.22 B-4

「リッツでお茶を」が上流社会の合言葉になり、女王や政治家、多くの女優や歌手がパームコートでお茶をした。今もゆったりと流れる時間は、最高のサービスが成し遂げるマジックだ。ケーキの種類は季節ごとに変わる。

☎ 020-7493-8181 Green Park グリーン・パーク駅から徒歩1分 150 Piccadilly, St. James's, W1J 9BR 11:30〜19:30 無休

勤続35年!ベテランウェイターさんの給仕は完璧

「宮殿に匹敵する」と評される絢爛のルイ15世スタイルで統一

ロンドンでぜったいしたい9のコト

05 優雅な午後の アフタヌーンティー

モダンアートがピリッと効いた
ふわふわピンクのガーリー空間
スケッチ
sketch

ソーホー〜コヴェント・ガーデン周辺
MAP付録P.22 B-2

個性的な5つの部屋が特徴のコンセプトレストラン。アフタヌーンティーは華やかなピンクの部屋 The Galleryで。趣向を凝らしたアラカルトも試したい。

☎020-7659-4500 ⊖Oxford Circusオックスフォード・サーカス駅から徒歩5分 ⌂9 Conduit St, W1S 2XG ⏰11:30〜16:30 休無休

↑著名作家によるユーモアあふれるアート作品や食器類にも注目

DATA
アフタヌーンティー・アット・ザ・ギャラリー
Afternoon Tea at the Gallery
£59
気分が華やぐジュエリーのようなスイーツと趣向を凝らしたプレゼンテーション

DATA
カクテル・アート・アフタヌーンティー
Cocktail Art Afternoon Tea
£70
カクテル各種も芸術家へのオマージュを込めて。日本風カクテルは「草間彌生」

↑ターメリックや炭のパンを使ったサンドイッチの色も斬新

↑モダンな造形を再現したセイロン茶のムースなどのケーキ

ケーキの完成度に驚嘆する
麗しく美味なるモダンアート
ローズウッド・ロンドン
Rosewood London

ソーホー〜コヴェント・ガーデン周辺
MAP付録P.15 E-1

伝統的なアフタヌーンティーを現代解釈し、2017年からアートにちなんだケーキを創作。2020年は、世界的な彫刻家アンソニー・ゴムリー氏の作品がテーマだ。ウルトラモダンなプレゼンテーションは唯一無二。

☎020-7781-8888 ⊖Holborn ホルボーン駅から徒歩2分 ⌂252 High Holborn, WC1V 7EN ⏰14:30(土・日曜12:00)〜17:45 休無休

モダンな先進都市、ロンドンらしいアフタヌーンティーです

↑重厚かつシャープな雰囲気を併せ持つサロン内

47

BEST 9 THINGS TO DO IN LONDON 05

DATA
ザ・ランガム・アフタヌーンティー・ウィズ・ウェッジウッド
The Langham Afternoon Tea with Wedgwood
£62
ホテル150周年記念ブレンドなど一皿ごとに違うお茶をいただける

ロンドンで初めてアフタヌーンティーを供した誇りにあふれる
アフタヌーンティー・ウィズ・ウェッジウッド
Afternoon Tea with Wedgwood at Langham
リージェンツ・パーク周辺 MAP 付録P.14 A-1

ホテルに入って正面にあるパームコートがお茶時間の華やかな舞台。英国の名陶ウェッジウッドでいただくお茶は格別だ。19世紀から続く極上のサービスは変わらず、ホールケーキのおみやげ付き。ピアノ演奏も楽しめる。

☎020-7636-1000 ❌Ⓤ Oxford Circus オックスフォード・サーカス駅から徒歩5分 所1C Portland Place, W1B 1JA ⏰12:00～17:30 休無休

↑一皿ごとに違うお茶をすすめてくれる　↑フレンドリーなスタッフとの話も弾む

↑往時は贅沢の極みであった温室式室内庭園の名前が残る

食べるのが先か、着るのが先か？旬のキャットウォークがケーキに
プレタポルティ
Prêt-à-Portea at The Berkeley
ケンジントン～チェルシー周辺
MAP 付録P.13 E-4

大御所や話題の新進デザイナーなど、最新のクチュールがミニチュアケーキで細やかに表現され、食べるのがもったいないくらい。10年続く人気は衰えるどころか、昨今のインスタ流行りでますます注目されている。

☎020-7235-6000 ❌Ⓤ Hyde Park Corner ハイド・パーク・コーナー駅から徒歩4分 所Wilton Place Knightsbridge, SW1X 7RL ⏰13:00～17:30 休無休

↑食べきれない分を包んでくれるおみやげバッグもキュート

DATA
プレタポルティ
Prêt-à-Portea
£60
年2回コレクションが変わるので、毎回行っても飽きがこない

↑ゆったりと席間が取られた室内に、カラフルなケーキが映える

48

風格を極めた王道のティータイム
歴史も味も、ファーストクラス
ブラウンズ
Brown's

ソーホー〜コヴェント・ガーデン周辺 MAP 付録P.22 A-3

ロンドン初のグランドホテルとして、ヴィクトリア女王も愛したブラウンズでのお茶。優雅なケーキは味にも見た目にも丁寧な仕事がうかがえる。昔ながらの調度に囲まれ、イギリスらしい昼下がりを過ごしてみては。

☎ 020-7493-6020 ✈ Ⓤ Green Park グリーン・パーク駅から徒歩4分 所 Albemarle St, W1S 4BP 営 12:00〜18:00 休 ↪ ヴィクトリア朝の雰囲気を生かしつつモダンなデザインを取り入れて

DATA
トラディショナル・アフタヌーンティー
Traditional Afternoon Tea
£55
お茶は銀器でサーブ。ひと晩寝かせて焼くスコーンはフワリやさしい味

英国王室御用達のグローサリー
妥協のない品質に舌鼓を打つ
フォートナム&メイソン
Fortnum & Mason

ソーホー〜コヴェント・ガーデン周辺 MAP 付録P.22 B-4

F&Mのブランドカラーであるミントグリーンに囲まれ、一瞬で優雅な気分に。最高品質の食材を商うだけに、サンドイッチもケーキも美味。人気のフレーバーティーのほかに、珍しい英国産のダージリンもいただける。

☎ 020-7734-8040 ✈ Ⓤ Green Park グリーン・パーク駅から徒歩4分 所 4th Floor, Fortnum & Mason, 181 Piccadilly, St James's, W1A 1ER 営 11:30(金・土曜11:00)〜19:00(日曜は〜17:45) 休無休 💳

DATA
アフタヌーンティー
Afternoon Tea
£60
女王戴冠記念のサンドイッチ、コロネーションチキンはカレー風味
営 休 事前に確認

DATA
アフタヌーンティー・ピーターシャム・ウェイ
Afternoon Tea - Petersham way
£45
イタリアン風のケーキが新鮮。お茶で風味づけしたカクテルも素敵
営 木・金・土曜のみ 15:00〜16:30

可憐な花々と新鮮な緑がお出迎え
街と自然が調和する特別な場所
ピーターシャム・ナースリーズ
Petersham Nurseries

ソーホー〜コヴェント・ガーデン周辺 MAP 付録P.23 F-2

セレブ御用達の園芸店による、ボタニカルなアフタヌーンティー。手吹きのガラス食器の中心には季節の花が生けられ、追加料金で持ち帰りも可能だ。観光エリアの中心ながら、穏やかな空気が流れているのも魅力的。

☎ 020-8940-5230 ✈ Ⓤ Leicester Square レスター・スクエア駅から徒歩4分 所 31 King St, Covent Garden, WC2E 8JD 営 10:30〜18:30 日曜12:00〜18:00 休無休 💳 ↪ 目の保養と参考になるセンス抜群のインテリア

05 優雅な午後のアフタヌーンティー

ロンドンでぜったいしたい9のコト

BEST 9 THINGS TO DO IN LONDON

06 16世紀の円形劇場を復元！
珍しい木造茅葺き屋根の名所

シェイクスピアはグローブ座で観る

本場の舞台をかぶりつきで！

演劇の国、イギリスの祖を築いたのか、ご存知ウィリアム・シェイクスピアだ。本場で観るシェイクスピアはさすがに格別の興奮をもたらしてくれる。さらに「グローブ座」で観ればそこは別世界。中世の空気のなかで物語に浸ろう！

常に新しい挑戦で蘇る「沙翁」の古典を味わい尽くす

明治時代、日本に伝わった当時は「沙翁」とも呼ばれたウィリアム・シェイクスピア。『ロミオとジュリエット』をはじめとする戯曲は世界中で今なお上演され続け、多くの人を惹きつけてやまない。偉大で魅力的な古典だけに、多くの演出家の独自の解釈による新しい面が見られるのもシェイクスピア演劇のおもしろさのひとつだ。その戯曲は関わる舞台人の情熱を糧にしているのか常に新しい。

木造の茅葺きで中世の劇場そのまま 演目が生まれた当時の状態で観劇

シェイクスピア・グローブ座
Shakespeare's Globe
シティ～ロンドン塔周辺 **MAP** 付録P.16 B-3

1997年、400年を経てオリジナルの建築様式で再現された劇場。土間の立ち見席は屋根なしのスタイルで、400年前の人々と同じ条件でシェイクスピアが堪能できる。立ち見は舞台の最前で、かぶりつきで観られるので興奮もひとしお。

☎020-7902-1400 交 ⊖Blackfriars ブラックフライアズ駅から徒歩14分 所 21 New Globe Walk, SE1 9DT 開 9:00～17:00 ※上演は4月中旬～10月中旬のみ 休 10月中旬～4月中旬 料 £5（立ち見席）

image:Tristram Kenton copyright Shakespeare's Globe

↑木造、茅葺き、漆喰壁で復元された円形劇場

グローブ座で観劇！

チケットを購入するには、グローブ座公式サイトがおすすめだ。英語だが写真を駆使したつくりでわかりやすく使いやすい。

公演を調べる
グローブ座公式サイトでチェックしよう。直近の公演が写真入りで紹介されていて、衣装が古典的か現代的かなどもわかり、その公演のイメージがつかみやすい。
HP www.shakespearesglobe.com

↓現在のグローブ座は1997年に開館

座席と上演時間
劇場内は1階の立ち見席、ヤードを囲むように3フロアのギャラリー席がある。上演はマチネがある日と夜だけの日があり人気の公演はギャラリー席から埋まる。

チケットを買う
公式サイトで各公演紹介の下にある「BOOK NOW」をクリック。上演日時が表示されるので希望時間をクリック。次に劇場内の写真が表示され、座席区分が明記されているので希望の区分、たとえば2階席などを選ぶ。次に座席が表示されるので希望を選んで確認しクレジットで購入。

Shakespeare's Globe

『ヘンリー四世』
ハル王子と中年の呑んべえ、フォルスタッフが王家の戦いに挑む！

英国演劇の父、シェイクスピア
現在も上演され続ける名作たち

16世紀の英国の劇作家、詩人で『ハムレット』『マクベス』『オセロ』『リア王』の4大悲劇をはじめ、『お気に召すまま』や『真夏の夜の夢』のような喜劇、『ロミオとジュリエット』や『ヴェニスの商人』のような不朽の名作を残した。かつてのグローブ座はシェイクスピアの劇団によって1599年に建てられ1613年に火災で焼失。また、生誕地のストラトフォード・アポン・エイヴォンには現在も、シェイクスピア作品を上演する劇団「ロイヤル・シェイクスピア・カンパニー」があり世界ツアーなどでも活躍している。

↑多くの名作を残したシェイクスピア

ガイドツアーで劇場内を見学

専門のガイドからグローブ座の歴史や1990年代の再建プロセスなどを聞きながら劇場空間をまわる（日本語シートあり）。ときにはリハーサルが見られるなど舞台裏が見学できることも。公演がない期間はツアーでしか入れず、貴重な機会だ。約40分間で30分おきに出発。

グローブ・シアター・ガイド・ツアー
Globe Theatre Guided Tour
☎020-7902-1500　9:30～17:00　冬期10:00～17:00　無休　£17、劇場のまわりを歩くバンクサイドツアーは、エキシビション込で£13.50　www.shakespearesglobe.com/whats-on/globe-theatre-guided-tour

image:Helen Murray copyright Shakespeare's Globe

『お気に召すまま』
アーデンの森で繰り広げられる男装の麗人と青年の恋模様！

ロンドンでぜったいしたい9のコト

06 シェイクスピアはグローブ座で観る

07 懐かしい小説とドラマの舞台 モデルの建物やストリート

シャーロック・ホームズを追いかける！

19世紀、ヴィクトリア時代のロンドンが街のあちこちに！ホームズもここに！

英国が生んだ偉大なる名探偵シャーロック・ホームズと相棒のワトソン博士。19世紀のロンドンを舞台に活躍する2人の人気はいまだ衰えず。ゆかりの地ツアーも！

©iStock.com/BrasilNut1

ホームズが住んだ街、通ったパブ、物語を生んだ場所を探索

英国は多くの魅力的な推理小説や名探偵を生み出しているが、「ホームジアン」「シャーロキアン」と呼ばれる熱狂的ファンのいるシャーロック・ホームズは別格だ。19世紀後半に作家コナン・ドイルが著し大ヒットしたシリーズで、物語はホームズの相棒のワトソン博士が語り部であるのもおもしろい。主人公が教養ある趣味人2人で、英国らしさが楽しめる。世界が愛する名探偵の足跡を巡ろう。

ホームズゆかりの地を巡る

ロンドン・ウォーキング・ツアー
London Walking Tour
TV版や映画版のロケ地をはじめ、コナン・ドイルゆかりの地を巡る。
☎ 0844-2471-007 休 水・金・土曜 10:15(所要2時間30分) 料 £12
HP britmovietours.com
集合場所：レストランSavini at Criterion前
交 ⓤ Piccadilly Circus ピカデリー・サーカス駅から徒歩5分 MAP 付録P.23 D-3

↓地下鉄ベイカー・ストリート駅の前に立つホームズ像

→ベイカーStの道路標識。NW1は郵便番号

ベイカー・ストリート駅
Baker Street tube station
リージェンツ・パーク周辺 MAP 付録P.7 E-4
あちこちにホームズが出現！
ご存じ、シャーロック・ホームズが相棒のワトソンと住んでいたのが、ベイカーSt 221b番地にある下宿。最寄りの地下鉄駅構内では壁面に注目！
交 ⓤ Baker Street ベイカー・ストリート駅
所 Baker Street Station Marylebone Rd, NW1
↓こちらのホームにはシリーズのシーンの絵。これは『赤毛組合』

↑同駅ホームのモザイクのホームズ

ホームズと親友ワトソン博士が下宿していた場所を再現
シャーロック・ホームズ博物館
The Sherlock Holmes Museum
リージェンツ・パーク周辺 **MAP** 付録P.7 E-4

博物館は5階建ての小さな家で居間や浴室まで再現され小説の世界観に浸れる。3階から4階にかけては小説にちなんだ小物や蝋人形の展示もあり、1階のギフトショップにはホームズ・グッズが多数売っている。

☎ 020-7224-3688 交 ⓤ Baker Street ベイカー・ストリート駅から徒歩1分 住 221b Baker St, NW1 6XE 営 9:30～18:00(最終入館17:30) 休 無休 料 £15

↑暖炉の前の椅子に座り、ホームズの帽子をかぶって写真を撮ることもできる

↑博物館の前景。クラシカルな緑の看板が目印

↑実際の番地と違うがホームズ宛の手紙はここに届く

↑『シャーロック・ホームズの思い出』
↑『緋色の研究』。館内に書籍コーナーも

↑シリーズに登場した小物類。事件解決のカギになったものも

シャーロック・ホームズ ゆかりのスポット

1834年築の円柱で待ち合わせ
ライシアム・シアター
Lyceum Theatre
MAP 付録P.15 D-2

ウエスト・エンドにある劇場。『四つの署名』で、登場人物たちが待ち合わせ場所に指定したのが「ライシアム・シアターの左から3本目の柱」。

☎ 0844-871-3000 交 ⓤ Covent Garden コヴェント・ガーデン駅から徒歩5分 住 21 Wellington St, WC2E 7RQ 営 火～土曜19:30～(マチネは水・土・日曜14:30～) 休 月曜

↑老舗劇場。コリント式の円柱は今も健在

コナン・ドイルも常連、英国的パブ
ミュージアム・タヴァーン
Museum Tavern
MAP 付録P.15 D-1

『青いガーネット』に登場する「アルファ・イン」というパブのモデルとされる店。重厚な内装でヨークシャー・プディングなど英国料理が楽しめる。

☎ 020-7242-8987 交 ⓤ Holborn ホルボーン駅から徒歩7分 住 49 Great Russell St, WC1B 3BA 営 11:00～23:30(金・土曜～24:00) 日曜12:00～22:30 休 無休

↑歴史は大英博物館より古く、店名はのち改名

ホームズとワトソンが通った店
シンプソンズ・イン・ザ・ストランド
Simpson's-in-the-strand
MAP 付録P.15 D-2

1828年創業の名門レストラン。ホームズ作品では『高名の依頼人』『瀕死の探偵』などに登場。

☎ 020-7420-2111 交 ⓤ Charing Cross チャリング・クロス駅から徒歩5分 住 100 Strand, WC2R 0EW 営 11:30～23:00 日曜12:00～20:00 休 無休

↑元はチェスクラブ兼コーヒーハウス

ホームズの展示もあるパブ
ザ・シャーロック・ホームズ・パブ
The Sherlock Holmes Pub
MAP 付録P.23 F-4 ▶ P.43

1階がパブ、2階がレストラン。2階の一角でホームズの書斎の再現も。

ロンドンでぜったいしたい9のコト

07 シャーロック・ホームズを追いかける！

BEST 9 THINGS TO DO IN LONDON

08 ハリポタやパディントンがいた場所へ

映画やドラマのロケ地を訪ねて

↑ハリーの親友、ロン、ハーマイオニー

Film & Drama Location

Harry Potter characters, names and related indicia are trademarks of and © Warner Bros. Entertainment Inc. Harry Potter Publishing Rights © J.K.R. © 2020 Warner Bros. Entertainment Inc. All rights reserved.

魔法学校に通う魔法使いの卵や、いたずら好きのくま、そして現代に蘇ったシャーロック・ホームズとワトソン。世界を魅了した物語の舞台となった聖地を探訪！

大好きな物語のロケ地で映画の感動をもう一度

原作も映像も大ヒットの『ハリー・ポッター』シリーズ。映画の主な撮影がなされたワーナーのスタジオや、実際の駅や商店街などのロケ地を訪れれば、映画のワクワク感が蘇る。ほかにも現代版ホームズを描いたTVドラマシリーズ『シャーロック』や、人気絵本の実写映画『パディントン』、ロンドンのキャリア・ウーマンを描いた映画『ブリジット・ジョーンズの日記』などのロケ地を歩いて、物語の魅力を追体験したい。

ロンドン市内のロケ地や撮影スタジオでハリポタの世界に浸ろう！

ハリー・ポッター Harry Potter

ロケ地を歩けば、ロンドンが魔法の世界に似合う街だと再認識。撮影スタジオでは、セットや小道具、撮影の裏側がのぞける！

9と4分の3番ホームから乗車！
キングス・クロス駅
Kings Cross Station
大英博物館～キングス・クロス駅周辺 MAP 付録P.9 D-2

魔法学校行きの電車が出るキングス・クロス駅。壁には9と4分の3番のホーム名の表示や、壁に突入するカートも！

交U地 Kings Cross/St Pancras キングス・クロス／セント・パンクラス駅 住 Euston Rd, Kings Cross, N1 9AL

←ここは撮影スポットで休日には行列も

街の中心にある世界最古の動物園
ロンドン動物園
London Zoo
リージェンツ・パーク周辺 MAP 付録P.7 E-2

第1作目『ハリー・ポッターと賢者の石』に爬虫類館が登場。ハリーが蛇と話すシーンが撮影された。

☎ 0344-225-1826 交 Camden Town カムデン・タウン駅から徒歩15分 住 Outer Circle, NW1 4RY 時 10:00～16:00（季節により異なる） 休 12/25 料 £27.04

↓広大な敷地に650種の動物が暮らす

↑高いアーチ型天井と豪華な装飾も必見

約700年の歴史を誇る商店街
レドンホール・マーケット
Leadenhall Market
シティ～ロンドン塔周辺 MAP 付録P.17 D-2

金融街の中央にあるアーケード。「ダイアゴン横丁」に通じるパブ「漏れ鍋」はこの商店街を抜けて行く。

☎ 020-766-3030 交U Monument モニュメント駅から徒歩4分 住 Gracechurch St, Langbourn EC3V 1LT

子鬼（ゴブリン）が経営する銀行
オーストラリア・ハウス
Australia House
ソーホー～コヴェント・ガーデン周辺 MAP 付録P.15 E-2

『賢者の石』に登場するグリンゴッツ魔法銀行のロケ地。オーストラリア大使館の建物で内部は非公開。

☎ 020-7379-4334 交U Holborn ホルボーン駅から徒歩10分 住 The Strand, WD2B 4LA 時 10:00～16:30（ツアーは30分ごとに開始） 休 無休 料 £49

↑外観のみ撮影可能

↑本や雑貨のアンティークショップが並ぶ

魔法道具が揃う横丁のモデル
セシル・コート
Cecil Court
ソーホー～コヴェント・ガーデン周辺 MAP 付録P.23 E-3

『ハリー・ポッターと賢者の石』で、ハリーが初めて杖を買ったダイアゴン横丁のモデルとなった通り。見どころが盛りだくさん！

交U Leicester Square レスター・スクエア駅からすぐ 住 Cecil Court, Charing Cross Rd, WC2N 4EZ

ハリポタの世界を歩く！

ホグワーツ城
Hogwarts castle model
実際に撮影に使った直径約15mの大型模型。ドアが開くなど細部まで作り込んだ本物そっくりの迫力が必見。

撮影スタジオで制作の現場を探索！

ワーナー・ブロス・スタジオツアー・ロンドン・メイキング・オブ・ハリー・ポッター
Warner Bros. Studio Tour London - The Making of Harry Potter

MAP 付録P2 B-1

☎ 0345-084-0900　交 Waterford Junction ウォーターフォード・ジャンクション駅からシャトルバスで15分　所 Stujio Tour Drive, WD25 7LR　開 10:00～16:30（ツアーは30分ごとに開始）　休 無休　￡49　http://www.wbstudiotour.co.uk

ダンブルドアのオフィス
Dumbledore's Office
ホグワーツの校長ダンブルドアの部屋。円形で歴代校長の肖像画と本に囲まれている。

禁じられた森
Forbidden Forest
ホグワーツ魔法魔術学校にある禁じられた森をテーマにしたエリア。

プラットフォーム9 3/4
Platform 9 3/4
プラットフォームで、ハリーがロンたちに会ったホグワーツエクスプレスに乗車体験も！

グレート・ホール
Great Hall
大広間の壮大なセットとキャストのウェルカム映像も楽しめる。

グリンゴッツ魔法銀行
Gringotts Wizarding Bank
魔法界における唯一の銀行で、魔法使いや魔女が金品や貴重品を保管できる場所です。

information
● **チケットは要予約。時間は厳守で** 現地では購入不可なので事前予約が必須。繁忙期は入手困難になるため早めの予約を。指定の入場時間に遅れないようスタジオに到着しよう。
● **オーディオガイド** 日本語も対応のオーディオガイド。公式サイトでチケット予約時に予約できるが現地でもレンタル可能。スマホのようにカラーディスプレイ付きで、展示物の詳細情報を音声や映像で解説してくれる。
● **写真撮影** スタジオ内はすべて撮影可能。入場者がこぞって撮影してSNSでシェアすることで、宣伝効果を発揮している。
● **見学は自分のペースで** スタジオに入場後、展示エリアに入る前にシアターで10分、注意事項などのイントロダクション・ムービーを鑑賞。その後ツアーへ。自分のペースで見てまわることができ、目安は3時間前後だが、閉館時間までたっぷり楽しむことが可能。

ロンドンでぜったいしたい9のコト

08 映画やドラマのロケ地を訪ねて

シリーズをプレイバック！
物語は、主人公ハリー・ポッターと闇の魔法使いヴォルデモートとの戦いを描く。

1 ハリー・ポッターと賢者の石
11歳のハリーにホグワーツ魔法魔術学校の入学案内が届き自分の親がヴォルデモートに殺害されたことを知る。 2001年公開

2 ハリー・ポッターと秘密の部屋
ホグワーツで生徒が石化する事件が多発しその後も次々に事件が起こる。カギを握る秘密の部屋を操るのはヴォルデモートだった。 2002年公開

3 ハリー・ポッターとアズカバンの囚人
ヴォルデモートの部下でハリーの両親の死に関係するシリウスが魔法牢獄から脱走。だが実は彼はハリーの父の親友だった。 2004年公開

4 ハリー・ポッターと炎のゴブレット
三大魔法学校対抗試合が行われ、ヴォルデモートの陰謀でハリーが参加し、肉体を失っていたヴェルデモートが復活を遂げる。 2005年公開

5 ハリー・ポッターと不死鳥の騎士団
ダンブルドアは「不死鳥の騎士団」を、ハリーたちは「ダンブルドア軍団」を結成。ヴォルデモートと死闘を繰り広げる。 2007年公開

6 ハリー・ポッターと謎のプリンス
ハリーはヴォルデモートが魂を7つの分霊箱に納めることで死を逃れていることを知り、分霊箱を探し出し破壊を試みるが…。 2009年公開

7 ハリー・ポッターと死の秘宝 PART 1
ヴォルデモートの分霊箱を破壊する旅に出たハリーたち。死から逃れる3つの秘宝の存在を知るがヴォルデモートが3つ目を入手！ 2010年公開

8 ハリー・ポッターと死の秘宝 PART 2
ハリーたちは6個の分霊箱を破壊。敵側だったスネイプは実はハリーの味方でヴォルデモートに殺される。最後の分霊箱とは？ 2011年公開

BEST 9 THINGS TO DO IN LONDON 08

Film & Drama Location

21世紀を舞台に、ファーストネームで呼び合う2人！

SHERLOCK ●シャーロック

英BBCの人気ドラマシリーズで日本でも放送されファンが多い。各エピソードはドイルの原作を下敷きとしつつスマホやネットが登場する。

ストーリー
アフガン戦争で負傷した陸軍軍医ジョン・ワトソンは本国に送還後トラウマを抱えていた。そんななか、ルームメイトを探していたシャーロック・ホームズに出会う。頭脳明晰なホームズが天才的な推理力と現代機器を駆使し、数々の事件を解決する。

SHERLOCK／シャーロック ベイカー・ストリート221B エディション
●Blu-ray 価格：4万8900円＋税
●DVD 価格：4万900円＋税
●発売・販売：株式会社KADOKAWA

© 2018 Hartswood Films Ltd. A Hartswood Films production for BBC Wales co-produced with Masterpiece. Distributed under licence by BBC Worldwide Ltd.

新シャーロキアンの聖地
スピーディーズ・サンドイッチ・バー＆カフェ
Speedy's Sandwich Bar & Café
大英博物館～キングス・クロス周辺 **MAP** 付録P.8 B-3

ホームズとワトソンがルームシェアをしている221Bのフラット。その1階にあるカフェの設定。店内には撮影のオフショットなども飾られている。
☎020-7383-3485 交Ⓤ Euston Squareユーストン・スクエア駅から徒歩1分 所 187 North Gower St. NW1 2MJ 6:30～15:30 土曜7:30～13:30 休日曜

↑店内にはカンバーバッチの生写真も!!

ホームズとワトソン、出会いの場
セント・バーソロミュー病院
St Bartholomew's Hospital
シティ～ロンドン塔周辺 **MAP** 付録P.16 B-1

12世紀開院、19世紀から変わらない病院。ワトソンの元勤務先で帰還した彼を元同僚がここでホームズに紹介。

交Ⓤ Barbicanバービカン駅から徒歩4分 所 West Smiithfield, EC1A 7BE

→シリーズ3の3話でホームズは屋上から飛び降りた

シャーロックの友人の勤務先
タワー42
Tower 42
シティ～ロンドン塔周辺 **MAP** 付録P.16 C-1

シリーズ1の2話でホームズの大学時代の友人が勤務する銀行の設定。金融街シティにある超高層オフィスビル。
☎020-7877-7778 交Ⓤ Liverpool Streetリヴァプール・ストリート駅から徒歩5分 所 25 Old Broad St, EC2N 1HQ 8:30～18:00 休 土・日曜

→モダンなガラス張りの近代建築

イギリス学士院がクラブに設定
英国アカデミー
British Academy
ソーホー～コヴェント・ガーデン周辺 **MAP** 付録P.14 C-3

ホームズの兄マイクロフトが創設会員の一人で、社交嫌いの紳士が集まる「ディオゲネス・クラブ」のロケ地。
☎020-7969-5200 交Ⓤ Piccadilly Circusピカデリー・サーカス駅から徒歩8分 所 10-11 Carlton House Terrace, SW1Y 5AH 毎年9/20、オープン・ハウスロンドンで見学可能

→実際は人文科学と社会科学の国立機関

名物中華料理屋が集まる通り
チャイナタウン
Chinatown
ソーホー～コヴェント・ガーデン周辺 **MAP** 付録P.23 E-2

シリーズ1の2話でホームズたちが訪れる中華街。ロンドンの中心地ソーホーにある。
交Ⓤ Leicester Squareレスター・スクエア駅から徒歩5分 所 Gerrard St, W1D 5PT

→中国のスイーツがおいしい店も

住人限定公園を囲む高級住宅街
イートン・スクエア
Eaton Square
ケンジントン～チェルシー周辺 **MAP** 付録P.19 F-2

シリーズ2の1話で、登場人物アイリーンの家がある住宅街。富裕層とわかる設定。

交Ⓤ Victoriaヴィクトリア駅から徒歩10分 所 Belgravia, SW1W 9BE
→大使館もあるリッチエリア

バッキンガム宮殿を守る衛兵が
ウェリントン兵舎
Wellington Barracks
バッキンガム宮殿～ウエストミンスター寺院 **MAP** 付録P.20 B-1

シリーズ3の2話で、ストーカー被害を受けていた近衛兵が所属していた師団の兵舎として登場。

交Ⓤ St James's Parkセント・ジェイムズ・パーク駅から徒歩5分 所 Westminster, SW1E 6HQ

56

リアルでかわいいCGのパディントンを求めて
パディントン Paddington

1958年の第1作発表以来、世界的なベストセラーとなりアニメ化もされたマイケル・ボンドの児童文学。これを元にこれまで2作が映画化。

→パディントン駅近くにあるマイケル・ボンドのオブジェ

ストーリー
ペルーから単身ロンドンにやってきたくまのパディントン。駅で助けてくれたブラウン家に居候しながら、叔父夫婦の旧知である探検家を探すなか、彼を剥製にしようと追いかける人が現れる！

駅名が名前になった
パディントン駅
Paddington Station
リージェンツ・パーク周辺 MAP 付録P.12 B-1

ペルーから来たパディントンが駅に着いて途方にくれていると、ブラウン家が声をかけ家に置いてくれる。

☎020-7222-1234
交 ⓤ Paddington
パディントン駅
所 Praed St, W2 1RH

建物も展示品も見応え抜群
自然史博物館 ▶P.79
Natural History Museum
ケンジントン〜チェルシー周辺 MAP 付録P.18 B-1

パディントンが捕まえられ、剥製にされそうになるのがこの博物館。助けられてハッピーエンドとなる。

→駅の中にはパディントンショップも

↑駅構内にはトランクに座ってあたりを見回すパディントン像

ひと味違うロンドンの観光スポットも見もの
ブリジット・ジョーンズの日記 Bridget Jones's Diary

恋に仕事に一喜一憂する、等身大の独身女性を描いたロマンティック・コメディ映画。3作が作られロケ地めぐりは地元の穴場的で楽しめる。

ストーリー
出版社で働くキャリアウーマンのブリジット。恋に悩む30代で憧れの上司と結ばれたり失恋したり、別の人に求愛されたりと浮き沈む日々を日記に綴る。ロンドンの若い世代の暮らしぶりが描かれている。

ブリジットがいる気がする窓
グローブ・タヴァーン
Globe Tavern
シティ〜ロンドン塔周辺 MAP 付録P.16 C-3

ブリジットが住んでいる設定の部屋がこの建物の2階。実際は2階はオフィス。

☎020-7407-0043 交 ⓤ London Bridge
ロンドン・ブリッジ駅から徒歩3分 所 8 Bedale St, SE1 9AL 営 11:00〜23:00(木・金・土曜は〜24:00) 日曜12:00〜21:00 休 無休

→2階はオフィスなので内部の見学は不可。1階はパブなので中に入って雰囲気に浸れる

観光客も多いロンドンの胃袋
バラ・マーケット ▶P.58
Borough Market
シティ〜ロンドン塔周辺 MAP 付録P.16 C-3

ブリジットの家の前にある国内最大の食品市場。所狭しと店が並びイートインもできる。

↑食べ歩きが楽しみ

テムズとタワー・ブリッジを一望
カンティナ・デル・ポンテ
Cantina del Ponte
シティ〜ロンドン塔周辺 MAP 付録P.17 E-4

ブリジットがダニエルとデートしたイタリアンレストラン。テムズ川沿いにあり夜景もきれいでロケーションは最高。

☎020-7403-5403 交 ⓤ London Bridge
ロンドン・ブリッジ駅から徒歩14分 所 36C Shad Thames, SE1 2YE 営 12:30〜15:00, 17:30〜23:30(日曜は〜21:30) 休 無休

→岸辺の眺めが楽しめるオープンテラス

---

08 ロンドンでぜったいしたい9のコト　映画やドラマのロケ地を訪ねて

BEST 9 THINGS TO DO IN LONDON

09 食べたり買ったりのマーケット・パーク！
週末のお楽しみはマーケット三昧

どんな街でもマーケットは旅心をくすぐる。人々に会える、たくさんのモノに会える。市民生活の肝だから。

ロンドンのマーケットには2つのタイプがある

マーケットというと、野菜や果物、あるいは魚介類などがどっと並んでいるイメージがあるが、ロンドンではアミューズメントの要素が多い。それも食べ物が多い場合と買い物中心のところがある。ここでは前者をご紹介。後者はショッピングの項P.130～で紹介することにする。

平日10:00～17:00

ロンドンの台所で最高の食べ歩きおみやげも忘れずに
バラ・マーケット
Borough Market
シティ～ロンドン塔周辺 MAP 付録P.16 C-3

1000年以上の歴史を誇る食マーケット。現在は世界各国の料理が並び、ロンドナーや観光客で連日賑わう。持ち帰りたいグルメ食材もたくさん揃う。質の高さはお墨付きだ。周辺のパブやレストランもグルメの街に恥じないクオリティ。

☎020-7407-1002 ❍London Bridgeロンドン・ブリッジ駅から徒歩5分 ⌂8 Southwark St, SE1 1TL ⏰10:00～17:00(金曜は～18:00) ※店舗により異なる ❌日曜

↑月・火曜は一部営業、水～土曜はフル営業。映画のロケ地としても頻繁に登場するスポット

街の人々とふれあえるここは遊び場

Weekend Market

➡試食や量り売りも可能、気軽にロンドングルメを堪能できる

食事系だけでなく、スイーツ好きさんにも

搾りたての新鮮ジュースをどうぞ

⬅店員さんはみんな元気よく親切に対応してくれる

美しいディスプレイは目の保養

イギリスはベリー類がおいしい

58

毎日10:00〜24:00

ロンドナーの気軽な新しい社交場
ぶらり立ち寄って賑わいを感じて

フラット・アイアン・スクエア
Flat Iron Square
シティ〜ロンドン塔周辺 MAP 付録P.16 B-3

広場でランチやビールを楽しみ、夜はライブでご機嫌に。マーケット好きなロンドンっ子に大人気のスポットだ。高架下にも屋台があり座れるので雨も安心。イベントも盛りだくさんなので、ウェブサイトでチェック。

☎020-3179-9800 交⑪London Bridge ロンドン・ブリッジ駅から徒歩7分 所53b Southwark St, SE1 1RU 時10:00〜24:00 休無休

↑週末には、入口近くにアンティークマーケットが立つことも

↑アクセサリーやキッチン用品、本などヴィンテージの屋台もあり

↑ピッツァも生地から手作りの本格派

ビールに合うスパイシーなポテトや、タコスなどをシェアしたい

電飾が華やかな夜は、ライブなど賑やかなイベントで人を呼び寄せる

↑見知らぬ者同士でも話が弾むように考えられた長いシェアテーブル

ロンドンでぜったいしたい9のコト

09 週末のお楽しみはマーケット三昧

59

BEST 9 THINGS TO DO IN LONDON 09

金～日曜

グルメを求める活気はピカいち
ストリートフードの概念を変えた
モルトビー・ストリート・マーケット
Maltby Street Market
シティ～ロンドン塔周辺 MAP 付録P.17 E-4

高架下に選りすぐりを集め、一躍人気になった週末マーケット。新しい味覚で勝負の屋台から定番まで、狭い通路にぎっしりと並び目移りしてしまう。カラフルな万国旗がはためく空の下、おしゃれなバーでカクテルを一杯。

☎020-7394-8061 ◎Bermondsey バーモンジー駅から徒歩13分 ㊟37 Maltby St, SE1 3PA 営金曜17:00～21:00、土曜10:00～17:00、日曜11:00～16:00 休月～木曜

↑ロープに万国旗が飾られた入口からおいしそうな匂いと活気が漂う

唐揚げにメープルシロップがけ、甘辛の新味覚

グルメなこだわりが詰まった、やわらか肉を挟んだバーガー

イギリスの名物、スコッチエッグは卵が半熟なのがポイント

↑細長い通りは、もともと船舶や工業用ロープを製造していたところ

日曜11:00～17:00

人気ストリートマーケットで
ロンドンの元気を呼吸
ブリック・レーン
Brick Lane
ショーディッチ～イースト・エンド周辺 MAP 付録P.11 E-4

アートに彩られたこの通りは、若さとマルチ文化があふれるトレンド発信地。個性的でおしゃれなムードが魅力だ。日曜はヴィンテージ・グッズやフード屋台で通りはいっぱい。買い物はもちろん、夜は音楽スポットやレストランも充実。

☎020-7364-1717 ◎Liverpool Street リヴァプール・ストリート駅から徒歩5分 ㊟Brick Lane, E1 6QL 営日曜11:00～17:00 ※店舗により異なる 休月～土曜

↑屋台で世界各国の料理をぐるり食べ歩き。お祭りのような賑やかさが楽しい

人気チョコ店Dark Sugarsもぜひ訪れて

新鮮なジュースを片手に散策を

↑個性あふれるデザインのアクセサリーも見逃せない

通りはカフェ＆スイーツの激戦区

60

大都市の喧騒を忘れて向かい合う美と歴史

アート

Welcome to the City of Art

大英博物館から始める

昼夜パワフルに活動する大都市から完全に閉鎖され、そのダイナミズムを圧して、微動だにせず、無言のまま、そこにあるモノたち――アート! とりわけ大英博物館に展示されたモノとの時間は「ぜったいしたいコト」のひとつになる。大英帝国が収集した、目も眩む世界の財宝だ。一方ひそやかに、大都市の底で鎮まるのは、あの、水に浮かぶ哀しいふたりの少女、オフィーリアとシャロットの女。テート・ブリテンで声もなくあなたを待っている。

Contents

人類文明の興亡の歴史的遺産
大英博物館 ▶P62

感性を揺さぶる
デザインコレクションが集結
ヴィクトリア&アルバート博物館 ▶P68

一生に一度は見ておきたい
名品に出合える
ナショナル・ギャラリー ▶P72

ブリティッシュ・アートに特化した
テート・ブリテン ▶P76

多彩な現代アート
テート・モダン ▶P78

動く恐竜に出会える
自然史博物館 ▶P79

マニア心をくすぐる
専門性の高いミュージアム ▶P80

© The Trustees of the British Museum

ART 01 THE BRITISH MUSEUM

大英帝国が富と力で収集した世界中のあらゆる時代の傑作コレクション
人類文明が残した歴史的遺産を見る
大英博物館

かつて世界中に植民地を持ち「太陽の沈まぬ国」と呼ばれた大英帝国が、古今東西から集めた発掘品や美術工芸品などを収蔵する世界最大級の博物館。

↑イオニア式円柱の神殿のような外観。前面の三角破風の彫刻は文化・天文学・音楽・数学などを擬人化したもの

↑大きなガラス屋根のグレートコート。館内各室へとつなぐスペース

↑館内1階、グレートコートの左手に位置する古代エジプトの展示室

All images © The Trustees of the British Museum

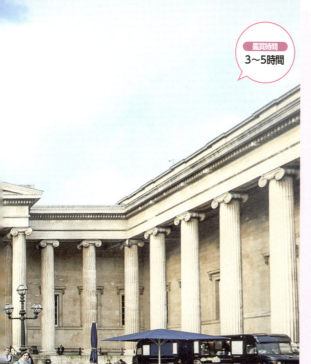

鑑賞時間
3〜5時間

大英博物館
The British Museum
MAP 付録P.8 C-4

常設展示されている約15万点の歴史的遺物や美術工芸品は、収蔵する約800万点のうちのほんの一部。そのコレクションの基礎となったのは、1753年に医師で博物学者のハンス・スローン卿が生涯を費やして収集した約8万点の遺品が国家に寄贈されたことに始まる。その後、大英帝国の繁栄とともに、略奪戦利品や植民地から持ち込まれた遺物などで増加の一途をたどる。新築や改築、展示物の移動などを行い、1857年にはほぼ現在の姿に。2000年にはガラスのファサードのグレートコートが完成。館内はそれぞれ地域別、年代別に分かれていて、エジプト文明やメソポタミア文明などの世界4大文明はもとより、日本を含め世界のありとあらゆる場所から集められた人類の軌跡を示す文化遺産を、無料で一般公開している。

☎020-7323-8000 ⓔⓤTottenham Court Road トッテナム・コート・ロード駅から徒歩6分 🏠Great Russell St, WC1B 3DG 🕐10:00〜17:30(金曜は〜20:30) 🚫1月1日、グッド・フライデー、12月24〜26日 💴無料 J

information

● **手荷物は小さいものだけ** クロークに預けられる荷物は40×40×50cm、8kgまで。料金は4kgまでのバッグ£2.5など。スーツケースなど大型は持ち込み禁止なので鉄道駅の荷物預かりを利用。
● **案内はグレートコートで** 館内のマップや情報、オーディオガイドの受付もここで対応してくれる。中にはショップもあり、ベンチで休憩もできる。

アート

01 大英博物館

地下／Lower Floor

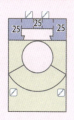

- 古代エジプト
- 古代ギリシャ&ローマ
- 中東
- ヨーロッパ
- アメリカ
- アジア
- アフリカ

All images © The Trustees of the British Museum

1階／Ground Floor

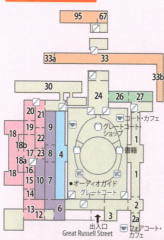

2階／Upper Floor

63

THE BRITISH MUSEUM

古代エジプト
Egypt

ファラオの胸像をはじめ必見のエジプト文明

巨大な石像からミイラ、棺、石碑まで、数世紀にわたる古代エジプトの出土品が展示されている。展示室は1階と2階にまたがり、大英博物館の真価を示す貴重なコレクションが揃う、同館のハイライト。

ラムセス2世の胸像 必見！
Colossal bust of Ramesses II, the 'Younger Memnon'
BC1250年ごろ

居並ぶ石像の中でもひときわ巨大なのが古代エジプト第19王朝のファラオ像。ナイル河岸のラムセス2世葬祭殿で出土。1818年に英国へ。
1階● Room 4

鑑賞のポイント
胸像の右胸にある穴に注目！これはナポレオンのエジプト遠征時に、遠征軍が像を掘り出そうとしてつけたといわれ、発掘は失敗した。

鑑賞のポイント
元は神殿の石柱とされ、古代エジプトの象形文字、民衆文字、ギリシャ文字の3種で、ファラオの数々の偉業を称える碑文が刻まれている。

ロゼッタ・ストーン 必見！
The Rosetta Stone
BC196年

1799年、ナポレオンのエジプト遠征軍の1人がナイル川岸ロゼッタで発見。1802年、フランス撤退後イギリスが接収。以来多くの学者が内容の解読を試み、1822年にフランス人の学者が読み解いた。
1階● Room 4

ヒエログリフ
古代エジプトの神聖文字/象形文字。墓や石碑、『死者の書』などに使われ、1822年、シャンポリオンによって解読された

デモテック
民衆文字。古代エジプトでエジプト語を表記する際に使われていた文字

ギリシャ文字
ギリシャ語を書き表すために使った文字

ミイラの木棺
Mummy cartonnage.
Adult man in a wooden coffin
BC100年

古代エジプトでは死後も永遠の生命を願いミイラが造られた。内臓を取り除いた遺体を布で巻きマスクをつけ木棺内に安置する。
2階● Room 63

鑑賞のポイント
極彩色の人形型木棺。鮮やかな青いかつらとイシスやネフェシスの神々が翼を広げている装飾が特徴。

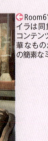

← Room61の展示。ミイラは同館で人気のコンテンツ。王族の豪華なものから一般人の簡素なミイラまで！

64

↑広い展示室でパルテノン神殿の彫刻群から、紀元前の彼方の物語を聴く

Greece & Rome
古代ギリシャ＆ローマ

エルギン・マーブルスと呼ばれる大理石の彫刻群

19世紀初頭、イギリス大使エルギン卿がギリシャから持ち帰った大量の彫刻群を中心に、神殿の装飾など大迫力の展示が楽しめる。当時のギリシャの高い芸術表現力に感動。

ヌルイデス・モニュメント
Nereid Monument
BC390～BC380年

現在のトルコ南西部で発見された神殿風の墓廟。女性の像は海神ネレウスの娘たちで、これがモニュメントの名前の由来。
1階● Room 17

 必見！

鑑賞のポイント
イオニア式の円柱をもつ廟には君主を称え、ギリシャとペルシャの戦いの場面が描かれている。

パルテノン神殿の破風彫刻
Metope sculpture from the Parthenon
BC447年～BC432年

紀元前440年ごろ、パルテノン神殿の破風に施された、アテナ誕生の物語を描いた彫刻。大迫力とともに緻密な彫刻は、美術史的にも大きな価値がある。
1階● Room 18

鑑賞のポイント 必見！
アテナの誕生に驚く女神、月の女神を乗せて一晩走り疲労困憊の馬など、動きや表情、布地のリアリズム！

アウグストゥス帝の青銅製頭像
Bronze Head of Augustus
BC27-BC25年

ローマ帝国初代皇帝。エジプトに立っていた像をスーダンのメロエ族が略奪、寺院の階段下に埋めていた。
2階● Room 70

鑑賞のポイント
青銅製で白い目はアラバスター。瞳はガラス象嵌。鋭い目つき！

All images © The Trustees of the British Museum

アート　01 大英博物館

THE BRITISH MUSEUM

ヨーロッパ

**文化の産物を観て
ヨーロッパの歴史を感じる**

ローマ時代のイギリスをはじめ、現代までのヨーロッパの文化を伝える古物を展示。中世などのイギリスが見られる。

ルイス島のチェス駒
The Lewis chessman
1150〜1200年
12世紀のノルウェー製でスコットランドのルイス島にもたらされた。見事な精巧さ。
1階●Room 40

鑑賞のポイント
素材はセイウチの牙やクジラの歯。駒の表情が秀逸。ハリー・ポッターでもおなじみ。

サットン・フーの兜
The Sutton Hoo Helmet
7世紀
イギリス東部サフォーク州で発見された、7世紀アングロサクソン時代の船葬墓の副葬品。
1階●Room 41

鑑賞のポイント
1939年出土。細かい彫刻があり、英国の考古遺跡の代表のひとつ。

⬆サットン・フーは船を棺にして埋葬する墓。兜などの副葬品を展示

中国&南アジア

**中国4千年と南アジアから
生まれた品々に歴史を観る**

インドの彫刻や中国、明の青磁と白磁、唐の墓の副葬品ほか、アジアのコレクションは必見。展示の半分は中国のもの。

多羅菩薩像
The Goddes tara
9世紀ごろ
スリランカで発見された高さ1.4mの多羅菩薩像。金メッキで輝く美しい仏像。1階●Room 33

鑑賞のポイント
右手は慈悲を表し、左手はハスの花を持っていたとされる。そう見えるかチェック!

⬆Room33では、Sir Joseph Hotung が集めた中国の明王朝の磁器や家具などを展示

All images © The Trustees of the British Museum

中東

メソポタミア文明の巨大なレリーフなどを展示

現在のイラク北部、メソポタミア北部で栄えた都市国家アッシリアに関する、興味深い展示が集まるエリア。

オクサスの黄金馬車
Oxus chariot model
BC500〜300年

アフガニスタン、オクサス川の土手から出土。大帝国アケメネス朝ペルシャの素晴らしい美術工芸品。2階● Room 52

鑑賞のポイント
金銀を贅沢に使った高いデザイン性と技術力は当時の世界最高峰。

メキシコ

母なる文明、オルメカやマヤ、アステカの文化

紀元前2000年ごろから1521年ごろまでのアステカ（現在のメキシコ）などのレリーフや工芸品ほかを展示。

双頭の蛇
Double-headed serpent mosaic
1400〜1500年

儀式の際に胸に飾る装飾品。蛇は現世と先祖をつなぐ存在。1階● Room 27

鑑賞のポイント
杉の木を彫りターコイズや珊瑚、貝で装飾。アステカの工芸品の象徴的な作品だ。

→メキシコの考古学者と共同作業で作り上げたという展示室

アート

01 大英博物館

大英博物館のグッズはポップでキュート！

鑑賞の合間に心地よい空間のカフェでのんびり！ミュージアムショップのグッズチェックもここで！

ちょっとひと休み
博物館でティータイム
グレート・コート
Great Court
Ground Floor

エントランスを入ると正面に広がる、ガラス天井の開放的な空間。円形閲覧室を囲む形で建設され、周囲には案内所やカフェ、書店、ショップが集まる。上階のレストランもおすすめだ。

☎020-7323-8990 ⏰10:00〜17:30(金曜は〜20:30) 休施設に準じる

→サンドイッチやスコーン、アフタヌーンティーが楽しめる

オフィシャルショップでグッズをチェック！
Shop

£25

›ツイードの財布
ユニオンジャックモチーフで中央に王冠付き！

›クッション
LONDONロゴやビッグ・ベンなど名所の刺繍入り！

£199

↑人気展示品にちなむオリジナルグッズが魅力！

67

ART 02　VICTORIA AND ALBERT MUSEUM

華麗な装飾美術の宝庫
感性を揺さぶるデザインコレクションが集結
ヴィクトリア&アルバート博物館

装飾美術館とも呼ばれた博物館らしく、中世のお姫様ドレスやきらびやかな宝石類からロック・ミュージシャンのコスチュームまで。おしゃれ好きなら時間を忘れて楽しめる。

↑1899年にヴィクトリア女王が創建したルネサンス様式の建築物

Photographs ©Victoria and Albert Museum, London

ヴィクトリア&アルバート博物館
Victoria and Albert Museum
ケンジントン〜チェルシー周辺　MAP付録P.18 C-1

ヴィクトリア女王と夫君アルバート公の名を冠する通称V&Aは、若手デザイナーや芸術家を支援する目的で、ロンドン万博の収益と展示品を基に1852年に開館。大英博物館より広いとされる館内に、世界各地から集められたコレクションは、ファッションに装飾品、宝石、陶磁器、家具、ガラス細工、写真、彫刻、織物、絵画など約400万点にのぼる。ウィリアム・モリスがデザインを担当した部屋など、美しい内装のカフェも有名。

☎020-7942-2000　㊋Ⓤ South Kensingtonサウス・ケンジントン駅から徒歩5分　㊐Cromwell Rd, SW7 2RL　㊇10:00〜17:45(金曜は〜22:00。一部の展示室は18:00以降もオープン)　㊡無休　㊄無料　Ⓙ

information
● 館内地図は£1の寄付で手に入れる　とにかく館内は広大。エントランスを入ってすぐのインフォメーションで寄付し、まずはフロアマップを入手!
● リーフレットでチェック!　主な収蔵品を紹介したリーフレット(寄付£1)や、ショップで購入できるガイドブックを参考に目的を定めよう。
● 興味のある展示室がどこかをチェック!　ギャラリー数約145、通路は全長約13kmという広さなので、マップで目的地を確認してからスタート!

Level -1
地下
中世のルネサンスを反映するイギリス、フランス、イタリアの美術・工芸品を展示

ROOM 9　ゴシックのはじまり
The Rise of Gothic 1200-1350
12世紀初頭にフランスで生まれ、ヨーロッパ全土に広まったゴシック様式の建築、芸術、工芸品などを展示。

デ・ルーシー家の騎士
Knight of the de Lucy family (Effigy)
ケント州の教会地下で発見された彫刻。デ・ルーシー家は教会のパトロン
●Room 9

ベケットの棺桶
The Becket Casket
1180-90年
カンタベリー大司教、聖トーマス・ベケットの遺品が収納されている
●Room 8

地下／Level -1

鑑賞時間
3〜5時間

収蔵品のカテゴリー

ヨーロッパ Europe	英・仏・伊の美術工芸品や絵画、彫刻、壁画など。特に英国の収蔵品は展示室も見どころ。
アジア Asia	中近東、インド、東南アジア、中国、日本の美術・工芸品が並ぶ。room45の日本の鎧や根付は必見。
現代 Modern	20世紀以降の展示物は現代美術、ファッション、装飾品、写真、家具、グラフィックなど豊富。
素材と技術 Materials & Tecniques	ウィリアム・モリスの作品をはじめ、テキスタイルや印刷物のコレクションはほかに類を見ない。

↑サンティアゴ・デ・コンポステーラ大聖堂の『栄光の門』

Level 0 1階

ラファエロの作品や、中近東、インド、東南アジア、中国、日本の美術・工芸品。

仏頭
Head of the Buddha
300〜400年ごろ

4〜5世紀ごろのアフガニスタンの美しい仏頭。裏面が平らで、大きなパネルの一部とされる。唇、まぶた、髪に、彩色時の赤い痕跡が残っている。●Room 20

1階／Level 0

ティプーの虎像
Tippoo's Tiger
1793年

インドの工芸品。虎が白人兵士に襲いかかる像で、虎内部に仕込んだオルガンを鳴らすと虎が吠え、青年が悲鳴をあげるような音がする。●Room 41

必見！ ➡色の維持のため照明は1時間半ごとに10分間だけ

ROOM 42 ジャミール・ギャラリー
Jameel Gallery

イスラム美術の部屋。床に展示の世界最古のアルダビール絨毯は世界最大にして最も美しい貴重品。

ROOM 46 キャスト・コート
Cast Court

『ダビデ』像やローマの『トラヤヌスの記念柱』など、有名な石像や記念碑などの石膏のレプリカを展示。産業や技術開発を後押しする博物館としての矜持。

➡『トラヤヌスの記念柱』は館内では高さが足りず2つに割って展示

ROOM 50a 街の眺めと邸宅
Cityscape & Villa

ルネサンス時のイタリアを中心とした街の眺めや邸宅の一部なども再現され、富裕な個人の所有だった美術品を展示。

➡中央は『ペリシテ人を殺害するサムソン』

ガーデン・カフェ
John Madejski Garden

心地よい中庭。開館当初は広かったが、建物の増築で次第に狭まった。カフェは秋期限定。

アート 02 ヴィクトリア&アルバート博物館

VICTORIA AND ALBERT MUSEUM

Level 1-4
2~5階

V&Aは世界で最も洗練された、包括的な装飾品コレクションを誇る。また国内の工芸品などのコレクションはV&Aの最大の目玉だ。

ROOM 91 ジュエリー
Jewellery
古代から現代までの3000を超えるヨーロッパの宝石を展示。どの宝石にも物語があり興味深い。

ウェアの大ベッド
Great Bed of Ware
1600年ごろ、ウェアという町の宿屋が宣伝用に特注したもの。シェイクスピアの『十二夜』にも登場。
Level 1 ● Room 57

金細工の塩入
The Burghley Nef
1527-28年
16世紀の金や象嵌細工。主人や大切なゲスト用。
Level 1 ● Room 62

ROOM 63 ワールド・オブ・グッズ
A World of Goods
貿易が盛んになりヨーロッパからアジアや極東にデザインも渡った。世界の製品を展示。

⬆商品は政治や宗教の境を越えて流通し、地元の製品のデザインに影響を与える

ウィリアム・モリスのデザイン
モダンデザインの父と呼ばれる天才

工芸家で画家、詩人でもあったモリスは、アーツ&クラフト運動を起こし、近代デザインの道を拓いた。草花や鳥など、自然をモチーフにした壁紙やテキスタイルは、時代を経た今も愛されている。

⬆4階(Level 3)のプリンツ&ドローイング・スタディルームでは、作品を実際に手にとって見られる。モリス・デザインの本物を堪能

Photographs ©Victoria and Albert Museum, London

5階／Level 4

4階／Level 3

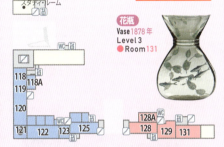

花瓶
Vase 1878年
Level 3
● Room 131

3階／Level 2

2階／Level 1

V&Aのカフェ&ショップ

**英国を代表し世界に名だたる装飾博物館の
カフェやショップはいずれも見逃せない！**

豪華絢爛と近代デザイン、2種のカフェ
モリス、ガンブル&ポインター・ルームズ
Morris, Gamble & Poynter Rooms
● Level 0
1868年オープンのカフェ。色鮮やかな陶器、ガラス、琺瑯で装飾された美しい店内は、当時の英国のパワーを感じさせる。館内にはモリスデザインのカフェもあり、どちらも訪れたい。

☎020-7581-2159
🕙10:00～17:10（金曜は～21:15）休無休

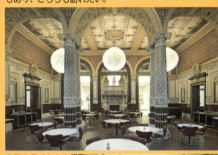

→贅を尽くしたカフェで、英国の栄光の歴史を味わう

→モリス初の公共事業として手がけたインテリアが今も健在

オフィシャルショップでグッズをチェック！
Shop

→モリスの袋入種子
蝶や蜂が好む花やマリーゴールドの種が、モリスデザインの封筒入で！
各£2

→ガーデンセット
絵は18世紀のイラストレーター、ウィリアム・キルバーン
£23

→アクセサリー
ターキッシュブルーが美しいイヤリング
£60

→周年記念マグ
ヴィクトリア＆アルバート生誕200周年記念マグ
£16

→ピンバッチ各種
写真は『ティプーの虎像』（→P.69）がモチーフ
£6.50～10

アート

02 ヴィクトリア&アルバート博物館

71

ART 03 NATIONAL GALLERY

ゴッホのひまわりはココにある

一生に一度は見ておきたい名品に出合える ナショナル・ギャラリー

13世紀のルネサンス期の宗教絵画から20世紀の後期印象派のコレクションまで、約2300点を超えるヨーロッパ中のさまざまな画派を網羅した名画が集結している。

鑑賞時間 2〜3時間

ナショナル・ギャラリー
National Gallery
ソーホー〜コヴェント・ガーデン周辺 MAP 付録P.23 E-3

ゴッホの『ひまわり』やダ・ヴィンチの『岩窟の聖母』、フェルメールの『ヴァージナルの前に立つ若い女』といった名画を多数所蔵する。1830年代の建設で、王室の収集を母体とした多くのヨーロッパの美術館とは異なり、個人からの寄付などによったコレクションを展示する珍しいギャラリー。モネやマネ、ルノアール、セザンヌ、ゴーギャン、ドガやマチスといった印象派をはじめとするおなじみの巨匠たちの作品も見逃せない。

☎020-7747-2885
Ⓤ Charing Cross チャリング・クロス駅から徒歩1分 ㊤ Trafalgar Square, WC2N 5DN ㊋10:00〜18:00(金曜は〜21:00) ㊡1月1日、12月24〜26日 ㊍無料(企画展は有料) Ｊ

information
● 見たい作品と部屋番号を確認 案内所で日本語フロア案内を£1で販売。最新情報は公式サイトHPで確認を。
● 日本語のオーディオガイドは£5 80点以上の作品の解説と順序を案内してくれるので便利。

2／Main Floor

1500〜1600年
1600〜1700年
1700〜1930年
1200〜1500年

0／Ground Floor

Trafalgar Square

Room 2-14
1500〜1600
イタリアに開花したルネサンス美術

1500〜30年はダ・ヴィンチ、ミケランジェロ、ラファエロが活躍した時代。古代ギリシャやローマ美術の復興をしのぐ芸術が誕生した。

❹ 大使たち
The Ambassadors

だまし絵として有名。右下側から見ると大使たちの足元にはドクロが！ ●ハンス・ホルバイン

鑑賞のポイント
棚の上の壊れた地球儀やリュートなどもそれぞれ意味がある

❻ バッカスとアリアドネ
Bacchus and Ariadne

ラピスラズリで描かれた青空の下、恋に落ちた酒神バッカスとアリアドネの姿が躍動的 ●ティツィアーノ

鑑賞のポイント
左上の上空にある白い点はバッカスが投げたアリアドネの宝冠で冠座となる

Room15~32

1600~1700

**劇的な描写技法の
バロック絵画の隆盛**

豊かで深い色彩、光と影のコントラストなどが特徴。ドラマチックな場面描写が好まれ、動的な躍動感あふれる作品が多い。

鑑賞のポイント
サムソンの逞しい背中にそっと触れるデリラの手が複雑な思いを伝える

18 サムソンとデリラ
Samson and Delilah
怪力サムソンが恋した娼婦デリラに裏切られ、弱点の頭髪を剃られる旧約聖書の場面 ●ルーベンス

27 ヴァージナルの前に座る女
A Young Woman Seated at a virginal
43歳で病没し生涯で30数点しか遺さなかった画家の最後の作品 ●フェルメール
※展示日程により鑑賞できない場合があります。

必見!

22 自画像(63歳)
Self Portrait at the Age of 63
レンブラントが生涯にわたり描き続けてきた自画像の最晩年の作品 ●レンブラント

必見!

鑑賞のポイント
修復されているが、まっすぐ見つめる思慮深い視線が印象的

鑑賞のポイント
同館収蔵の『ヴァージナルの前に立つ女性』の対画とされる

31 トカゲに噛まれた少年
Boy bitten by a Lizard
痛みと驚きが入り混じったような一瞬の表情を描いた作品 ●カラバッジョ

鑑賞のポイント
ガラスの花瓶には少年のいる室内の様子が映り込んでいる

30 鏡を見るヴィーナス
The Toilet of Venus('The Rokeby Venus')
キューピッドが手にする鏡を見る裸婦で後ろ姿という珍しいヴィーナス ●ベラスケス

必見!

鑑賞のポイント
ゴヤの『裸のマハ』と並ぶスペイン裸体画の代表作として唯一現存する1枚

03 ナショナル・ギャラリー

Photographs © National Gallery, London

NATIONAL GALLERY

Room 33-46
1700~1930
自由な感性を表現した
近代絵画の始まり

ロマン主義が台頭した時代。その反動で写実主義、印象派が興り、19世紀後半にはセザンヌ、ゴッホなどが独自の世界を展開した。

34 解体されるために最後の停泊地に曳かれていく戦艦テメレール号
The Fighting Temeraire
トラファルガーの海戦で活躍した戦艦の終焉を哀愁を込めて描いた作品
●ターナー

鑑賞のポイント
必見! 黄色やオレンジの絵の具を厚塗りして表現した夕日の輝きは秀逸

43 ひまわり
Sunflowers 必見!
37歳で命を絶つまで制作されたひまわりの絵7点のうちの4作目 ●ゴッホ

※展示日程により鑑賞できない場合があります。

鑑賞のポイント
共同生活を夢見たゴーギャンの寝室を飾るために描いた。厚塗りの技法で立体的に迫る

鑑賞のポイント
顔のない人々や不自然なポーズは写実的な再現を超えた斬新な試み

41 水浴図
Bathers (Les Grandes Baigneuses)
青春時代に泳いだ南仏のアルク川での思い出が原点で、心の楽園を描いたとされる ●セザンヌ

43 アニエールの水浴
Bathers at Asnières
パリ北西部、夏の日のセーヌ川沿いの午後の静かな光景を表現 ●スーラ

鑑賞のポイント
少年の赤い帽子など点描表現を加えた新印象派の技法の代表作品

Room 51-66
1200~1500

透視図法や油彩画の確立
ルネサンスの初期から盛期へ

古代ローマ・ギリシャにみられた豊かな人間性の表現を取り入れ、神話や聖書を主題とし、教会や裕福なパトロンが芸術を牽引した。

59 受胎告知
The Annunciation

聖母マリアが身籠ったことを知らされる受胎告知の場面 ●フィリッポ・リッピ

鑑賞のポイント
破戒僧だったフィリッポはボッティチェリの師としても有名

58 ヴィーナスとマルス
Venus and Mars

女神ヴィーナスが無防備に横たわる軍神マルスを見つめている姿を描いたもの ●ボッティチェリ

必見！

鑑賞のポイント
横長の絵は寝台の装飾画として描かれたと推測されている

63 アルノルフィーニ夫妻の肖像
The Arnolfini Portrait

人物や室内の細部の精密な描写、凸面鏡を用いた仕掛けなどさまざまな解釈を呼んでいる作品 ●ヤン・ファン・エイク

必見！

鑑賞のポイント
2人の結婚の立会い者として、画家自身が中央の鏡の中に描かれている

66 岩窟の聖母　展示室は閉鎖中
Virgin of the Rocks

岩窟で腰を下ろす聖母子、大天使ガブリエル、洗礼者ヨハネの姿が描かれている ●レオナルド・ダ・ヴィンチ

65 父の肖像
The Painter's Father

金銀細工師だった70歳ごろの父親の肖像 ●デューラー

鑑賞のポイント
父の工房で金銀細工の技術を磨き精緻な木版画や自画像でも有名

鑑賞のポイント
ルーヴル美術館に同構図の絵があるが、微妙な絵の違いが興味深い

アート

03 ナショナル・ギャラリー

Photographs © National Gallery, London

ART 04 TATE BRITAIN

世界中の訪問者を魅了する美女たち
ブリティッシュ・アートに特化した
テート・ブリテン

印象派の先駆者・ウィリアム・ターナーのコレクションや王政時代の王侯貴族などの肖像画が見応えがあり、特にラファエロ前派の画家たちが描いた美しい女性たちは必見。

鑑賞時間 2〜3時間

テート・ブリテン
Tate Britain
バッキンガム宮殿〜ウエストミンスター寺院 MAP 付録P.23 E-3

角砂糖で財をなしたヘンリー・テート卿の寄贈をもとに、1897年にナショナル・ギャラリーの分室として刑務所跡地に建てられた。16世紀から現代までのブリティッシュ・アートを一堂に集め、夏目漱石の『坊っちゃん』の会話のなかに登場する英国画家のウィリアム・ターナーの作品が充実している。またミレーの『オフィーリア』やウォーターハウスの『シャロットの女』など、ラファエロ前派の画家たちが好んで描いた魅惑的な作品を堪能できる。

☎020-7887-8888 ㊋Pimlicoピムリコ駅から徒歩10分 ㊝Millbank, SW1P 4RG ㊺10:00〜18:00(第1金曜は〜21:30) ㊡無休 ㊋無料

information
● 館内地図は£2の寄付で　さほど広大ではないにしろ、館内を把握するにはマップが必須。寄付して入手し、目的地を目指そう。
● ガイドツアーに参加しよう　インフォメーション近辺に集合。45分間の英語のガイドツアーで無料。各回で内容が異なる。
11:00〜　イギリスのアートの成長
12:00〜　19世紀の町と人々
14:00〜　近代から現代のアート
15:00〜　ターナー（2020年1月現在の内容）

2階／Upper Floor

ブリティッシュ・アート
ブリティッシュ・バロック
モダン・ギャラリー
ターナー・コレクション

1階／Lower Floor
ウィリアム・ブレイク
ライブラリー
アーカイブ・ギャラリー
Millbank　←出入口

ヴィクトリア女王の戴冠
The Coronation of Queen Victoria
ジョン・マーティンはイギリスのロマン派の画家。1839年の作品でウエストミンスター寺院での壮麗な式を描く。
●ジョン・マーティン

ラファエロ前派
画壇に反旗を翻した古典好き異端児集団

19世紀中ごろに活躍した芸術家グループ。初期ルネサンス絵画のような豊かな色彩と精密な自然描写を理想とし、ラファエロ以降を否定。以前に帰ろうというのがポリシー。19世紀後半に描かれた彼らの絵は象徴主義の最初の流れとして評価され後世に大きな影響を与えた。

↓イギリスの有名なアーティストの作品が一堂に会する見ごたえのあるミュージアム

04 テート・ブリテン

オフィーリア
Ophelia
シェイクスピアの『ハムレット』から、入水自殺したオフィーリアを描いた作品。ラファエロ前派の代表作のひとつ。
●ジョン・エヴァレット・ミレー

 鑑賞のポイント
水に浮かぶオフィーリアの姿が、悲劇的であると同時に美しく幻想的。ラファエロ前派のスタイルが凝縮。

 必見！

ノラム城、日の出
Norham Castle, Sunrise
1845年の作品。イギリスとスコットランドとの境にある、ノーハム城の背後に昇る朝日を描いたもの。
●ターナー

 必見！

シャロットの女
The Lady of Shalott
1832年出版のテニソンの詩から、呪いに苦しむ女性を描いたもの。彼の詩はラファエロ前派の画家たちに好まれた。
●ジョン・ウィリアム・ウォーターハウス

 鑑賞のポイント
「秘められた呪い」を解くために小舟で漕ぎ出す女性。ラファエロ前派の影響を受けたと思われる写実的な作品。

鑑賞のポイント
ターナーの作品は次第に抽象化し写実と交互に。年代順に観るとおもしろい。

Photographs ©Photo Tate

ART 05 TATE MODERN

これもアート？驚かされる展示物のオンパレード
多彩な現代アート
テート・モダン

巨大空間に現代アートの巨匠の作品がテーマ別に並び、これからのアートシーンを先取る特別企画展も注目を浴びる斬新な美術館だ。

鑑賞時間 2〜3時間

テート・モダン
Tate Modern
シティ〜ロンドン塔周辺 MAP 付録P.16 A-3

テート・ブリテンの分館として、20世紀以降の近現代アートを扱う。元火力発電所の巨大な空間を活用した館内は、ピカソ、ダリ、カンディンスキー、アンディ・ウォーホルなど世界中からの作品がずらり。目を引くインスタレーションアートの数々も個性的。2016年にオープンした展望台を備えた新館「スイッチハウス」では夜景も楽しめる。

☎020-7887-8888 ⊖① Southwark サザーク駅から徒歩15分 ㊷ Bankside, SE1 9TG 働 10:00〜18:00 金・土曜10:00〜22:00 休無休 料無料 J

information
● **より詳しく作品を知りたい人に** 案内所では展示作品の背景やストーリーなどを解説してくれるマルチメディア・ガイドのレンタルが可能（英語）。スマホ・アプリ（無料）を入手してもいい。館内では無料でWi-Fiが使える。
● **英語ガイドツアー** 毎日、無料のガイドツアーが行われているので、英語のヒアリングに自信があれば参加してみよう。予約不要、所要時間は約45分。都合により実施されない場合があるので案内所で確認を。

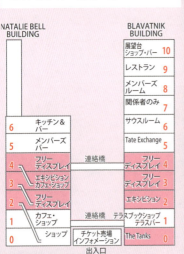

↑新館スイッチハウスの無料展望台から眺める発電所の名残である煙突とテムズ川

↑かつて大型発電機が置かれていた空間が、巨大なエントランス「タービンホール」に

ART 06 NATURAL HISTORY MUSEUM

世界中から集められた標本の数はおよそ4億!
動く恐竜に出会える
自然史博物館

大迫力の恐竜の骨格標本や動植物の展示もユニーク。
それぞれに悠久の物語をもつエリアを探検しよう。

鑑賞時間 3～4時間

自然史博物館
Natural History Museum
ケンジントン～チェルシー周辺 MAP付録P.18 B-1

ヴィクトリア様式の大聖堂のような建物の中は、恐竜や大型哺乳類、宝石と鉱物、地球と人類の進化、火山と地震など膨大な展示物で見どころ満載。なかでも動くティラノサウルスがいる恐竜コーナーが人気。阪神淡路大震災の揺れを体感できるスペースもある。

☎020-7492-5000
Ⓓ South Kensington サウス・ケンジントン駅から徒歩7分
所 Cromwell Rd, SW7 5BD 時10:00～17:50(最終入館17:30)日曜 14:00～17:00 休12月24～26日 料無料 J

➜ 天井、柱、階段など繊細な意匠も注目

information
● 館内マップは£1の寄付で　自然史博物館のスマホ・アプリ(無料)でマップを入手してもよい。館内では無料でWi-Fiが使える。
● ひと息つきたい時は　レストランが2カ所、カフェが3カ所あり、休憩スペースも点在する
● 充実のミュージアムショップ　ギフトショップは4カ所あり、恐竜グッズや天然石や鉱物のジュエリーなどおみやげに最適

シロナガスクジラ骨格標本
Blue Whale
入口のホールには全長25.2mにもおよぶシロナガスクジラが泳ぐような格好でお出迎え

マストドン化石
Mastodon
2000万年以上前からアフリカ、アメリカ大陸に生息していた象で、胴が長く、四肢が短めで上下の顎に牙を持つ

マンテリサウルス化石
Mantellisaurus
白亜紀前期に生息した鳥脚類の草食恐竜。全長約7m

隕石 Imilac meteorite
天体同士の衝突などで飛散したイミラックと呼ばれる石鉄隕石

サンゴの化石
Turbinaria
1階のヒンツェ・ホールのコレクション、巨大なサンゴ。この博物館に来てから150年も経つ

1階 / 2階

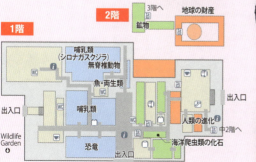

縞状鉄鉱床
Banded iron formation
縞模様が特徴的な鉄鉱石の鉱床

Photographs ⓒTrustees of NHM　Cromwell Road

05 テート・モダン／06 自然史博物館

ART 07 MUSEUM

ユニークなコレクションを堪能しよう

マニア心をくすぐる専門性の高いミュージアム

興味は人それぞれ。マニアックなコレクションを公開するミュージアムは、建物の外観や内観、カフェにいたるまでが独自性に満ち、なにより憧れやロマンの世界に浸れるのがいい。

1億5000万点以上の蔵書を誇る知の宝庫
大英図書館
The British Library
大英博物館～キングス・クロス周辺 MAP 付録P.8 C-3

高い天井までビッシリ本の詰まった「キングズ・ライブラリー・タワー(The King's Library Tower)」は圧巻。レオナルド・ダ・ヴィンチのノートやシェイクスピアの初版本、ベートーヴェンの自筆譜、ビートルズの歌詞なども展示している。館内にはカフェ、ギフトショップも完備。

☎0330-333-1144 ⓂKing's Cross St Pancrasキングス・クロス/セント・パンクラス駅から徒歩2分 🏠96 Euston Rd, NW1 2DB ⏰9:30(日曜11:00)～20:00(金曜は～18:00、土・日曜は～17:00) 休無休 料無料 J

↑入口のBRITISHLIBRARYの文字がおしゃれ

↑ルイス・キャロルの小説『不思議の国のアリス』。手書きの原書も所蔵されている

↑閲覧室は事前申請が必要だが、展示室やカフェ＆ギフトショップの利用は自由

↑イギリス憲法の土台となったマグナカルタ

Photographs ©British Library Board

子どもも大人も楽しめる産業革命の歴史
科学博物館
Science Museum
ケンジントン～チェルシー周辺 MAP 付録P.18 C-1

産業革命時の蒸気機関車、世界初の航空機、アポロ10号に未来型ロボットなど、テクノロジーの草創期から最先端まで展示。2000年にオープンした「ウェルカムウィング」の、海底や月旅行を体験できる3D映像や冒険アトラクションは子どもも大人も楽しめる。

☎020-7942-4000 ⓂⒹSouth Kensington サウス・ケンジントン駅から徒歩10分 🏠Exhibition Rd, South Kensington, SW7 2DD ⏰10:00～18:00 休無休 料無料 J

↑航空機と気流をデザイン化した数学コーナー
©Jody Kingzett, Science Museum Group

↑1階から4階まで吹き抜けで展示もダイナミック

↑自然史博物館の隣にあり、体験型の展示は家族連れに人気

↑ロケットや宇宙船、人工衛星の実物やレプリカなど

Photographs ©Science Museum Group

80

17世紀のノットガーデンを再現
庭園博物館
Garden Museum
バッキンガム宮殿〜ウエストミンスター寺院
MAP 付録P.21 D-2

16世紀後半、世界中の植物を収集した王室御用達の庭師だったトラデスカント父子のコレクションが起源。14世紀に建てられた教会を改装し、ステンドグラスを背景に、ガーデニング道具や園芸書などが並ぶ。中庭を眺めながらヘルシー料理が楽しめるカフェもある。

☎020-7401-8865 ㊡ⓤWestminsterウエストミンスター駅から徒歩15分 ㊤Lambeth Palace Rd, SE1 7LB ㊥10:30〜17:00(土曜は〜16:00) ㊢第1月曜 ㊣£10

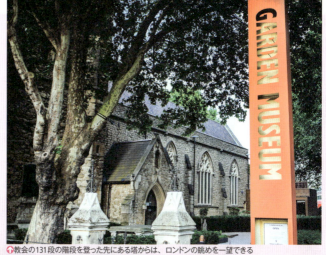

↑教会の131段の階段を登った先にある塔からは、ロンドンの眺めを一望できる
©Hamish Irvine Photography

↑ガーデンの歴史やデザインが学べる

↑ボタニカル企画展も多彩で、中庭のレストランは入館しなくても利用可能

実物そっくりの蝋人形と記念撮影
マダム・タッソー人形館
Madame Tussauds
リージェンツ・パーク周辺 **MAP** 付録P.7 E-4

映画スターからミュージシャン、ロイヤルファミリーに世界の指導者、スポーツ選手、アメコミのスーパーヒーローなど14のインタラクティブ・ゾーンに300以上の蝋人形が出迎えてくれる。小道具なども完備され、自由にツーショット写真を撮影することができる。

☎0333-321-2001 ㊡ⓤBaker Streetベイカー・ストリート駅から徒歩3分 ㊤Marylebone Rd, NW1 5LR ㊥9:30〜17:30 土・日曜9:00〜18:00 ㊢無休 ㊣£29(オンライン購入。少なくとも24時間前にオンライン予約が必要)、£35(当日券) ※オンライン購入のみだと、待たずに入れるVIPチケット All Inclusive Ticket £7 ✎⌂

↑イギリスのシンガーソングライター、エド・シーラン

↑シンガーソングライターのデュア・リパが自分の人形と並んで

→王室離脱を表明して話題になったヘンリー王子とメーガン妃

↑ドーム型の建物が目印

アート

07 専門性の高いミュージアム

ART 08 BLUE PLAQUE / NATIONAL TRUST

ブルー・プラークで発見! あの人はこんなところにも住んでいたのか

Blue Plaque

イギリス国内、なかでもロンドンの建造物を注意深く観察すると、青い円形の銘板がその外壁に埋められているのに気づくだろう。ブルー・プラーク（Blue Plaque）と呼ばれるもので、著名な人物がかつて住んでいた家や歴史的なスポットを示すために掲げられているものだ。設置計画は1867年に制度化され、現在はイングリッシュ・ヘリテッジが管轄している。当初はロンドンのみを対象としたが、1998年以降はイギリス全土にまで拡大され、その数は800を超える。対象となる人物はイギリス人ばかりではなく、モーツァルトや夏目漱石など、日本人にもなじみ深い"外国人"のプラークも多い。

↑夏目漱石が1901～02年に暮らしたロンドンでの5番目の下宿先。81 The Chase Clapham,SW4

↑ヴァージニア・ウルフ イギリスの小説家・評論家・出版社の版元

↑映画『アラビアのロレンス』のモデル、T.E.ローレンス

↑イギリスの小説家サマセット・モーム。『月と六ペンス』など

↑小説家チャールズ・ディケンズ。『クリスマス・キャロル』など

イギリスのアイデンティティともなっているナショナル・トラスト

National Trust

産業革命と自然や歴史的景観の保護運動

18世紀後半に始まった産業革命によってイギリスは急速に工業化が進行するが、必然的に都市への人口集中や都市化などによる環境破壊も進み、自然や歴史的景観などが失われていくことになった。1895年、こうした悪循環から環境を保護しようとする運動が起こり、3人の有志によってナショナル・トラスト（NT）が創設された。その趣旨は市民活動によって、国民のために価値の高い美しい自然景観や歴史的に貴重な建造物を寄付や遺贈（『ピーター・ラビット』で世界中にファンを持つ童話作家ビアトリクス・ポターは、ヒル・トップと呼ばれる広大な農地や農家を寄贈し、ナショナル・トラスト運動に大きな影響を与えたことでも知られる）、あるいは買取りなどによって取得し、管理・公開することで、現在は400万人以上の会員と6万人以上のボランティアがこの組織を支えている。また、1907年に成立したナショナル・トラスト法によって、さまざまな特権も付与されている。

ナショナル・トラストが管理・保護する対象は多岐にわたる

ナショナル・トラストが保全・管理する対象は、森や農地、運河、庭園、沼地、古城、マナー・ハウス、さらに海岸線にまでおよび、その範囲の広さに驚かされる。ロンドンや近郊にあるナショナル・トラストに管理されている資産をいくつか紹介しておく。

●**バースの上流階級の社交場**

古代ローマ時代に建造された温泉遺跡「ローマン・バース」で知られる、世界遺産の街バース。18世紀に建てられたセレブたちのダンスホールだった「アッセンブリー・ルーム」はナショナル・トラストが管理。オースティンの小説にも登場する施設だ。

↑古代ローマ人が建造した温泉遺跡

●**コッツウォルズの小さな村**

ウィリアム・モリスが「英国で一番美しい村」と讃えた小村バイブリーには14～17世紀に建てられたライムストーン造りの家々が並ぶが、なかでも「アーリントン・ロウ」の家並みは素晴らしく、ナショナル・トラストが管理する文化遺産となっている。現在も現役の住居として使われている。

↑バイブリーは野鳥指定地でもある

●**中世から続くロンドンのパブ**

中世のころにはすでに現在地にあったという「The George Inn」。元来は馬車用の旅籠として建てられたとされる。シェイクスピアも常連だったといい、現在はロンドンでも有名なパブとして知られ、1937年からナショナル・トラストによって保護されている。

ミュージカル観劇デビューはロンドンで

エンターテインメント

Enjoy a glorious London night

感動と興奮が押し寄せる!

ロンドンの劇場は1つのエリアに集中している。すなわちウエスト・エンドで、有名なミュージカルはここで観られ、ニューヨークのブロードウェイに匹敵。演目もほぼ同じで質の高さも変わらない。駅でいえば、チャリング・クロス、コヴェント・ガーデン、それにピカデリー・サーカスに囲まれたエリアで、ロンドンの中心部に広がり賑わっている。シェイクスピアに始まった劇場文化がここで開花した。ミュージカルだけではない、ウエスト・エンドの観劇こそロンドン旅行の重要なアイテムといってよい。

Contents
ロンドンの中心で
ミュージカル 三昧 ▶P84

ウエスト・エンド という
劇場街 ▶P90

オペラ、バレエ、演劇
を愛でる英国の夜 ▶P91

スポーツ 観戦 ▶P92

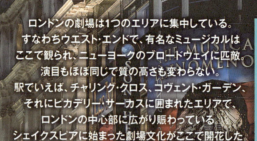

©iStock.com/Paolo Paradiso

ENTERTAINMENT 01 MUSICAL

『不死鳥の騎士団』での戦いで破壊されたはずの逆転時計が見つかったことで物語が動き始める

Photo：Manuel Harlan

大迫力のパフォーマンスに感動！
ロンドンの中心でミュージカル三昧

ミュージカルの聖地は世界にたった2カ所。NYのブロードウェイと、ここウエスト・エンドだ。ロングラン〜最新作まで本場で名作を鑑賞する。

鑑賞のポイント
水・土・日曜は昼間パート1、夜にパート2を、また木曜夜にパート1、金曜夜にパート2を上演。同時にチケットをとることで、同じ席でパート1と2が鑑賞できる。

J.K.ローリング原作の人気小説を題材にしたミュージカル

ハリー・ポッターと呪いの子
Harry Potter and the Cursed Child

『ハリー・ポッターと死の秘宝』から19年後を描く。ローレンス・オリヴィエ賞を各部門で受賞。ブロードウェイなどでも上演されトニー賞にも輝いている。

▶舞台を小説化した書籍も世界中でベストセラーとなった
Photo：Johan Persson

パレス・シアター
Palace Theatre
ソーホー〜コヴェント・ガーデン周辺 MAP 付録P.23 E-2
☎ 020-7434-0088 ⊕ Leicester Square レスター・スクエア駅から徒歩3分 ⊕ Shaftesbury Avenue, W1D 5AY ￡15〜

	月	火	水	木	金	土	日
昼	—	—	14:00 Part 1	—	—	14:00 Part 1	13:00 Part 1
夜	—	—	19:30 Part 2	19:30 Part 1	19:30 Part 2	19:30 Part 2	18:30 Part 2

▶逆転時計を使って時空を移動し小説や映画で描かれたエピソードともリンク。小説では亡くなったキャラクターも登場
Photo：Manuel Harlan

84

↑小説か映画を見直しておくとより楽しめる
Photo：Manuel Harlan

↑やはりパート1、2ともに観るのがおすすめ
Photo：Manuel Harlan

エンターテインメント

01 ミュージカル

ミュージカルを鑑賞！

演劇の中心地、ウエスト・エンドで本場のミュージカルを楽しむ。まずは情報とチケットを入手。安い席は舞台から遠い、柱の陰に位置して見にくいなどの理由があるので注意が必要。確実に観るなら出発前に日本で予約するべし。

公演情報をチェックする

●ウェブサイトで情報収集
各劇場の公式ホームページをチェック。下記のチケット予約サイト中には公演中または発売中の演目情報がまとめて記載されている。

●現地で情報収集
劇場近くのボックス・オフィスやホテルのロビーなどに置かれたチラシをチェック。書店やキオスクで販売するエンタメ情報誌『Time Out』も役立つ。

チケットを買う

●事前にサイトで予約する
見たい演目が決定済みなら各劇場公式サイトで直接予約できるが情報収集を兼ねてチケット予約サイトで購入も便利。予約時に受信した引換書をボックス・オフィスでチケットと引き換える。

オフィシャル・ロンドン・シアター
Official London Theatre
HP www.officiallondontheatre.co.uk
ロンドン・シアター・ダイレクト London Theatre Direct
HP www.londontheatredirect.com
UKシアター・ウェブ UK Theatre Web
HP www.uktw.co.uk
チケットマスター ticketmaster
HP www.ticketmaster.co.uk

●日本語で予約する
日本語で予約するなら日本のチケット会社を利用。別途手数料が必要なので料金は少し割高になる。こちらも当日、劇場窓口で予約券とチケットを引き換えるのが一般的。

ワールドチケットガイド
☎03-5775-4500 営11:00(土・日曜、祝日10:00)～17:00
休無休 HP www.world-ticket.jp
日本出発の5～7日前には申し込み締め切り。

マイバスセンター My bus Center
☎020-7976-1191 HP info_uk@mybus-europe.com

●現地で入手する
各劇場のボックス・オフィス（チケット販売窓口）で買う
朝10:00ごろから開演まで営業し、当日券も扱う。目当ての演目が売り切れていても、別の劇場のチケットも予約できる。

tkts（チケッツ）で買う
売り切れ覚悟ではあるが、運がよければ正規料金の半額ほどで購入可能。上の「サイトで予約」の項にあるOfficial London Theatreのサイトで席のある今日、明日、明後日分の演目が確認できる。
MAP 付録P.14 C-2 交Ⓤ Leicester Squareレスター・スクエア駅から徒歩3分 営Leicester Square 10:00～19:00 日曜11:00～16:30 休無休

チケットマスター ticketmasterで買う
上の「サイトで予約」の項にあるチケット・マスターでも当日券が安く販売されている。電話でも受け付けており、予約券を当日窓口でチケットに引き換える。

●ホテルのコンシェルジュに頼む
最終手段はコンシェルジュ。チップは£3～を渡す。ホテルのほか、クレジットカード会社でもチケットの手配サービスを請け負ってくれるところがある。

ENTERTAINMENT 01 MUSICAL

> ABBAの名曲が22曲使われている。知っている曲も多く、英語が苦手でも楽しめる演目だ

Photo: Brinkhoff & Mögenbur

♪ パワフルな ABBA の名曲と愉快な騒動の顛末でハッピーに

マンマ・ミーア！
Mamma Mia！

1999年から続く、ウエストエンドでも屈指のロングラン作品。母、ドナに女手一つで育てられた娘ソフィが、父に会いたい一心で母の日記を読み、父親候補であるドナの元彼3人を結婚式に招いたことで起こる大騒ぎの3カ月を描く。

鑑賞の ポイント
ストーリーやダンスも素晴らしいが、何と言っても歌。ABBAの名曲を歌う役者たちのパワフルな歌声に観客も総立ちで大興奮。

↑まわりの観客のリアクションも楽しい
Photo: Brinkhoff & Mögenburg

↑いまやウエストエンド生まれの代表的な演目 Photo: Brinkhoff & Mögenburg

↑メリル・ストリープ主演の映画や、日本での劇団四季による講演でも有名
Photo: Brinkhoff & Mögenburg

ノヴェロ・シアター
Novello Theatre
ソーホー〜コヴェント・ガーデン周辺
MAP 付録P.15 D-2
☎ 0844-482-5151
Covent Gardenコヴェント・ガーデン駅から6分
Aldwych, WC2B 4LD
£17.25〜

	月	火	水	木	金	土	日
昼	—	—	—	15:00	—	15:00	—
夜	19:45	19:45	19:45	19:45	19:45	19:45	—

ロンドンの真ん中にサバンナ出現
迫力の舞台に大人も子供も大興奮

ライオン・キング
The Lion King

原作のディズニー映画でも有名な王ライオンの子、シンバの成長物語。イギリスならではのクラシカルなシアターで、アフリカのサバンナに暮らす動物たちが躍動する。子供から大人まで、また英語力を問わず楽しめるのも魅力。

ライシアム・シアター
The Lyceum Theatre

ソーホー〜コヴェント・ガーデン周辺 **MAP** 付録P.15 D-2

☎ 0844-871-3000(通話料のほか1分につき £1)
交 ⓤ Covent Gardenコヴェント・ガーデン駅から徒歩5分 席 2,1 Wellington St, Covent Garden, London WC2E 7RQ 料 £23.50〜

	月	火	水	木	金	土	日
昼	−	−	14:30	−	−	14:30	14:30
夜	−	19:30	19:30	19:30	19:30	19:30	−

↑役者たちの身体能力の高さにもびっくり Photo: Johan Persson

↑アフリカン・テイストを取り入れたユニークな衣装にも注目したい

↑シンバの成長と、かつての王国を取り戻す姿に感動 Photo: Brinkoff and Mogenburg

鑑賞のポイント
曲、歌、ダンス、ストーリー、衣装とどれも素晴らしいが、影絵の手法を使った動く背景は、この演目ならではの演出手法。

「ハクナ・マタタ(くよくよするな)」というセリフは日本でも知られる有名な言葉

®Disney

エンターテインメント

01 ミュージカル

ENTERTAINMENT 01　MUSICAL

『エヴィータ』や『キャッツ』を作曲した名作曲家によるロングラン作品

オペラ座の怪人
The Phantom of the Opera

ガストン・ルルーの小説が原作、パリのオペラ座を舞台に繰り広げられる醜い天才音楽家、ファントムと駆け出しの若い歌手、クリスティーヌとの物語。作曲は『ジーザス・クライスト＝スーパースター』や『キャッツ』等を作曲したロイド・ウェバー。

ハー・マジェスティーズ・シアター
Her Majesty's Theatre
ソーホー〜コヴェント・ガーデン周辺
MAP 付録P.23 D-4
☎ 020-7087-7742
Ⓜ Piccadilly Circusピカデリー・サーカス駅から徒歩4分 🏠 Haymarket, SW1Y 4QL £25〜

	月	火	水	木	金	土	日
昼	−	−	−	14:30	−	14:30	−
夜	19:30	19:30	19:30	19:30	19:30	19:30	−

➡ ファントムの怪しいカリスマ性とクリスティーヌの可憐さが魅力
Photo: Manuel Harlan © CML

鑑賞のポイント
ラストシーンは舞台全体を見渡せる席がおすすめ。高額な最前列のシートでなく、2階、3階席で観るのもいい

鑑賞のポイント
舞台的というより映画などに近いリアルな仕草でありながら、胸を打つ演技が素晴らしい。

現在、ロンドン最大の話題作
アレキサンダー・ハミルトンの物語

ハミルトン
Hamilton

ニューヨークで大ヒットしトニー賞を総なめした作品でロンドンでもオリビエ賞を受賞。「いま一番チケットが取りにくい作品」といわれている。曲はポップス調で歌詞はネイティブでもときどき聞きとれないというが、舞台としての完成度と役者のパフォーマンスの高さは抜群。

ヴィクトリア・パレス・シアター
Victoria Palace Theatre
バッキンガム宮殿〜ウエストミンスター寺院
MAP 付録P.20 A-1
☎ 0844-482-5151（通話料のほか1分につき£7）
Ⓜ Victoriaヴィクトリア駅から徒歩2分
🏠 Victoria St, SW1E 5EA £75〜

	月	火	水	木	金	土	日
昼	−	−	14:30	−	−	14:30	−
夜	19:30	19:30	19:30	19:30	19:30	19:30	−

➡ アメリカの初代財務長官、ハミルトンが主人公
Photo: Matt Murphy © CML

鑑賞のポイント
フォンティーヌやコゼットなどの独唱も素晴らしいが、大勢で歌う「民衆の歌」がクライマックス。

最長ロングラン記録を誇る
1985年から続く不朽の名作

レ・ミゼラブル
Les Misérables

ヴィクトル・ユゴーの小説が原作。不遇な男の人生から国の革命へと繋がる壮大なストーリーで、場面ごとに登場する舞台装置、大勢の役者による感動的なコーラスなど、スケールの大きさに圧倒される。クラシカルで豪華な劇場も作品の雰囲気にピッタリ。

ソンドハイム・シアター
Sondheim Theatre
ソーホー〜コヴェント・ガーデン周辺
MAP 付録P.23 D-2
☎020-729-2135 ⊗Ⓤ Piccadilly Circusピカデリー・サーカス駅から徒歩3分 ⓟ 51 Shaftesbury Avenue, W1D 6BA 料£42.50〜

	月	火	水	木	金	土	日
昼	—	—	—	14:30	—	14:30	—
夜	19:30	19:30	19:30	19:30	19:30	19:30	—

↑笑いあり、涙あり、感動あり。これぞミュージカルという醍醐味を味わう
Photo：Michael Le Poer Trench © CML

エンターテインメント 01 ミュージカル

思う存分ファンタジーの世界に浸る
『オズの魔法使い』の外伝

ウィキッド
Wicked

西の悪い魔女エルファバと南の善い魔女グリンダが大学で出会い、友情を育みながらもそれぞれの道を歩み、本編の世界観へと続いていくアナザー・ストーリーをミュージカル化。もちろん子供も楽しめるが、深みのある話で大人にこそすすめたい作品だ。

アポロ・ヴィクトリア・シアター
Apollo Victoria Theatre
バッキンガム宮殿〜ウエストミンスター寺院
MAP 付録P.20 A-2
☎0844-871-3001（通話料のほか1分に付き£7）
⊗Ⓤ Victoriaヴィクトリア駅から徒歩2分 ⓟ 17 Wilton Rd. Pimlico, SW1V 1LG 料£27〜

	月	火	水	木	金	土	日
昼	—	—	14:30	—	—	14:30	—
夜	19:30	19:30	19:30	19:30	19:30	19:30	—

鑑賞のポイント
『ウィキッド』のあらすじだけでなく、『オズの魔法使い』を読み返してから鑑賞すると、本編とのつながりが見えてより楽しめる。

↑舞台装置だけでなく、シアター全体がウィキッド仕様
Photo：Matt Crockett

偉大なシェイクスピアから華やかなミュージカルへ!
ウエスト・エンドという劇場街

ロンドンの中心部に広がる劇場街ウエスト・エンドはミュージカルとともに近代劇や現代劇の劇場も点在。このエリア以外で成功した演目も登場する。

ロンドンの劇場文化
シェイクスピアに始まる

　ロンドンにおいて劇場文化が開花したのは、16世紀も後半のことで、それも現在劇場街となっているウエスト・エンドではない。意外に思われるが、今ではトレンド・エリアと呼んでいるイースト・エンドのショーディッチであった。

　シアター座とカーテン座で、当時としてはいわば市街区の外れである。今や若者のアートが盛んで、400年を超えて文化のエリアが蘇っている気がするが、特筆すべきは、この劇場をシェイクスピアの劇団が使用していたということだ。よく知られるように、彼は役者でもあった。もっともこの劇場は20年ほどで解体され、テムズ川の南岸にグローブ座が建設されたが、ここもまた1642年には封鎖されている。

　シェイクスピアは、1616年に50代で没しているから、作家としての活動期はまさしくグローブ座の時代で、『ハムレット』『オセロ』『リア王』『マクベス』の4大悲劇はここで上演されている。

観たいミュージカルが
目白押し!

　とはいえ、グローブ座はウエスト・エンドではない。この劇場街は、テムズの北、ストランドからコックスフォードにかけてのエリアだから、ロンドンが本格的な劇場時代文化を迎えるにはもう少し時間がかかる。

　ウエスト・エンド最初の劇場は、現在のドルリー・レーン王立劇場の前身で、ロイヤル・オペラ・ハウスのすぐ東。このあたりまでが、ウエスト・エンドのエリアになる。周辺には『マンマ・ミーア!』のノヴェロ・シアターや『ライオン・キング』のライシアム・シアターが集合している。

　オペラ・ハウスはすぐ脇の地下鉄の名にちなんでコヴェント・ガーデンとも称されている。この次の駅がレスター・スクエアで、ここがいわばウエスト・エンドの中心。ミュージカルなどのチケット売場TKTSに近い。当日売れ残っているチケットを割引で購入できたりするので、覚えておきたい。

　その南西には劇作家の名を冠したハロルド・ピンター劇場があり、ここで

はミュージカルよりもストレート・プレイの上演が多い。ウエスト・エンドは必ずしもミュージカルだけではないのだ。大小さまざまな劇場が、芝居好きを待ち構えている。

　この南には『オペラ座の怪人』を上演しているハー・マジェスティーズ・シアター、また北側の中華街を越えれば、少し遠くなるが、シャフツベリー・アベニューには『ハリー・ポッター』を上演しているパレス・シアターがある。

　ウエスト・エンドから少し離れるが、最後に重要な劇場を紹介しておこう。テムズの南岸になるが、1つはシェイクスピア時代の劇場を復元したグローブ座(P.50)で、もう1つはオールド・ヴィック・シアターだ。

　後者は1818年創設という古い劇場だが、やはりシェイクスピアにこだわって幾多の困難を乗り越え、ローレンス・オリヴィエやリチャード・バートン、ジョン・ギールグッド、ヴィヴィアン・リーなどが出演するにいたった。また夏ならば、リージェンツ・パークの野外劇は必見といえるだろう。演目はシェイクスピアをはじめ、さまざまで、チケットは£25〜65ぐらい。

17世紀から続く英国最古の王立劇場
ドルリー・レーン王立劇場
Theatre Royal Drury Lane
MAP 付録P.15 D-2

→舞台初日に灰色の男の幽霊が現れるとその演目は成功すると伝説を持つ

英国演劇史の重要人物が名の由来
ノエル・カワード・シアター
Noël Coward Theatre
MAP 付録P.23 E-3

→2006年に大改修。旧アルベリー・シアターから改名された

わずか6カ月で建設との説もある
ハロルド・ピンター・シアター
The Harold Pinter Theatre
MAP 付録P.23 D-3

→旧コメディ・シアター。古い施設のため柱などで鑑賞しづらい席が多め

名優の幽霊目撃談でも人気
オルドウィッチ・シアター
Aldwych Theatre
MAP 付録P.15 D-2

→1905年創建。常に名門劇団の本拠地であり続けている

1994年、グローブ座から改名
ギールグッド・シアター
Gielgud Theatre
MAP 付録P.23 D-2

→客席数100人規模の劇場で、ミュージカルの新作を続々発表

喜劇を上演することが多い
サヴォイ・シアター
Savoy Theatre
MAP 付録P.15 D-2

→『ドリーム・ガールズ』等、名作ミュージカルも上演

ENTERTAINMENT 02 THEATRE & HALL

エレガントに楽しむエンターテインメント

オペラ、バレエ、演劇を愛でる英国の夜

ハーフパンツ等でなければカジュアル服でも問題ないが、せっかくだから少しおしゃれして優雅に楽しみたいオペラやバレエ鑑賞。特に良い席が取れたなら気分もワクワクしてくる。

イギリスを代表する国立劇場
ロイヤル・ナショナル・シアター
Royal National Theatre
バッキンガム宮殿～ウェストミンスター寺院 MAP 付録P.15 E-3

設え、収容人数の異なる複数のホールを持つ大規模な劇場。夜のライトアップされた姿も美しい。

☎020-7452-3000 ❌Ⓤ Waterlooウォータールー駅から徒歩4分 📍Upper Ground, Lanbeth, SE1 9PX 🌐https://www.nationaltheatre.org.uk

ロンドンの文化の拠点施設
バービカン・センター
Barbican Centre
ショーディッチ～イースト・エンド周辺 MAP 付録P.10 B-4

劇場のほか、コンサートホールや映画館、ギャラリー、図書館まで擁する複合文化施設。

☎020-7638-8891 ❌Ⓤ Barbicanバービカン駅から徒歩6分 📍Silk St, EC2Y 8DS 🌐www.barbican.org.uk

オペラ初心者にもおすすめの劇場
ロンドン・コロシアム
London Coliseum
ソーホー～コヴェント・ガーデン周辺 MAP 付録P.23 F-3

伝統ある劇場で、英国のナショナル・オペラ＆バレエの本拠地。初心者向けガイドなども充実。

☎020-7836-0111 ❌Ⓤ Charing Crossチャリング・クロス駅から徒歩3分 📍St. Martin's Lane, WC2N 4ES 🌐www.eno.org

スケール、設備、舞台の質とも一流
ロイヤル・オペラ・ハウス
Royal Opera House
ソーホー～コヴェント・ガーデン周辺 MAP 付録P.15 D-2

総裁やパトロンにエリザベス女王やチャールズ皇太子が名を連ねる名門オペラ、バレエの本拠地。

☎020-7304-4000 ❌Ⓤ Covent Gardenコヴェント・ガーデン駅から徒歩2分 📍Bow St, Covent Garden, WC2E 9DD 🌐www.roh.org.uk

ロンドン・フィルのベース
ロイヤル・フェスティバル・ホール
Royal Festival Hall
バッキンガム宮殿～ウェストミンスター寺院 MAP 付録P.15 E-3

主に音楽会を開催。特にロンドン・フィルハーモニー管弦楽団の公演の多くがここで開かれる。

☎020-3879-9555 ❌Ⓤ Waterlooウォータールー駅から徒歩5分 📍Southbank Centre Belvedere Rd, SE1 8XX 🌐www.southbankcentre.co.uk/venues/royal-q-hall

創立は1818年とロンドン屈指
オールド・ヴィック・シアター
The Old Vic Theatre
バッキンガム宮殿～ウェストミンスター寺院 MAP 付録P.15 F-4

数多くの名優の足跡が残る。歴史や幽霊出没ポイントなどを案内してもらうガイドツアーも楽しい。

☎0344-871-7628 ❌Ⓤ Waterlooウォータール一駅から徒歩3分 📍The Cut, SE1 8NB 🌐www.oldvictheatre.com

---

ビートルズがいた！UKロックの聖地へ

ファン垂涎。ビートルズのほかピンク・フロイド～レディー・ガガ、テイラー・スウィフトなどが録音した名スタジオ周辺を訪ねる。

ジャケットで有名
アビー・ロード
Abbey Road
リージェンツ・パーク周辺
MAP 付録P.6 B-2

ビートルズのアルバム『アビイ・ロード』のジャケット写真撮影地としても有名。半世紀を経てなお大勢のファンが訪れる。

❌Ⓤ St John's Woodセント・ジョンズ・ウッド駅から徒歩5分 📍St John's Wood, NW8

↑レコードのジャケットと同じアングルの写真を撮るファン多数

EMI社の老舗録音スタジオ
アビー・ロード・スタジオ
Abbey Road Studio
リージェンツ・パーク周辺 MAP 付録P.6 B-2

1931年～の長い歴史のなかでロンドン交響楽団からロックのスーパースターまで幅広い作品を輩出。

↑撮影するファン多し

❌Ⓤ St John's Woodセント・ジョンズ・ウッド駅から徒歩5分 📍3 Abbey Rd, NW8 9AY

ENTERTAINMENT 03 SPORTS

世界を魅了するイギリス発祥のスポーツ
スポーツ観戦

イギリスを発祥とするスポーツは多い。本場のゲームと雰囲気を味わいたい。

↑アーセナルの本拠地、エミレーツ・スタジアム

世界最強、最注目リーグ
サッカー
Association Football

イングランドのプレミアリーグは伊のセリエAや独のブンデス・リーガと並ぶ世界5大リーグのひとつ。ロンドンには5つのチームがある。各スタジアムが催すスタジアム・ツアーや公式ショップ巡りも楽しい。

ロンドンを拠点にする
プレミアリーグのFC

1886年結成。屈指の強豪
アーセナル
Arsenal
●エミレーツ・スタジアム Emirates Stadium
ロンドン近郊 MAP 付録P.5 D-1
☎020-7619-5003 ⓧⓊArsenal アーセナル駅から徒歩7分 住Hornsey Rd, N7 7AJ HPwww.arsenal.com

愛称はブルーズ。優勝回数多し
チェルシー
Chelsea
●スタンフォード・ブリッジ Stamford Bridge
ケンジントン～チェルシー周辺 MAP 付録P.18 A-4
☎0371-811-01955 ⓧⓊFulham Broadwayフラム・ブロードウェイ駅から徒歩3分 住Fulham Rd, SW6 1HS

シンボルは胸のイーグルス
クリスタル・パレス
Crystal Palace
●セルハースト・パーク Selhurst Park
ロンドン近郊 MAP 付録P.3 E-4
☎020-8658-7700 ⓧⓊⓃNorwood Junctionノーウッド・ジャンクション駅から徒歩10分 住Whitehorse Ln, Selhurst, SE25 6PU

中世イングランドの騎士の名を冠する
トッテナム・ホットスパー
Tottenham Hotspur
●トッテナム・ホットスパースタジアム Tottenham Hotspur Stadium
ロンドン近郊 MAP 付録P.3 D-1
☎0344-499-5000 ⓧⓊWhite Hart Laneホワイト・ハート・レーン駅から徒歩5分 住748 High Rd, Tottenham, N17 0AP

若手育成にも注力。コアなファンを持つ
ウェストハム・ユナイテッド
Westham United
●ロンドン・スタジアム London Stadiu
ロンドン近郊 MAP 付録P.3 E-1
☎020-8522-6001 ⓧⓊⓃStratfordストラトフォード駅から徒歩20分 住Queen Elizabeth Olympic Park, E20 2ST

博物館も要チェック
テニス
Tennis

世界四大大会のひとつ、全英オープンが開催されるウィンブルドンはテニスの聖地。イギリス王室のメンバーをはじめ、客席にはセレブの姿も多く、選手は全身白いユニフォーム着用など厳格なルールでも知られる。

一流選手が憧れるセンターコート
ウィンブルドン選手権
The Championships
●オール・イングランド・ローンテニス・アンド・クローケー・クラブ
All England Lawn Tennis and Croquet Club
ロンドン近郊 MAP 付録P.2 B-4
☎020-8944-1066 ⓧSouthfieldsサウスフィールズ駅から徒歩15分 住Church Rd, Wimbledon, SW19 5AE HPwww.wimbledon.com/index.html

テニスと全英オープンの歴史を知る
ウィンブルドン・ローンテニス博物館
Wimbledon Lawn Tennis Museum
ロンドン近郊 MAP 付録P.2 B-4
☎020-8946-6131 ⓧSouthfieldsサウスフィールズ駅から徒歩15分 住Church Rd, Wimbledon, SW19 5AE ⓗ10:00～17:00(入場は～16:30) ⓡ無休 £13 *ツアー(ミュージアム入場含む)は£25

ビール片手に試合を観戦
ラグビー
Rugby

ワールドカップ日本大会で準優勝したイングランド代表の本拠地はロンドン、トゥイッケナム・スタジアム。シックス・ネイションズや国内リーグなど迫力満点だが、試合のない時期もスタジアム・ツアーが人気。

トゥイッケナム・スタジアム
Twickenham Stadium
ロンドン近郊 MAP 付録P.2 A-3
☎020-3613-2044 ⓧⓊTwickenhamトゥイッケナム駅から徒歩10分 住200 Whitton Rd, Twickenham, TW2 7BA HPwww.englandrugby.com/twickenham

観戦ガイド

チケットを買う

●チケットを買う
サッカー、テニス、ラグビーともに本拠地となる各スタジアムの公式ホームページから購入することができるほか、旅行代理店のツアーに乗るのも手。日本出発の5～7日前までなら、手数料が必要となるが、日本のチケット手配会社に依頼することもできる。
ワールドチケットガイド
http://world-ticket.jp
03-5775-4500
11:00(土・日曜、祝日10:00)～17:00

●観戦の注意とスタジアムの楽しみ方
サッカーの試合では、席によっては敵対チームのユニフォームやグッズの持ち込みが規制されることもある。熱狂的なファンも多いので、観客同士の諍いに巻き込まれないように注意が必要。また、試合時以外にスタジアム見学可能な施設も多く人気を博している。

92

ロンドンが世界のガストロノミーの仲間入り!

グルメ
Unforgettable Lunch and Dinner

伝統と変貌の食卓風景

ロンドンでなんとか口にできるのは
高級フレンチかインド料理だけだとか、
イギリスは食事がまずいからマナーがうるさい、
などといわれたのは、ひと昔前のお話。
食もグローバル化が始まっているのは事実で、
他都市からのシェフの流入があったり
潮流になったライトな皿の影響を受けたり
あるいは突然変異のように天才シェフが生まれたり
女性シェフもまた頭角を現してきたりで、
たしかにロンドンの食卓風景は変貌した。
モダン・ブリティッシュなる風景もあり、
ガストロ・パブと銘打ったパブも胸を張る。
もちろん頑固なロンドン気質はここでも健在で、
伝統は守りつつ、ではある。

Contents

最も種類も多くて人気!
ブレックファスト 6店 ▶P96

文句なし!
モダン・ブリティッシュ 9店 ▶P98

美味なる店集合!
伝統的英国料理 6店 ▶P102

ウマいッ!
フィッシュ&チップス 6店 ▶P104

なにより新鮮!
シーフード 5店 ▶P106

味に間違いナシ!
インド料理 6店 ▶P108

問題なしの美味!
エスニック 6店 ▶P110

「映える」保証付きの
スイーツ 9店 ▶P112

おしゃれな
カフェ 6店 ▶P116

多種多彩の
サンドイッチ 4店 ▶P118

GOURMET　WHERE TO EAT IN LONDON

ロンドンの食事で気をつけたい　食べたいものを食べる!

「イギリスの料理はマズイ」という固定観念が大きく変わり始めている。外国の料理を取り入れたモダンなブリティッシュスタイルのレストランやグルメパブなどが日進月歩の勢いだ。

出かける前に

どんな店を選ぶ?

カジュアルに食事を楽しみたい人はパブへ。フィッシュ&チップスやロースト料理など伝統的なメニューを試そう。人気急騰の料理自慢のガストロ・パブ(美食パブ)も、モダン・ブリティッシュからインド、イタリア、フランス、中華、エスニック、日本料理など選択肢は幅広い。

レストラン　Restaurant

カリスマシェフの星付きレストランから、世界各国の料理が楽しめるカジュアルレストランまで多彩。ベジタリアンやヴィーガンの発祥の地でもあり、趣向を凝らしたオーガニックメニューを提供する店も多い。イスラム料理店でも酒類持ち込みOKの場合もある。

カフェ&ティールーム　Cafe & Tearoom

アフタヌーンティーを楽しめる豪華な店や紅茶だけでなくコーヒー店も多い。

パブ　Pub

日本での居酒屋やファミレスに近い。ランチタイムや週末の「サンデーロースト」を食べにやってくる家族連れであふれる店、由緒ある伝統的な空間の店、レストラン並みに食事に力を入れているガストロ・パブなど、お酒だけでも食事メインでも好みに応じて気軽に入れる。

フードマーケット　Food Market

B級グルメからスイーツまで個性的で安くておいしいものが食べられる。

予約は必要?

話題のレストランなどへは早めに予約を入れてから出かけたい。ほとんどの店は公式HPで予約できる。予約の専用ページにいくと、希望日時、人数、名前と連絡先などを入力するだけなので、日本からでも可能。電話で予約するしかないのであれば、宿泊ホテルのコンシェルジュにお願いする方法もある。

予約なしで入るコツは?

予約を受け付けていない人気店は、とにかく早い者勝ち。開店前から並ぶ覚悟で。長い行列ができる人気店では、店員が待ち時間の目安を教えてくれる。

ドレスコードって?

高級レストランを訪れる際は、男性であればネクタイ着用、女性はワンピースやスーツなどの上品な服装が理想。パブやカフェなどはドレスコードはないが、店の雰囲気に合わせた服装が気後れしないで済む。

ハッピーアワーが禁止に!

アルコールのとりすぎで健康被害や暴力事件を招くとして、2009年から飲み放題の店は罰金の対象になり、夕方に安く飲めるハッピーアワーも禁止されている。

パブの楽しみ方

男性が一杯飲みながら会話を楽しむ社交の場から、今ではレストランよりは手ごろな値段で食べられるランチやスイーツなどを目当てに、女性やファミリーでも親しみやすい店が増えている。

飲み物の種類と大きさ

パブで一番よく注文されるのはビール。サイズは「パイント(pint)」か「ハーフパイント(half pint)」の2種類。1パイントは約568mlなので、日本の大ジョッキより大きめ。ビターやラガーなど種類も豊富。女性にはリンゴ酒のサイダー(cider)が人気。

注文ごとに精算を!

カウンター席に座った場合、注文をするたびにそのつど現金で支払う。お酒だけの注文であればチップは不要。カードを使う場合は後でまとめて支払うことを店員に伝える。グループで入って一人ずつ支払う割り勘スタイルは避けたい。

お役立ち情報

メニューの組み立て方
スターター（前菜）、メインディッシュ、デザートのコースにドリンクをオーダーする。カジュアルレストランではコースに比べて割安な「セットメニュー」が人気。

組み合わせ方の例
- 前菜＋メイン＋デザート
- 前菜＋メイン
- メイン＋デザート

たばこは吸っていい？
パブ、レストラン、ショッピングモール、ホテル、電車・バスなどの公共の乗り物内など公共施設の屋内はすべて禁煙。ただし街角に設置されている灰皿ではOK。

料理をシェアしたいときは？
小皿料理をシェアできる店も増えているが、コース料理ではなるべく避けたい。

お持ち帰りはできる？
高級レストラン以外なら、残った料理は「Can I have a take it away, please?」と定員に声をかけ、容器をもらって詰めて持ち帰れる。

トイレがない？
レストランやパブなどは利用者は使用可能だが、カフェやファストフード店でトイレがない場合がある。店員に鍵を借りて利用する店も。オフィシャルなトイレマップなどで近隣のトイレの場所を確認しておきたい。

店員への挨拶
レストランやショップなどに入ったとき、店員に「Hi(ハイ)」と簡単な挨拶をするのが礼儀。帰りも「Thank you(サンキュ)」「Cheers(チアーズ)」など忘れずに。

チップの支払い

チップの目安は？
基本的にチップは不要。日本と同様、労働最低賃金が法律で明確に定められているためとされる。レストランではサービス料12.5％がすでに加算された状態で請求されることが多い。サービス料が入っていない場合の相場は10〜15％のチップが目安。渡さなくてもルール上は問題ない。

提示額	+10%	+15%
£20	£22	£23
£60	£55	£58
£100	£110	£115

現金で支払う
サービスがうれしく、おつりをそのままチップとして渡す場合は、「Keep the change（キープ ザ チェンジ）」と言って退店するとスマート。

レシートをよく見て精算を
食事が終わったら「Excuse me, bill please」と言ってレシートをもらう。Service charge（サービス料）12.5％の項目があれば、チップは不要。その際はサインではなく、PINコードといわれるクレジットカードの暗証番号を入力するのが主流なので番号をお忘れなく。

知っておきたいテーブルマナー

扉を開けた人は、後ろから入ってくる人のためにも開けたまま待つのがマナー。食事中は食器を持ち上げず、食べ物をすするような音を立てない。フォークを右手に持ち替えず、ライスを食べるときも左手のフォークで。

注文時は目配せで
注文するときや、お勘定を持ってきてもらいたいときに店員を呼ぶ際は声を上げず、目配せを。なかなか気がついてくれないときは店員を見ながら軽く手を上げて。

会計はテーブルで
パブでのお酒だけならその場での会計が基本。レストランやパブでの食事利用なら、テーブルに伝票を持ってきてくれる。カードで支払う場合はあらかじめその旨を伝えるとスムーズ。

グルメ 食べたいものを食べる！

イギリスの料理がおいしくなかったワケ

イギリス料理の評判が悪かったのは、調理法が少なかったせいだという。だから料理の味は食材の良し悪しにかかっていた。フレンチがソースの技法と調理法によって美食となったのと対照的で、要するに大雑把だったのだ。

↑イギリス料理はまずいといわれていたが、朝食だけは昔から豪華だ。その伝統は今も継承されている

↑フィッシュ＆チップスも店ごとに味が変わる

↑パイ料理はパブの定番メニューのひとつ

GOURMET 01 BREAKFAST

旅の一日はまず腹ごしらえから

量も種類も多くて人気！
ブレックファスト ❻ 店

さまざまなタイプの朝食が大集合！
でもどれもがイングリッシュ・ブレックファスト。
夜も営業しているが、朝食が評判の店をご紹介。

1. スタイリッシュな店内。リラックスできる雰囲気が人気 2. 終日営業で使い勝手がいい

新鮮なオーガニック野菜を食す
アルビオン・オール・デイ・カフェ
Albion All Day Café
ショーディッチ～イーストエンド周辺
MAP 付録P.11 D-3

伝統的なイギリス料理をモダンなスタイルで提供するカフェ。一皿に盛られたソーセージや卵、そしてグリルされたオーガニック野菜。地産地消の食材にこだわったボリュームたっぷりな朝食が自慢。

☎020-7729-1051 ⓧⓤShoreditch High Street ショーディッチ・ハイ・ストリート駅から徒歩2分 ㊟2-4 Boundary St, E2 7DD ㊠8:00～23:30 ㊡無休

予算 Ⓑ£10～ Ⓛ£15～ Ⓓ£20～

フル・アルビオン
Full Albion
£13.50
卵、ソーセージ、ベーコン、等が添えられたベーシックな朝食プレート

一日中食べられる朝食メニュー
ザ・ブレックファスト・クラブ
The Breakfast Club
シティ～ロンドン塔周辺 **MAP** 付録P.16 B-3

店内は80年代を意識したレトロポップな雰囲気で、ザ・フル・モンティと呼ばれるメニューが通常のフル・イングリッシュ・ブレックファスト。トーストの代わりにパンケーキが付くオール・アメリカンも人気。

☎020-7078-9634 ⓧⓤⓤLondon Bridge ロンドン・ブリッジ駅から徒歩3分 ㊟11 Southwark St, SE1 1RQ ㊠7:30～23:00(木・金曜は～24:00)、土曜8:00～24:00、日曜8:00～22:30 ㊡無休

予算 Ⓑ£15～ Ⓛ£15～ Ⓓ£20～

ザ・フル・モンティ
The Full Monty
£11.50
ボリュームたっぷりの伝統の英国式朝食

1. 根強い人気の塩キャラメル・パンケーキ。£9.80 2. 混み合う店内は、ロンドナーの社交場 3. バラ・マーケットは通りの向かい。朝はここから開始

グルメ

01 ブレックファスト6店

豪華な店内で優雅な朝を
ザ・ウォルズリー
The Wolseley
ソーホー〜コヴェント・ガーデン周辺
MAP付録P.22 B-4

ザ・リッツ・ロンドンの隣にあるアール・デコの重厚なグランカフェ。セレブ御用達の優雅な雰囲気の店内で、フル・イングリッシュ・ブレックファストやエッグベネディクト、スモークタラのケジャリーなどが楽しめる。

☎020-7499-6996 ◎Ü Green Park グリーン・パーク駅から徒歩3分 ㊟160 Piccadilly W1J 9EB 営7:00(土・日曜8:00)〜23:00 休無休

予算
Ⓑ£20〜
Ⓛ£30〜
Ⓓ£40〜

フィッシュ・ケーキ、ポーチド・エッグとオランデーズ・ソース
The Wolseley Fish Cake, Poached Egg and Hollandaise
£17.50
これが代表的なフルブレックファスト

1. バニラワッフル£9。ベリー類とトーストされたピスタチオの食感がマッチ 2. 壮麗なダイニングエリアで素敵な一日のスタートを

エッグ・フロレンティン
Eggs Florentine
£14.50
ホウレン草と卵、ソースのバランスが絶妙

モダン・ブリティッシュの朝食
バーナーズ・タヴァーン
Berners Tavern
リージェンツ・パーク周辺 MAP付録P.1 4 B-1

華やかな天井装飾に壁一面を飾る絵画が印象的なエレガントなレストラン。フル・イングリッシュ・ブレックファスト、アボカドとポーチドエッグのトースト、バニラワッフル、ブルーベリーパンケーキなどが人気。

予算
Ⓑ£30〜
Ⓛ£30〜
Ⓓ£40〜

☎020-7908-7979 ◎Ü Tottenham Court Road トッテナム・コート・ロード駅から徒歩7分 ㊟10 Berners St, Fitzrovia 営7:00〜10:30、12:00〜24:00 土・日曜 7:00〜16:00、17:00〜24:00 休無休

自転車に乗ってカフェに行こう
ルック・マム・ノー・ハンズ！
Look mum no hands!
ショーディッチ〜イーストエンド周辺 MAP付録P.10 B-4

「ママ見て！（ハンドルから）手を放して乗ってる！」という名前のカフェ＆バイクショップ。自転車のフレームや車輪がディスプレイされた店内で伝統の朝食を食べるのも新鮮。オリジナルグッズも注目。

予算
Ⓑ£15〜
Ⓛ£15〜
Ⓓ£155〜

☎020-7253-1025 ◎Ü Barbican バービカン駅から徒歩5分 ㊟49 Old St EC1V 9HX 営7:30〜22:00(金曜は〜23:30) 土曜 9:00〜24:00 日曜9:00〜12:00 休無休

1. 店の横と前には、たくさんの自転車が停めてある
2. 窓際のカウンター席でバス通りを眺めながら、おひとり様で楽しんでいる姿もちらほら
3. ホームメイドのパンもおいしい

ハルミ・ラップ・ウィズ・チップス
Halloumi wrap with chips **£8.50**
日替わりで提供される２種類（ミート＆ベジ）のサンドイッチ

豊富なメニューが自慢
ライディング・ハウス・カフェ
Riding House Café
大英博物館〜キングス・クロス周辺 MAP付録P.14 B-1

テーブル、カウンター、ソファ席などおしゃれな人気カフェ。朝食にはフル・イングリッシュやケジャリーなどのしっかりしたメニューのほか、バター・ミルクパンケーキやミューズリーなどの軽めのものも用意。

予算
Ⓑ£15〜
Ⓛ£15〜
Ⓓ£20〜

☎020-7927-0840 ◎Ü Oxford Circus オックスフォード・サーカス駅から徒歩6分 ㊟43-51 Great Titchfield St W1W 7PQ 営7:30〜23:00 日曜9:00〜22:30 休無休

チョリソ・ハッシュ
Chorizo Hash
£14
ポテトに卵、ケールが入ったパワー朝食

1. モダンでシック、木の風合いが落ち着くインテリア 2. 豊富なメニューに目移り

GOURMET 02　MODERN BRITISH

若いシェフたちの新しい美食ならこの店です！

文句なし！モダン・ブリティッシュ❾店

ロンドンのグルメ・シーンをグローバルなレベルに引き上げたのはここに登場する店たち。
伝統を重んじつつ、文化的には絶えず革新を求めてきたこの国では食文化もしかり。

↑大きなガラス窓から日が差して、明るく開放的

ウエスト・エンドで愛される人気店

トレッドウェルズ
Tredwells

ソーホー〜コヴェント・ガーデン周辺　MAP 付録P.23 E-2

植物由来の素材をふんだんに使い、体にやさしい良質の料理で地元住民や観光客に人気の店。アール・デコ調のインテリアがエレガント。プレシアターや子ども向けメニューもあり、ウエスト・エンドでの観劇前後や家族連れにも便利。

☎020-3764-0840　⊖Ⓤ Covent Garden
コヴェント・ガーデン駅から徒歩3分　⚐4A Upper St Martin's Lane　🕐12:00〜15:00、17:00〜21:00（金曜は〜21:30）土曜12:00〜21:30 日曜12:00〜22:45　🈁無休

予算 🄻 £25〜
　　 🄳 £40〜

Chef
イヴ・シーマン

オーナーから信頼を得てキッチンを任されるヘッドシェフ。植物性タンパク質を使った料理にも力を入れる

おすすめメニュー

ミソ・グレイズド・カリポスキャベツ £8 ❶
Miso Glazed Kalibos cabbage, cavolo nero, cobnut
ごろんとしたカリポスキャベツをそのまま食す一皿。味噌照り焼きの和風テイスト

クリーディ・カーヴァー・ダック・ブレスト £24 ❷
Creedy Carver duck breast, Delica pumpkin, black garlic, dandelion
ほんのりピンク色でジューシーに焼いた鴨肉にカボチャと黒胡椒、タンポポを添えて

↑塩キャラメルとハニーコームのアイスクリーム £6

←バーエリアが2つあり、カクテルの品揃えにも定評がある

98

⤴窓からは隣にあるセント・パンクラス駅が眺められる

古き良き鉄道ホテルの浪漫を味わう
プラム&スピルト・ミルク
Plum & Spilt Milk

大英博物館〜キングス・クロス周辺 MAP付録P.9 D-2

1854年に世界初の駅ホテルとして開業した由緒あるグレート・ノーザン・ホテルの2階にあり、古き良き英国さながらの雰囲気。彩りが美しく食欲がそそられる料理と良質なワインの数々で、優雅な時間が過ごせる。

☎020-3388-0818 ⓂKing's Cross/St Pancrasキングス・クロス/セント・パンクラス駅からすぐ 🏠Great Northern Hotel, Pancras Rd ⏰7:00(土曜8:00)〜22:00(月曜は〜21:00)日曜8:00〜21:00 休無休

予算 Ⓛ£30〜 Ⓓ£40〜

Chef
クリス・フォーダム=スミス

ヘッドシェフ。美しいプレゼンテーションの料理が人気。持続可能な食を目指す

⤴ココナッツとカルダモンのライス・プディング £8.50

おすすめメニュー

ベビービーツ、根菜のピクルス、クラッカー添え
€9.50 ❶
Roasted babybeets, pickled root veg, golden beetroot
ローストしたビーツを西洋ワサビとココナツヨーグルトで

英南沿岸産のイカとチョリソ、コーン €19 ❷
Grilled south coast squid, chorizo, charred sweetcorn relish
イカのグリル焼きにチョリソの組み合わせ

02 モダン・ブリティッシュ9店

Chef
アイザック・マクヘイル

ヘッドシェフ・共同経営者。日本に3回訪れ、日本の食材や酒にも造詣が深い

日本屈指のシェフによる魅惑の1ツ星
ザ・クローヴ・クラブ
The Clove Club

ショーディッチ〜イースト・エンド周辺 MAP付録P.11 D-3

2013年のオープン以来、たちまち人気を呼び、ミシュラン1ツ星を獲得。英国各地産の食材と世界の料理からのアイデアを組み合わせた独創的なモダン・ブリティッシュ料理を提供。ランチ(£65)、6コースのセットメニュー(£95)、9コースのテイスティングメニュー(£145)などで堪能したい。

☎020-7729-6496 ⓂOld Streetオールド・ストリート駅から徒歩10分 🏠Shoreditch Town Hall, 380 Old St ⏰12:00〜14:30、18:30〜23:30 休月曜のランチ、日曜

予算 Ⓛ£65〜 Ⓓ£95〜

おすすめメニュー

オークニー産スカロップ(テイスティングメニュー£145からの一品)
€145 ❶
Gently cooked Orkney scallop, potato & sancho Butter
ジューシーなホタテ貝は店を代表する人気料理

ヴェニソン、セリアック&ココア(ランチメニュー£65または£95からの一品)
€65/95 ❷
Aynhoe Park venison, celeriac & cocoa
鹿肉はココア風味のソースで

⤴かつて町役場だった建物をリノベーション。重厚な外観が印象的だ

⤴青色タイルのオープンキッチンが店内の活気を盛り上げる

99

GOURMET 02 MODERN BRITISH

素材を生かした実力派の腕が光る

ライルズ
Lyle's
ショーディッチ〜イースト・エンド周辺
MAP 付録P.11 D-3

ロンドンのトレンド発信地ショーディッチに2014年にオープン、翌年にミシュラン1ツ星となり、世界のベスト・レストランのトップ50にもランクインする実力派。おしゃれでヒップな客層がいかにも東ロンドンらしい。

☎020-3011-5911 ⊗Ⓤ Shoreditch High Streetショーディッチ・ハイ・ストリート駅から徒歩2分　Tea Building, 56 Shoreditch High St ⏰12:00〜14:30、18:00〜22:00 休日曜

予算 Ⓛ£30〜 Ⓓ£50〜

Chef
ジェームズ・ロウ

英国産の新鮮な食材や持続可能な魚や肉にこだわるヘッドシェフ・共同経営者

おすすめメニュー

サバのグリル £13
Grilled dried mackerel, gooseberry & lavage
サバにセイヨウスグリとハーブをたっぷりのせたヘルシー志向の一品

↑白い壁に木のテーブルでリラックスできる温かみのある空間

↑旨みたっぷりのホタテ貝と柑橘系のソースが絶品の人気メニュー

粋なワインバー&レストラン

リロイ
Leroy
ショーディッチ〜イースト・エンド周辺
MAP 付録P.11 D-3

ヒップなショーディッチに2018年オープン。ミシュラン1ツ星ながら気取らない雰囲気なので、気楽に良質の料理とワインを楽しむのにぴったりの店。料理を何皿かオーダーして、グループでシェアするのもおすすめ。

☎020-7739-4443 ⊗Ⓤ Ⓝ Old Streetオールド・ストリート駅から徒歩7分　18 Phipp St ⏰12:00〜14:00、18:00〜22:00 休月曜のランチ、日曜

予算 Ⓛ£20〜 Ⓓ£40〜

↑店内にはレコード棚とDJエリアもあって遊び心たっぷり

Chef
サム・カミエンコ

ハックニーの人気店のヘッドシェフだった彼がショーディッチに新たな店をオープン

おすすめメニュー

タルタルステーキ・オン・トースト £13
Steak tartare on toast
生の牛ひき肉をソースで絡めたステーキをトーストにのせて

英国の食シーンを支えてきた老舗

セント・ジョン・スミスフィールド
St John Smithfield
ショーディッチ〜イースト・エンド周辺
MAP 付録P.10 A-4

スミスフィールド肉市場近くのベーコンのスモークハウスだった建物を改装し、1994年にオープン。25年間にわたって英国のレストラン・シーンを牽引してきた老舗。シンプルながら豪快な肉料理をお試しあれ。

☎020-7251-0848 ⊗Ⓤ Ⓝ Farringdonファリンドン駅から徒歩3分　26 St John St ⏰12:00〜15:00、18:00〜23:00 日曜12:30〜16:00 無休

予算 Ⓛ£30〜 Ⓓ£40〜

Chef
スティーヴ・ダロウ

"動物の鼻先から尻尾まで食べる"というコンセプトを継ぐカナダ出身ヘッドシェフ

↑鴨の心臓や豚の耳(£11)など全部位を使用した独特のメニュー

おすすめメニュー

骨髄とパセリのサラダ £11.80
Roast Bone Marrow and Parsley Salad
セント・ジョンの定番メニュー。ランチでオーダーする常連客も多い

↑白い壁と床でミニマルな空間がセント・ジョンのトレードマーク

↑観光客が多いエリアだが、店内はシックで落ち着いた雰囲気

英王室もお気に入りの豪華さ

地中海テイストのダイニング
アペロ
Apero

ケンジントン〜チェルシー周辺
MAP付録P.18 C-2

サウス・ケンジントンのブティックホテル内にあるレストラン。地中海料理とのフュージョンは彩りも美しく味も日本人好み。博物館や地下鉄駅にも近く、カフェ・バーの営業時間も長いのでいろいろ活用できる。

☎ 0207-591-4410 ❹Ⓤ South Kensington サウス・ケンジントン駅から徒歩2分 2 Harrington Rd. 6:30〜10:30、12:00〜14:30、18:00〜22:30 土・日曜 7:00〜11:00、11:30〜14:30、18:00〜22:30 無休

おすすめメニュー
ローストダック、アーティチョーク、ピーマン £14.50
Roast duck breast, artichoke & piquillo peppers
厚めに焼いた鴨肉と付け合わせ野菜のバランスもよい

予算 L £15〜 / D £30〜

ザ・ダイニング・ルーム
The Dining Room

バッキンガム宮殿〜ウエストミンスター寺院 MAP付録P.20 A-1

英国王室御用達の5ツ星ホテル、ザ・ゴーリング内にあるレストラン。豪華でエレガントな雰囲気のなかで、伝統とモダンを融合し細部にまでこだわりを尽くした1ツ星の贅沢な料理の数々を心ゆくまで楽しみたい。

☎ 020-7769-4475 ❹Ⓤ Victoria ヴィクトリア駅から徒歩4分 The Goring, 15 Beeston Place, SW1W 0JW 7:00(日曜7:30)〜10:30(土・日曜は〜10:30)、12:00〜14:30、19:00(土曜18:30)〜22:00 土曜のランチ

→キャサリン妃が結婚式の前夜に宿泊したホテルとしても有名

おすすめメニュー
エッグス・ドラムキルボ
£52〜 / £64〜
Eggs Drumkilbo
故エリザベス皇太后も好きだったというロブスターと卵のムース

予算 L £52〜 / D £64〜

グルメ
02 モダン・ブリティッシュ 9店

街の絶景を望む展望レストラン
アクア・シャード
Aqua Shard

シティ〜ロンドン塔周辺 MAP付録P.16 C-3

イギリスで一番高い超高層ビル、ザ・シャードの31階にあるレストラン。全面ガラス張りでロンドンの絶景を眺めながら、洗練された料理とワインを楽しめる絶好のロケーション。夕暮れどきや夜は特に人気のスポット。

↓刻々と変わる空の色。驚きの仕掛けがあるトイレもぜひ行ってみて

Chef アンソニー・ガーランド
英国産の新鮮な食材を使い色鮮やかな料理を創り出すエグゼクティブ・シェフ

☎ 020-3011-1256 ❹Ⓤ London Bridge ロンドン・ブリッジ駅から徒歩1分 Level 31 The Shard, 31 St Thomas St, SE1 9RY 7:00〜10:30、12:00〜14:30、18:00〜22:30 土・日曜9:00〜10:00、10:30〜15:30、18:00〜22:30 無休

予算 L £28〜 / D £50〜

おすすめメニュー
ウィルトシャー産ブッラータ
£14.50
Wiltshire Burrata
中身がトロトロで濃厚なフレッシュチーズのブッラータが美味

←イシビラメのシーウィード添え(£39)はアラカルトメニューから

→アボカドとバラの花びらを添えた、ビートルートのサラダ£13。プレゼンテーションも満点

101

GOURMET 03 TRADITIONAL BRITISH DISHES

ロンドンはまずい、と言わせないイギリス料理!

美味なる店集合!伝統的英国料理6店

プライドがあるから頑なに守ってきた!自信のローストビーフや自慢のパイ料理!
新進気鋭のニューウェイブな皿が押し寄せるなかで、ここなら食べてほしい伝統の6店。

本格的なロースト料理
ロースト
Roast
シティ〜ロンドン塔周辺 MAP 付録P.16 C-3

ガラス張りのテラスからバラ・マーケットを見下ろせる清潔感あふれるレストラン。伝統的な日曜日のごちそうとして食べられる肉や魚のロースト料理が充実。サンデーランチにはセット3コースを試してみたい。

☎020-3006-6111　London Bridgeロンドン・ブリッジ駅から徒歩4分　The Floral Hall, Stoney St, SE1 1TL　7:00〜11:00、12:00〜15:45、17:30〜22:45 土曜18:00〜22:45 日曜11:30〜18:30　無休

予算 £40〜 / £45〜

おすすめメニュー
ローストビーフ、ローズマリー風味 £80（2人前）
Roasted East Anglian chateaubriand, rosemary roasties, Yorkshire pudding, horseradish
グレービーとホースラディッシュを添えていただく正統派ディナー

↑シックな雰囲気の店内にはバーコーナーもあり、タパスも楽しめる

↑月曜の特別メニュー、ステーキ＆キドニープディング £24.50

↑バーではユニークな演出が楽しいカクテル、ザ・ビック・ベン £10をぜひ

紳士淑女の社交場としても有名
アイビー
The Ivy
ソーホー〜コヴェント・ガーデン周辺
MAP 付録P.23 E-2

1917年以来、セレブや上質を求める大人に愛され続けている。イギリスならではの伝統料理のほか、ロンドナーの多様なライフスタイルに応え、プレ&ポストシアターメニューや、ベジタリアンメニューなど幅広く用意。

☎020-7836-4751　Leicester Squareレスター・スクエア駅から徒歩2分　1-5 West St, WC2　12:00〜23:30（日曜は〜22:30）　一部祝日

予算 £25〜 / £50〜

おすすめメニュー
コンウォール産ラム肉料理
£30〜 **1**
Cornish lamb rump, minted smoked aubergine quinoa tabouleh
各種ラムの部位を提供。クリーミーなマッシュポテトといっしょに

季節のサラダ
£12.75〜 **2**
Cheltenham beetroot, mint, creamed goat's
旬野菜のサラダ。写真はビートルートとミント、ヤギのチーズ

↑劇場街も近いロンドンの社交場。美術コレクションもみもの

↑古き良き時代を偲ばせる伝統的な内装

↑窓からはテムズ川とタワー・ブリッジの景観が楽しめる

古い倉庫をレストランに再生
バトラーズ・ワーフ・チョップ・ハウス
The Butlers Wharf Chop House
シティ～ロンドン塔周辺 MAP付録P.17 E-3

デザイン界の巨匠コンラン卿によるプロデュースで、目の前にテムズ川とタワー・ブリッジを見渡せる絶景が評判を呼ぶ。ディナーなら夜景が見えるテラス席がオススメだ。看板メニューは炭火焼ステーキ。

☎020-7403-3403 ✈️Ⓤ🄽 London Bridgeロンドン・ブリッジ駅から徒歩13分 🏠The Butlers Wharf Building, 36e Shad Thames, SE1 2YE ⏰12:00～15:45、17:30～23:00(日曜は～22:00) 休無休 予約 Ⓛ£19～ Ⓓ£28～

↪倉庫群をリノベーションしたエリアで古いレンガ造りの外観

おすすめメニュー
300gサーロイン・ステーキ
£27
bistecca alla fiorentina a peso
イースト・アングリア産の伝統的な血統牛。35～40日間熟成

旬の食材が味わえる創作料理
45 ジャーミン St.
45 Jermyn St.
ソーホー～コヴェント・ガーデン周辺 MAP付録P.22 C-4

赤のソファ席と淡いグリーンを合わせた大人のインテリア。朝食、ランチ、ディナーと伝統的な英国料理をアレンジした創作料理を提供。セットメニューもあり、季節によってキャビア、白トリュフなどの特製料理も自慢。

☎020-7205 4545 ✈️Ⓤ Green Parkグリーン・パーク駅から徒歩5分 🏠45 Jermyn St SW1Y 6DN ⏰7:00～22:45 土曜8:00～23:00 日曜8:00～22:00 休無休 予約 Ⓛ£35～ Ⓓ£41～

↪朝食からディナーまでずっとOKのぜひ覚えておきたいお店

おすすめメニュー
ビーフ・ウェリントン £80(2人前～)
Beef Wellington, Dauphinoise Potatoes, Green Beans and Peppercorn Sauce
ジューシーなステーキ肉をパイ皮で包んで焼いたごちそう感のある一品

---

03 伝統的英国料理6店 グルメ

英国のおふくろの味を食す
バタシー・パイ・ステーション
Battersea Pie Station
ソーホー～コヴェント・ガーデン周辺 MAP付録P.15 D-2

コヴェント・ガーデン・マーケットのアーチ下にあるカジュアルなパイ専門店。英国人の大好きなミートパイを、活気あふれるアンビエンスと一緒に味わえるのはこのロケーションならでは。冷たいまま食べる伝統的なポークパイもあります。

☎020-7240-9566 ✈️ Ⓤ Covent Gardenコヴェント・ガーデン駅から徒歩2分 🏠28 The Market, Covent Garden, WC2E 8RA ⏰11:00～19:00(木・金曜は～21:00、土曜は～20:00) 休無休 予約 Ⓛ£13～ Ⓓ£13～

↪マーケットの活気と音楽パフォーマンスもスパイスのひとつ

おすすめメニュー
ステーキ&キドニー・パイ
£6.50 (単品)
Steak and kidney pie
伝統的なフィリングのパイに副菜をプラスし、グレービーを添える

おいしいビールとパブごはん
ウィンドミル・メイフェア
The Windmill Mayfair
ソーホー～コヴェント・ガーデン周辺 MAP付録P.22 A-2

シェパーズ・パイやキドニー・パイなど、自慢のパイ料理が目白押し。毎朝手作りするパイは、全英パイアワードを3度も受賞するなどお墨付き。1階はパブで、2階に落ち着いて食べられるパイ・ルームがある。

☎020-7491-8050 ✈️Ⓤ Oxford Circusオックスフォード・サーカス駅から徒歩5分 🏠6-8 Mill St, W1S 2AZ ⏰11:00(土曜12:00)～23:00 日曜12:00～19:00 休無休

↑「パイ料理には自信があります」

↑1階はカジュアルな雰囲気のパブ

おすすめメニュー
ドーセット・ラム・シェパーズ・パイ £15
Dorset lamb Shepherd's pie
ドーセット産のラムをスロー・クックし、リークとチェダーチーズをマッシュしたものを混ぜてオーブンで焼き上げる

予約 Ⓛ£22～ Ⓓ£30～

⤴ステーキ・アンド・マッシュルーム・パイ £15

GOURMET 04 FISH & CHIPS

イギリス特有のB級料理にも味に格差!

ウマいッ!フィッシュ&チップス6店

紙に包んでもらって立ち食いするフィッシュ&チップスだっておいしい店はおいしい。そんなに美味を期待してはいけない、というのは昔のハナシ。この6店をお試しあれ!

とても気さくで親切な店員のルイス(Luis)さん

→あつあつでサクサクのフィッシュフライにタルタルソースをつけて Ⓐ

→ペースト状にしたグリーンピースも美味 Ⓐ

£2.80　£13.95　£14.50

→珍しいウナギのフライは、常連さんのお気に入り Ⓑ

→時間をかけて丁寧にオーブンで焼いた、スモークした魚のグラタン風料理 Ⓑ

£15.95

ドリンクは定番のティー&ミルク

Ⓐ 行列のできる人気店
ゴールデン・ハインド
The Golden Hind
ハイド・パーク周辺 MAP 付録P.13 F-1

1914年創業の専門店。タラなどの大ぶりな新鮮白身魚をサクッとフライ。老舗なのにカジュアルに利用できるのもうれしい。

☎020-7486-3644　Bond Streetボンド・ストリート駅から徒歩7分　71a-73 Marylebone Lane, W1U 2PN　12:00〜15:00、18:00〜22:00　土曜のランチ、日曜

Ⓑ 北ロンドンの有名店
トゥー・ブラザーズ
Two Brothers
ロンドン近郊 MAP 付録P.2 C-1

その名のとおり、双子の兄弟が運営する。魚はマーケットから毎日直送で新鮮。セレブや有名シェフにもファンが多く、目撃情報多数。

☎020-8346-0469　Finchley Centralフィンチリー・セントラル駅から徒歩3分　297-303 Regents Park Rd N3 1D　12:00〜14:30、17:00〜22:00　月曜

Ⓒ 遊び心とレトロ感あふれる
ポピーズ
Poppies
ショーディッチ〜イースト・エンド周辺 MAP 付録P.11 E-4

1952年の創業以来、50'sをテーマに内装や制服を統一しているユニークな店。魚は巨大でも脂っこくなく、サクッと食べられる。

☎020-7247-0892　Liverpool Streetリヴァプール・ストリート駅から徒歩8分　6-8 Hanbury St, E1 6QR　11:00〜23:00(日曜は〜22:30)　無休

グルメ

04 フィッシュ&チップス6店

£3.50

£13.95

↰レギュラーサイズで£13.95。チップスはレギュラーで£3.50 C

↰揚げたてのアツアツをどうぞ D

↰オーダーが入ってから揚げるのでいつも揚げたて。 レギュラー£13.90、ラージ£16.50 D

£13.90

↰オーナーのポップさんが集めたグッズが店内に

↰ノース・ロンドンの教会の近くに位置する E

£17.25

£7.25

↰常連さんに大人気のフィッシュ&チップス。週に数回通うファンも！ E

£13.95

↑付いてくるカレーソースが絶品。味を変えながら食べることができるので、飽きない F

↰ソルト・ビーフ・スコッチエッグ£7.25 F

D
常に数種類の白身魚を用意
ロック&ソール・プレイス
Rock & Sole Place
ソーホー〜コヴェント・ガーデン／周辺 MAP 付録P.23 F-1

創業1871年、白身魚の名前を並べたユーモラスな店名の老舗。観劇街に店を構え、英国産の魚を使用。魚は常に数種類から選べる。

☎ 020-7836-3785 ✕Ⓤ Covent Gardenコヴェント・ガーデン駅から徒歩5分 ㊟ 47 Endell St, WC2 9AJ ㊋ 11:30(日曜12:00)〜22:30 ㊡無休 💳

E
賑やかで庶民的な雰囲気
トッフズ
Toff's
ロンドン近郊 MAP 付録P.2 C-1

店内利用・テイクアウトともに人気で、行列のできる有名店。魚は種類豊富で、いつも揚げたてカリカリのフライが楽しめる。

☎ 020-8883-8656 ✕Ⓤ Highgateハイゲート駅から徒歩19分 ㊟ 38 Muswell Hill Broadway, N10 3RT ㊋ 11:30〜23:00 ㊡日曜

F
シティにできた新店舗にも注目
メイフェア・チッピー
The Mayfair Chippy
ハイド・パーク周辺 MAP 付録P.13 F-2

定番フィッシュ&チップスのほか、シーフードや、シェパーズ・パイなどの伝統料理に現代的なセンスを加えたメニューで人気。

☎ 020-7741-2233 ✕Ⓤ Bond Streetボンド・ストリート駅から徒歩4分 ㊟ 14 North Audley St, Mayfair, W1K 6WE ㊋ 12:00〜22:00 ㊡無休 💳

GOURMET 05 SEAFOOD

カキやドーバーソール！食材で勝負する店！
なにより新鮮！シーフード⑤店

どこの国のカキが美味かを競えば日本産に票が集まるかと思うが、種類の多さではどうか。流通手段の進化で内陸のロンドンでも新鮮な魚介を提供している。白ワインで舌鼓！

産地の異なるカキを食べ比べ
ベントレーズ・オイスター・バー＆グリル
Bentley's Oyster Bar & Grill
ソーホー～コヴェント・ガーデン周辺 MAP 付録P.22 C-3

1916年創業の老舗。多いときには1日に1000個は提供するというカキは新鮮そのもの。ロブスターやドーバーソール（舌平目）といったシーフードのグリル料理も評判だ。毎週金曜の夜にはピアノのライブ演奏もある。

☎020-7734-4756 ⓤPiccadilly Circus ピカデリー・サーカス駅から徒歩5分 ㊟11-15 Swallow St, W1B 4DG ⓗ12:00～15:00、17:30～23:00、バー11:30～23:00 日曜11:30～22:00 ㊡土曜のランチ、日曜

➡リージェント Stを一本入った裏道にある。オイスターの看板が目印

予算 L£30～ D£70～

⬆クラシックな雰囲気の店内

新鮮なカキの盛り合わせ
Native Oysters
オイスターバーカウンターに座ると職人のヘリオさんが目の前でさばいてくれる
£30～（6個）

ダブリンベイ・ブラウンズ
Dublin Bay Prawns, Mayonnaise
レモンを搾りマヨネーズを少しつけて食べる
£21.50

生カキメニューは黒板をチェック
ジ・オイスターメン・シーフード・バー＆キッチン
The Oystermen Seafood Bar & Kitchen
ソーホー～コヴェント・ガーデン周辺 MAP 付録P.15 D-2

新鮮なシーフードが評判の人気店。毎日、各地から取り寄せる新鮮な生ガキもおすすめだが、一番人気はイギリス南西部デヴォン州のカニをまるごと使った一皿。アイオリソースをつけて食べよう。

☎020-7240-4417 ⓤCovent Garden コヴェント・ガーデン駅から徒歩3分 ㊟32 Henrietta St, WC2E 8NA ⓗ12:00～22:00（日曜は～20:00）㊡無休

⬆毎日お店に立つオーナーのマット（左）とロブ（右）

予算 L£20～ D£50～

ドーセット産イカのスパイシーブロス
Dorset Squid, N'duja & Zhoug Broth, Baby Gem
ポークと香味野菜の効いたスープはブイヤベース風
£8.50

日替わりの生ガキ
Daily Fresh Oysters
その日一番のカキを選んで仕入れるこだわり
時価（半ダース£15～）
時価（£22.50～£75、サイズによる）

デヴォン産のブラウンクラブ、アイオリソース
Whole Undressed Devon Brown Crab, Garlic Aioli
一番人気のカニはガーリックの利いたソースでいただく

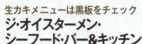

➡海辺の街を思わせる内装。新鮮なシーフードならぜひここへ

106

グルメ 05 シーフード5店

グラスワインの種類が豊富
ランダル&オービン
Randall & Aubin Restaurant
ソーホー〜コヴェント・ガーデン周辺
MAP付録P.23 D-2

フランス料理の手法を取り入れたシーフード料理が楽しめる。マン島で採れたホタテなど、珍しいシーフードもあるので日替わりのスペシャルメニューは要チェック。ロティサリーでじっくりとグリルした肉料理も評判。

↑黒板の日替わりメニューに注目しよう

☎020-7287-4447 ⓜPiccadilly Circus ピカデリー・サーカス駅から徒歩6分 ⓐ16 Brewer St, W1F 0SQ 12:00〜23:00(金・土曜は〜24:00、日曜は〜22:00) 無休 (ランチのみ)

生ガキ Fresh Oysters
レモンやチリ、お好みのソースを添えて
£15.50〜(半ダース)

ロブスターハーフ Lobster Half
ガーリックバターが食欲をそそる。サラダとフレンチフライ添え
£15.50

エイヒレ、ハーブとブラウン・シュリンプ・バター
Ray Wing, Sea Herbs & Brown Shrimp Butter £23

新鮮なシーフードを主役に、バターソースを絡めたフレンチ風

ゆったりと流れる景色も味わう
ロンドン・シェル・コー
London Shell Co.
リージェンツ・パーク周辺 MAP付録P.12 B-1

狭い運河に適したロンドンならではの船、ナローボートを改装したレストランで、リージェンツ運河をクルージングしながらの食事が楽しめる。毎朝魚市場で仕入れた食材を使っているためメニューは日替わり。

☎7818-666005 ⓜPaddington パディントン駅から徒歩7分 ⓐSheldon Square, W2 6PY 金〜日曜12:00(出航12:30)〜15:00、火〜日曜18:00(出航19:00)〜21:30 月曜

↑天窓から陽光が降り注ぐ、開放感あふれる店内

鮮魚店併設で新鮮さには自信あり
フィッシュワークス
FishWorks - Swallow Street
ソーホー〜コヴェント・ガーデン周辺 MAP付録P.22 C-3

その日とれた魚介類から好きなものを好きな調理法でオーダーできる。10種類以上の料理が盛り合わせになったシーフードプラッターは(2人前£75)は見た目も華やかだ。マリルボーンとコヴェント・ガーデンに支店がある。

☎020-7734-5813 ⓜPiccadilly Circus ピカデリー・サーカス駅から徒歩4分 ⓐ7-9 Swallow St, W1B 4DE 12:00〜22:30(LO、金・土曜は〜23:00LO)、ショップ9:00〜22:00 日曜10:00〜22:00 無休

↑新鮮さとサステナブルな素材調達にこだわる名店

↑期待の高まるディスプレイ

コーンウォール産サバのスパイス焼き
Spicy blackened Cornish mackerel fillets £16

炭火焼きチコリ、茎ブロッコリー、カリフラワーピューレ添え

シーフードグリル盛り合わせ
Grilled Seafood Platter £27

ホタテ(白ワインとガーリックバター)、スズキ、鯛、エビ(チリ&ジンジャー風味)

107

GOURMET 06 INDIAN CUISINE

19世紀からだからもう、これも英国の伝統料理！

味に間違いナシ！インド料理❻店

大英帝国時代にインドを植民地にした歴史から、移民とともに香辛料と料理も流入した。保守的なインド人たちが自分たちの舌を信じつつも味を進化させ絶品料理を完成させた！

活気あふれる老舗インド店
タヤブス
Tayyabs

ショーディッチ〜イーストエンド周辺　MAP 付録P.17 F-1

パキスタン・パンジャブ系インド料理店。あつあつの鉄板皿で出される骨付きラムチョップやシークケバブや石窯で焼いたナンなどが人気。レモンがアクセントのエビカレーなどカレーも豊富に揃う。

☎020-7247-9543　⊖Ⓤ Liverpool Street リヴァプール・ストリート駅から徒歩15分　📍83-89 Fieldgate St, E1 1JU　⏰12:00〜23:00　🚫無休

手前左から奥へ、ドライ・ミート（小）£10.50、ミックス・グリル£17、ダール£7、ガーリックナン（右）£3。ドリンクはマンゴーラッシー＆スイートラッシー各£3.50

↑ジュージューと煙が立ち上る鉄板がひっきりなしに通り過ぎる

➡目の行き届いた家族経営。仲の良い兄弟で経営している

予算　L £12〜／D £12〜

コレ・プリ£10.50、パナー・ティカ£8.70、£4.90、ジャックフルーツ・ビリヤニ£10.90、カチュンバー£3.50、チキン・ルビー£10.90、ボウ・バジ£4.90、ベル£4.50、ラム・ボティ£10.20などインド料理の数々

モダンインド料理の人気店
ディシューム・カーナビー
Dishoom Carnaby

ソーホー・コヴェント・ガーデン周辺　MAP 付録P.22 B-2

1960年代のボンベイのカフェを再現したレトロモダンな店。HOUSE BLACK DAAL（ハウス・ブラック・ダール）という奥深いスパイスが香るレンズ豆カレーが看板メニューで、オクラのフライ、チキングリルなどタパス風の料理も人気。

☎020-7420-9322　⊖Ⓤ Oxford Circus オックスフォード・サーカス駅から徒歩4分　📍22 Kingly St, W1B 5QP　⏰8:00〜23:00（金曜は〜24:00）土曜9:00〜24:00 日曜9:00〜23:00　🚫無休

予算　L £15〜／D £20〜

↑➡8個の賞を受賞した人気のインディアン・レストラン。イギリス国内には7つのカフェをオープンしている

洗練された創作料理
ベナレス
Benares Restaurant & Bar

ソーホー〜コヴェント・ガーデン周辺
MAP付録P.22 A-3

ミシュラン1ツ星を獲得した高級インド料理店。エレガントな内装で、インド各地の味を融合させたモダンな創作料理が楽しめる。盛り付けは美しく、スパイスの使い方が絶妙なコース料理のほか、アラカルトも充実。

☎020-7629-8886 ⊖①Green Park グリーン・パーク駅から徒歩10分 ⌂12A Berkeley Square House, Berkeley Square, W1J 6BS ⏰12:00〜14:30（土曜は〜15:00）、17:30〜22:30 日曜18:00〜22:30 休無休 予算 Ⓛ£30〜 Ⓓ£50〜

2コース£29のメインから、ヒラメのサンバルソース（手前）。奥はアペタイザーとして生ガキ£18

↑エグゼクティブ・シェフ、タネジャ氏。料理教室も開催

→インド料理店のなかでもクラス感あり。上品な色づかいが落ち着く

満足度の高いヴィーガン料理
アムルサ・ラウンジ
Amrutha Lounge

ロンドン近郊 **MAP**付録P.2 C-3

さわやかなスパイスがアクセントになったグリーン・カレーやパコラなど野菜をふんだんに使ったヴィーガン料理が楽しめる店。店内はアットホームな雰囲気で、ビールやワインの持ち込みもOK。

☎020-8011-4628 ⊖①Earlsfield アールズフィールド駅から徒歩2分 ⌂326 Garratt Lane | Earlsfield, SW18 4EJ ⏰火曜18:00〜22:00 水〜金曜12:00〜15:00、18:00〜22:00 土曜13:00〜22:00 日曜13:00〜21:00 休月曜 予算 Ⓛ£10〜 Ⓓ£12〜

カレーとライス、パコラ、サラダ2種類のセットで£8

↑駅から近く、カジュアル使いしたい店構え

↑味付けは細やかで繊細、見た目も美しく食欲をそそる

ディープなカレー体験
アラジン・ブリック・レーン
Aladin Brick Lane

ショーディッチ〜イースト・エンド周辺 **MAP**付録P.11 E-4

カレー通りとして有名なブリック・レーンにある。チキン、ラム、エビ、野菜などご飯に合う濃厚な旨みを出すバングラデシュ風カレーが自慢。単品のほか、スターター、カレー、ナン、ライスがついたセットもある。

☎020-7247-8210 ⊖①Shoreditch High Street ショーディッチ・ハイ・ストリート駅から徒歩7分 ⌂132 Brick Lane, E1 6RU ⏰12:00〜23:30（月曜は〜23:00、金・土曜は〜24:00、日曜は〜22:30） 休無休 予算 Ⓛ£8〜 Ⓓ£20〜

↑お茶目なウェイターがサーブしてくれる

↑元気な色づかいの外観は、通りでも目立つ存在だ

手前からタンドーリ・キング・プロウン£17.95、ピラウ・ライス£3.25、チキン モドゥカーシュ£13.95、ハリヤリ・チキン・マサラ£11.95

試してみたいメニューが豊富
チャツネィズ・レストラン
Chutneys Restaurant

ロンドン近郊 **MAP**付録P.2 C-4

インドレストランとは思えない白とブラウンを基調としたアダルトな雰囲気の店。ココナッツミルクやフルーツを使ったエビ、仔羊のカレーや、タンドーリ料理、ピラフ感覚で食べられるビリヤニもおすすめ。

☎020-8540-9788 ⊖①Wimbledon ウィンブルドン駅から徒歩5分 ⌂31a Hartfield Rd, SW19 3SG ⏰12:00〜14:30、18:00〜24:00 休無休 予算 Ⓛ£12〜 Ⓓ£20〜

→インドではお祝いのときによく食べるというビリヤニ

↑夜は凝った照明が灯り、ムーディな雰囲気が漂う

エビを11種類のハーブとスパイスで煮込んだ、シャヒ・ジンガ£13.95

グルメ 06 インド料理6店

GOURMET 07 ETHNIC CUISINES

食通の移民も多いイギリスだからこその名店
問題なしの美味!エスニック6店

もともとイギリスは移民に寛容で、戦後は積極的に多様な移民を受け入れてきた。
移住してきた人々は故国特有の店を持ち、切磋琢磨し、エスニック料理は進化した。

ペルー料理
素材の味わいを楽しむ
パチャママ
Pachamama

ハイド・パーク周辺 **MAP** 付録P.13 F-1
色とりどりの地元産食材をふんだんに使い、モダンでヘルシーに仕上げたペルー料理が人気。カクテルも充実している。店内はビストロのようなカジュアルな雰囲気で、バーカウンターにテーブル席、ダイニングルームも。
☎020-7935-9393 ✕Ⓤ Bond Streetボンド・ストリート駅から徒歩5分 🏠18 Thayer St, W1U 3JY 🕐12:00〜15:00、18:00〜24:00 土曜12:00〜24:00 日曜12:00〜22:30 🚫無休

予算 🕛£35〜
     🌙£53〜

➡ 女性に人気のシャビーシックな店内。いろいろなコーナーがあり楽しい

£7
ポークベリー・チカロン
Pork Belly Chicharrones
ちょっと甘辛な豚肉が後を引く、日本人好みの味

クリスピー・ラム・ベリー・&ハラペーニョ、ミソ
Crispy Lamb Belly, jalapeno, miso
アボカドのペーストと一緒に食べるとコクうま
£7

スパイシーツナ・タルタル・トスターダ
Spicy tuna tartare tostada, rocoto sriracha, avocado, jalapeno
£7
マグロのタタキのパンケーキのせ、唐辛子使いが新鮮

スモークド・チェダー・テキーノ
Smoked Chedder Tequeos
カリッと揚げたチーズの春巻でお酒もすすむ
£5

キムチ・パタタス
Kimuchi Patatas
キムチとポテトがクリーミーなソースでまとまっている
£10.50

プロウン・トースト・スコッチエッグ
Prawn Toast Scotch Egg, Banana Ketchup, Pickled Cucumber
英国の名物料理をエスニックに解釈、定番人気メニュー
£7.20

タイガープロウン・モイレー
Tiger Prawn Mollee
エビの旨みたっぷり、レモンライスとの組み合わせが爽やか
£26.50

アフリカ・アジア料理
洗練されたフュージョン
ジコニ
Jikoni

ハイド・パーク周辺 **MAP** 付録P.13 E-1
多国籍なバックグラウンドを持つ有名インド系シェフが手がけるレストラン。ロンドンをベースに、東アフリカ、中東、アジアまでさまざまな要素を取り入れている。内装は家庭的で、ファブリック類もおしゃれ。
☎020-7034-1988 ✕Ⓤ Bond Streetボンド・ストリート駅から徒歩9分 🏠19-21 Blandford St, W1U 3DH W1U 3DG 🕐12:00〜15:00 17:30〜22:30、日曜11:00〜16:00 🚫月曜

予算 🕛£30〜
     🌙£50〜

➡ かわいいアフリカンプリントが躍る店内に気分も上がる

110

ギリシャ料理
フレンドリーで家庭的
ダフネ
Daphne Restaurant
大英博物館〜キングス・クロス周辺
MAP付録P.8 A-1

本場のギリシャ料理がリーズナブルに味わえるとあって人気。多種多様なスターターもいいが、一番のオススメはラム肉の炭火焼き。カムデン・タウンの裏路地にあり、こぢんまりとして隠れ家のような雰囲気も◎。

↑古い写真が飾られた、昔ながらの風情に浸る常連も多い

☎20-7267-7322
Camden Townカムデン・タウン駅から徒歩4分 ⌂83 Bayham St, NW1 0AG
⏰12:00〜14:30、17:30〜22:30 ㊡日曜、祝日

予算 L£30〜 / D£45〜

ムサカ
Moussaka
トレーで一気に焼かず、ひとつひとつ注文ごとに仕上げるのがうれしい
£13.75

アフェリア
Afelia
豚のワイン煮込み、シナモンとコリアンダーのスパイスが効いている
£12

ホリアティキ・サラダ
Horiatiki Salad
フェタチーズとキュウリ、トマト、オリーブのサラダ
£5

中国料理
おしゃれに飲茶タイム
ヤウアチャ
Yauatcha
ソーホー〜コヴェント・ガーデン周辺
MAP付録P.22 C-2

ロンドンでアジア系レストランを展開するアラン・ヤウの店。モダンにアレンジされた飲茶はランチだけでなく一日中利用可能とあって、2004年のオープン以来客足が途絶えたことがない。壁一面の水槽が幻想的だ。

↑大きな水槽が印象的なスタイリッシュな店内

☎020-7494-8888 Oxford Circusオックスフォード・サーカス駅から徒歩8分 ⌂15-17 Broadwick St, W1F 0DL ⏰12:00〜翌1:00(日曜は〜24:00) ㊡無休

予算 L£28〜 / D£35〜

枝豆とトリュフのダンプリング
Dumpling with beans & truffles
箸で中を開いた瞬間、濃厚なトリュフの匂いが香る

ロブスターと春雨鍋
Lobster vermicelli pot
近海で獲れたばかりのロブスターが炒めた春雨に乗って踊る
£54

ベトナム料理
在英ベトナム人にも人気
ミエン・タイ
Mien Tay
ショーディッチ〜イースト・エンド周辺
MAP付録P.11 D-2

ベトナム料理店が集中しているキングスランドRdで長く愛されている老舗。エビの生春巻や牛肉のフォーなどを筆頭に、野菜たっぷりでやさしい味付けの料理が豊富に揃う。気軽に楽しめる価格帯と雰囲気も魅力。

☎020-7739-3841 Hoxtonホクストン駅から徒歩3分 ⌂106-108 Kingsland Rd, E2 8DP ⏰12:00〜15:00、17:00〜23:00 土曜12:00〜23:00 日曜12:00〜22:30 ㊡無休

フレッシュロール(エビとポーク)
Fresh Rolls Prawn&Pork
新鮮なシャキシャキ野菜が食感もよく、さわやか
£5.50

→バンブー使いがアジアンテイストの店内

予算 L£15〜 / D£20〜

トラディショナル・クリスピー・パンケーキ(チキン)
Traditional Crispy Pancake with Chicken, Beansprouts&Onion
バインセオと呼ばれるベトナムの代表的料理。カリッカリの皮に野菜たっぷり
£9.90

中東系料理
モダンロンドンの到達点
オットレンギ・ノピ
Ottolenghi Nopi
ソーホー〜コヴェント・ガーデン周辺
MAP付録P.22 B-2

オーナーシェフの出身地・イスラエルのレシピを源流として、中東、地中海、アジアとさまざまな地域をクロスオーバー。スパイスやハーブを効かせ、自由な発想で作り上げるフュージョン料理が評判を呼んでいる。

☎020-7494-9584 Piccadilly Circusピカデリー・サーカス駅から徒歩5分 ⌂21-22 Warwick St, W1B 5NE ⏰8:00〜15:00、17:30〜22:30 金曜8:00〜22:30 土曜10:00〜22:30 日曜10:00〜16:00 ㊡無休

予算 L£30〜 / D£45〜

↑キッチンが垣間見られるリラックスした雰囲気

ひな鳥の二度焼き
Whole twice-cooked baby chicken, lemon myrtle salt, chilli sauce
香ばしく焼き上げたまるごとのひな鳥に、レモンマートルソルトとチリソースを添えて
£26

シャクシューカ
Shakshuka
イスラエル版目玉焼き。スパイスの効いた半熟卵をパンにつけていただく
£12.10

グルメ 07 エスニック6店

111

GOURMET 08 SWEETS
スイーツ

紅茶大国イギリスだからスイーツだって最高!
「映える」保証付きのスイーツ**9**店

イギリス人は昔から食事については口を閉ざすが、スイーツだけはとやかく言わせないのだそうだ。たしかに、おいしい。牛乳やバターやクリームがおいしいから当然といえば当然なのだ。

パステルと花の世界に浸る
ペギー・ポーション
Peggy Porschen
ケンジントン〜チェルシー周辺
MAP 付録P.18 C-3

フォトジェニックさで際立つチェルシーのカップケーキ・カフェ。季節ごとに変わるディスプレイも必見。ケイト・モスなどセレブリティたちのお気に入りというのも納得だ。

☎ 020-7730-1316 ⊗Ⓤ Sloane Square スローン・スクエア駅から徒歩15分 ⌂ 219 King's Rd, SW3 5EJ ⊙ 8:00〜20:00 休 無休

⬆ ショッピングストリート、キングスRdに位置し、買い物の合間の休憩にも

ブラックベリーのカップケーキ
➡ 色鮮やかなフルーツ・ベースはいつも人気のフレーバー
£4.95

塩キャラメル・カップケーキ
➡ 人気の塩キャラメル味にトフィーポップコーンをトッピング
£4.95

➡ おとぎ話から飛び出してきたようなキュートさ(上)。お祝いに人気の華やかなホールケーキも。店内ではスライスで注文も(下)

ブラックベリーのカップケーキがピンクの店内に映える

通りにディスプレイされた花の自転車が目印

独創的なエクレアが並ぶ
メートル・シュー
Maître Choux
ケンジントン〜チェルシー周辺
MAP 付録P.18 C-2

パステルカラーを基調としたフローラルな店内は女性に人気。ミシュラン3ツ星レストラン出身のパティシエが作るエクレアは、繊細なビジュアルと味付けで評判。食事感覚で食べられるセイボリーエクレアといった日本では珍しいものも。

☎ 020-3583-4561 ⓤSouth Kensingtonサウス・ケンジントン駅から徒歩2分 ⓜ15 Harrington Rd, SW7 3ES 営8:00(土・日曜10:00)〜20:00 休無休

RED LOVE – ラズベリー・マカロン・エクレア
→ラズベリーの赤が鮮やか £5.80

£5.80

パリブレスト・エクレア
サクサク感がたまらないパリブレスト

ペルシアン・ピスタチオ・エクレア
→ピスタチオの風味が口に広がる £5.20

£5.00

スモークサーモン、ゆず、クリームチーズ、アボカド
→サーモンやアボカドなど新しいタイプのエクレアも試してみたい

カラフルなエクレアがずらりと並ぶ

オススメを教えてくれるフランス人の店員・サラさん

グルメ

08 スイーツ9店

↑ウインドーから見えるカラフルなエクレアに足を止める人も

アフタヌーンティーも好評
カッター&スクイッジ
Cutter & Squidge
ソーホー〜コヴェント・ガーデン周辺
MAP 付録P.22 C-2

ケーキとビスケットの間のような生地に、クリームを挟んだビスキーが看板商品。健康的なスイーツを目指し、バターや砂糖は必要最低限に。上品な甘さで日本人の口にも合う。

☎ 020-7734-2540 ⓤPiccadilly Circusピカデリー・サーカス駅から徒歩5分 ⓜ20 Brewer St, W1F 0SJ 営10:30(土・日曜11:00)〜20:30 休無休

カラフルで豪華、心躍るビスキーをお茶のお供に

ラズベリーアイスティー
→甘くないので飲みやすく、ビスキーと相性がいい £4

ストロベリー&クリーム
→イチゴのさっぱり感とリッチなクリームが最高の組み合わせ £4.30

クラシックス・モア
→見た目はボリューム満点だが、中はマシュマロなのでペロリといける £4.70

↑ソーホーの街歩きに疲れたらひと休み

↑オレンジをアクセントにしたポップな店内

GOURMET 08 SWEETS

カップケーキ人気の立役者
ザ・ハミング・バード・ベーカリー
The Hummingbird Bakery

ソーホー〜コヴェント・ガーデン周辺 **MAP**付録P.22 C-1

ノッティン・ヒル発のベーカリーで、職人たちが手作りした防腐剤不使用のカップケーキはどれもキュートな見た目。虹色の生地が重なったレインボーケーキも人気だ。イートインの場合は£5.95。

☎020-7851-1795 ❙Ⓤ Tottenham Court Road トッテナム・コート・ロード駅から徒歩7分 ㊧ 155a Wardour St, W1F 8WG ⓢ 9:30(土曜10:00)〜20:00 日曜10:00〜19:00 ㊡無休

£6.60

レインボーケーキ
⬆ 七色スイーツ・ブームの元祖。楽しいアイデアに脱帽さ

£3.55

バニラカップケーキ
➡ パステルカラーが人気のバニラ味は同店の定番メニュー。イートインの場合は£2.95

特製ボックスに入れてくれるので、持ち帰りも安心

£3.55

レッドベルベットカップケーキ
⬆ ココア生地に真っ白のフロスティングが映える。イートインは£2.95

⬆ 通りからも目を引く美しいケーキのディスプレイ。おみやげ用のエプロンやカトラリーも販売

連日行列ができる人気デリ
オットレンギ
Ottolenghi

ハイド・パーク周辺 **MAP**付録P.4 A-2

中東や地中海料理のエッセンスを取り入れた野菜たっぷりのデリ料理が人気だが、スイーツも評判。スコーンやタルトなど、イギリスらしい焼き菓子が10種類ほど並ぶ。

☎020-7727-1121 ❙Ⓤ Notting Hill Gate ノッティン・ヒル・ゲート駅から徒歩10分 ㊧ 63 Ledbury Rd, W11 2AD ⓢ 8:00〜20:00(土曜は〜19:00) 日曜8:30〜18:00 ㊡無休 💳

⬆ 野菜が中心のちょっとスパイシーな総菜で超人気店となっているが、実はスイーツも大人気！

⬆ ラズベリーのメレンゲは口の中でたちまちとろける

真っ白な内装の店内にカラフルな総菜や焼き菓子が華やかに並ぶ

上品なティータイムを
ビーズ・オブ・ブルームズベリ(マリルボーン店)
Bea's of Bloomsbury

リージェンツ・パーク周辺 **MAP**付録P.7 F-4

人気レシピ・ブックで知られるティーサロン。大甘のカップケーキも、ここでは上品なバタークリームをあしらい大人の味に。アフタヌーンティーも楽しめる。

☎207-486-9669 ❙Ⓤ Baker Street ベイカー・ストリート駅から徒歩7分 ㊧ 27A Devonshire St, W1G 6PN ⓢ 8:30(土曜9:30)〜18:00 日曜9:30〜17:00 ㊡無休 💳

ラズベリー＆ココア・カップケーキ
➡ フルーツとココアの組み合わせは英国人のお気に入り

£3.50

£3.80

キャロットケーキ
⬆ 定番クリームチーズアイシングの代わりにバタークリームを使用。甘さ控えめの大人の味。£3.80

おしゃれな買い物通りマリルボーン。ハイStからすぐの便利な立地

⬆ ブルーのロゴとひさしが目印。アフタヌーンティーは£30〜

114

絶対に喜ばれるロンドンみやげ
ビスケッティアーズ・ブティック&アイシング・カフェ
Biscuiteers Boutique and Icing Cafe

ハイド・パーク周辺 **MAP**付録P.4 A-2

カラフルなアイシング・ビスケットの店。季節ごとに新しいコレクションが発表されるほか、ロンドンらしいモチーフの定番シリーズもディスプレイ。メッセージ入れも可能だ。マカロンやブラウニーなどのスイーツもあり、カフェを併設している。

☎020-7727-8096 ❖Ⓤ Ladbroke Grove ラドブローク・グローヴ駅から徒歩6分 ⌂194 Kensington Park Rd, W11 2ES ⏰10:00〜18:00(日曜は〜17:00) 休無休

↑定番ビスケットは1枚£4〜。個別包装されておりおみやげに最適

ユニコーン
→大ブレイクした綿あめソフトは味やトッピングをお好みで選んで

£7

かわいさ抜群「わたあめソフト」
ミルク・トレイン
Milk Train

ソーホー〜コヴェント・ガーデン周辺
MAP付録P.15 D-2

£5

ロンドン交通博物館の裏手にあるキュートなソフトクリームで人気のスイーツ店。雲のようなわたあめをあしらったデコレーションに心奪われる。ソフトクリームのみで£4から。トッピングによって料金が変わる。

☎なし ❖Ⓤ Covent Garden コヴェント・ガーデン駅から徒歩4分 ⌂12 Tavistock St, Covent Garden, WC2E 7PH ⏰13:00〜21:00(金・土曜は〜22:00、日曜は〜20:00) 休月曜

↑チョコ&オレオ
→チョコ×ココアの組み合わせで街歩きの疲れも吹き飛ぶ

ディナー後、デザートに立ち寄るのもおすすめ

グルメ

08 スイーツ9店

創業1875年の老舗
シャボネル・エ・ウォーカー
Charbonnel et Walker

ソーホー〜コヴェント・ガーデン周辺

MAP付録P.22 B-3

英国王室御用達のチョコレート店で、エリザベス女王もこの店がお気に入りなのだとか。一番人気はピンクシャンパンを使ったトリュフチョコ。パステル調のパッケージも魅力だ。

☎020-7318-2075 ❖Ⓤ Green Park グリーン・パーク駅から徒歩5分 ⌂28 Old Bond St, W1S 4BT ⏰9:30〜18:30 日曜12:00〜17:00 休無休

↑大きなウインドーから、かわいらしく飾られた店内をのぞくことができる

£35

ユニオン・フラッグ・チョコレート・セレクション
↑ユニオンジャック柄が目立つ、さまざまな味が楽しめるセレクションボックス

カラフルなボックスが並ぶ店内。お願いするとかわいくラッピングしてくれる

£15 £15

トリュフ
→看板商品のトリュフボックス。一番人気はピンクのパッケージのシャンパン・トリュフ

£15

ミニ・ハート
→女性に喜ばれるミニハートシリーズ

各£7

115

GOURMET 09	CAFE

カフェ

紅茶よりコーヒーが飲みたくなる人も多いでしょ

おしゃれなカフェ 6

実はイギリスで17〜18世紀ごろ好まれていたのは、紅茶よりコーヒーだったらしい。今もカフェは英国内で2000店あるという。チェーン店もあり、本格派も増えている。

芸術品に囲まれてティータイム

V&Aカフェ
The V&A Café
ケンジントン〜チェルシー周辺 MAP 付録P.18 C-1

世界初のミュージアムカフェとして知られるヴィクトリア&アルバート博物館のカフェ。1868年オープンのモリス・ルームやギャンブル・ルームでは大英帝国時代の栄華を感じて。

☎020-7581-2159 ❖Ⓤ South Kensingtonサウス・ケンジントン駅から徒歩5分 Victoria and Albert Museum, Cromwell Rd,SW7 2RL ⏰10:00〜17:10(金曜は〜21:15) 無休

豪華壮麗なギャンブル・ルームはジェームズ・ギャンブルによるもの

↑ケーキのほかにサンドイッチ、サラダなどフードの種類も豊富

↑キャロットとピスタチオのケーキ £4.65

↑ベーシックな焼き菓子は根強い人気

バーバリーカフェで優雅に過ごす

トーマスズ・カフェ
Thomas's Café
ソーホー〜コヴェント・ガーデン周辺 MAP 付録P.22 B-3

人気ブランドのリージェントSt旗艦店内にあり、創業者の名前を冠したカフェ。2015年にオープン。バーバリーの世界観を感じながら、上質なお茶の時間が楽しめる。

☎020-3159-1410 ❖Ⓤ Piccadilly Circusピカデリー・サーカス駅から徒歩5分 5 Vigo St, W1S 3HA ⏰8:00(土曜9:00)〜21:00 日曜11:30〜18:00 無休

↓入口は表通りから一本脇に入った道にある。店内からもアクセス可

大きな窓から光が差し込み、高級感あふれるスタイリッシュな店内

↑スモーク・サーモン&スクランブルエッグ £13は人気の朝食メニュー

↑サワーチェリー・ピスタチオ・ケーキ £7

→英国紳士なジェネラル・マネージャーのポール・スティーヴン氏

植物園でいただくアフタヌーンティー
ザ・ボタニカル
The Botanical
ロンドン近郊 MAP 付録P2 A-3

世界遺産の王立植物園キューガーデンにある。レストランだがアフタヌーンティーが楽しめるためにカフェとして紹介。窓から温室のパームハウスが見える絶好のロケーション。
☎020-8332-5655 ◉Kew Gardensキュー・ガーデンズ駅から徒歩8分 ⌂Kew Gardens, Kew, Richmond, TW9 3AE ⏰10:00〜14:30（アフタヌーンティー13:00〜14:30）休無休

フィンガーサンドイッチ、スコーン、ミニ・ティーケーキで1人£34

↑ヴィクトリア・ゲート近くにあって便利

↑植物標本や図表などが展示されている

都会のオアシスにある公園カフェ
セント・ジェイムズ・カフェ
St James's Cafe
バッキンガム宮殿〜ウエストミンスター寺院 MAP 付録P14 C-4

バッキンガム宮殿にも近い王立公園のセント・ジェームズ・パーク内にあるカフェ。窓から見える緑の木々や池の噴水に心が癒やされる。公園散策の途中に立ち寄ってみたい。
☎020-7839-1149 ◉Charing Crossチャリング・クロス駅から徒歩5分 ⌂St James's Park, SW1A 2BJ ⏰8:00〜19:00（冬季は〜17:00）休無休

広々とした店内だがランチどきは満席になることも多い

↑屋外で食事することもできる

←チェリーとアーモンドのペストリー£3
←キャロット・ケーキ£4.50はイギリス人が大好きなスイーツ

伝説のドーナツが食べられる！
ブレッド・アヘッド
Bread Ahead
ソーホー〜コヴェント・ガーデン周辺 MAP 付録P22 B-2

人気レストラン「セント・ジョン」のパティシエだったジャスティン・ジェラトリーが考案したクリーム入りドーナツが絶品。カスタードや塩キャラメル風味も。
☎020-7403-5444（問い合わせ）◉①Piccadilly Circusピカデリー・サーカス駅から徒歩6分 ⌂21 Beak St, W1F 9RR ⏰8:30（土曜9:30）〜20:00 日曜10:30〜19:00 休無休

←ペパーミントグリーンの壁に囲まれた爽やかな店内

↑サンドイッチや各種ブレッド、フルーツサラダも充実

←バラ・マーケットの屋台で大人気になった塩キャラメル・クリーム・ドーナッツ£3.60

地元民にもファンが多い和風カフェ
和カフェ
Wa Café
ソーホー〜コヴェント・ガーデン周辺 MAP 付録P23 F-3

ロンドン西部で在英日本人や地元イギリス人に評判のカフェがウエスト・エンドに進出。日本人パティシエによる和テイストを取り入れたケーキや惣菜パン、抹茶ドリンクが人気。
☎020-7240-5567 ◉Covent Gardenコヴェント・ガーデン駅から徒歩5分 ⌂5 New Row, WC2N 4LH ⏰11:00〜20:00 休無休

イギリスでは抹茶が大ブーム。抹茶ロール£5.20

↑ディテールまでこだわるケーキの数々に目移りしそう

焼きたてのパンがお昼ごろから棚に並ぶ。あんパン£3.20

グルメ 09 カフェ6店

GOURMET 10 SANDWICHES

> サンドイッチはランチの定番メニューなのだ!

多種多彩のサンドイッチ 4 店

周知のように、サンドイッチは、18世紀にパンに具を挟んで食べた伯爵の名前だという。ロンドンで食べるのは格別というもの。さすがに元祖は種類が多くていろいろある。

ひと息つける隠れ家的スペース

A ランデンウィック
Lundenwic

ソーホー〜コヴェント・ガーデン周辺
MAP 付録P.15 D-2

ミニマルなインテリアが居心地のよい空間をつくり出している小さなカフェ。香ばしく焼き上げたトースティを目当てに訪れる人が多い。

☎なし ⊖Covent Garden コヴェント・ガーデン駅から徒歩7分 ⌂45 Aldwych, WC2B 4DW ⏰7:00〜19:00 土・日曜10:00〜16:00 無休 ※支払いはカードのみ

↑小さめの店内だが、地下にも少し座れるスペースがある

コンビニ感覚で利用できる

B プレタマンジェ
Pret A Manger

ソーホー〜コヴェント・ガーデン周辺
MAP 付録P.23 E-2

英国内に多数あるチェーン店。店舗内にあるキッチンでその日に作られたサンドイッチを販売しているため商品はどれもフレッシュ。

☎020-7932-5213 ⊖Leicester Square レスター・スクエア駅から徒歩1分 ⌂77-78 St Martin's Lane, WC2N 4AA ⏰5:30(日曜6:00)〜23:00 無休

↑各地にあるほかの店舗と比べてイートインスペースが広いのが特徴

A オープンサンド
ブラータチーズ、ラナービーンズ、ピーチ、ヘーゼルナッツのオープンサンド £8.95

A トースティ
チェダーチーズ、チリジャム、キャベツのトースティ £5.95

C ブリオッシュサンドイッチ
スモークしたターキーとパストラミが贅沢に入った逸品 £11

£9

オニオンジャムと特製ソースが隠し味 £7

D サンドイッチ
スモークド・ターキーサンドイッチ(テイクアウトは£6)

B バゲットサンドイッチ
ウィルトシャーキュアドハム&グレーヴェチーズ(テイクアウトは£3.25) £3.90

B サンドイッチ
チキン、アボカド&バジルのサンドイッチ(テイクアウトは£3.49) £4.20

D ルーベンサンドイッチ
ソルトビーフのルーベンサンドイッチは一番人気の品

D ホットドッグ
ビーフソーセージに好きなトッピング2種を選べる £7.50

£10.50

ローカルの人々の憩いの場

C トレード
Trade

ショーディッチ〜イースト・エンド周辺
MAP 付録P.17 E-1

近隣のオフィスで働く人や地元の人々で混み合うカフェ。ランチタイムに販売される通常メニューにない日替わりサンドイッチも人気。

☎020-3490-1880 ⊖Aldgate East オールドゲート・イースト駅から徒歩4分 ⌂47 Commercial St, Spitalfields, E1 6BD ⏰7:30(土・日曜9:00)〜17:00 無休

↑屋外にもテーブルがあるので、晴れた日は外でくつろぐのもおすすめ

ルーベンサンドで有名な店

D モンティーズ・デリ
Monty's Deli

ソーホー〜コヴェント・ガーデン周辺
MAP 付録P.23 F-1

ユダヤ系のフードを提供する人気店。ソルトビーフやパストラミはもちろん、パンやマスタードにいたるまでオリジナルの味を追求している。

☎なし ⊖Covent Garden コヴェント・ガーデン駅から徒歩3分 ⌂Seven Dials Market, Earlham St, WC2H 9LX ⏰11:00(土・日曜12:00)〜21:30 無休 ※支払いはカードのみ

↑多数の飲食店があるフードホールにありイートインスペースも広い

ブリティッシュなプライドに満ちたモノたち

ショッピング
Let's go find your treasure

一生の宝物を見つけよう

雑貨もあり小物もあり、かわいくて、
若い女性ならば抱きしめたくなるようなモノも多い。
マーケットなどでは、かわいい食器についつい手が出る。
しかし概して、イギリスのショップに醸されるのは
品位や品格とでも称される香りではなかろうか。
王室の気高い空気がそこかしこを覆っているような
代々受け継がれてきたブリティッシュ気質が
ウインドーを飾るモノたちを支えている。
あくまでもスタイリッシュな、品質と格式。
でしゃばらない大人の優しさ。
ちょっと背筋を伸ばして品定めをしよう。

Contents

おしゃれなロンドンで見つけた
話題のショップ 5店 ▶P.122

ロイヤルワラント を授与された
誇り高きショップ4店 ▶P.126

キャサリン妃お気に入りブランド
▶P.129

アンティークから雑貨まで
マーケット 5店 ▶P.130

美しきロンドンの
デパート 4店 ▶P.134

ブリティッシュ・
モダンブランド 5店 ▶P.136

英国テーラーの聖地 サヴィル・ロウ
▶P.137

模様が素敵
インテリア&雑貨 6店 ▶P.138

ロンドンならではの
書店 3店 ▶P.140

ビューティ & 香水
ブランド 3店 ▶P.141

紅茶 & コーヒー 3店 ▶P.142

ハイブランド・
ヴィンテージ 3店 ▶P.143

バラマキみやげに利用したい!
スーパーマーケット 5店 ▶P.144

SHOPPING WHERE TO BUY IN LONDON

旅の思い出を手に入れる 欲しいものであふれるロンドン!

伝統的で上質な王室御用達やブランド品にポップな雑貨など、憧れの品を自分に買うのもトレンドなおみやげとして買うのも◎。庶民的なマーケットではロンドナー気分で買い物しよう。

基本情報

休みはいつ？営業時間は？

老舗デパートやブランド店の営業時間は、月〜土曜日10〜20時または〜21時。日曜、祝日は不定休が多く、日曜11時30分にオープンという店舗もある。

暗証番号(PIN)の確認を！

キャッシュレス化が進む英国ではクレジット決済がほとんど。会計のたびに必ずPINコードの入力を求められる。PINコードとはクレジットカードを申し込む際に設定した4桁の暗証番号のこと。カード（クレジット、デビット、トラベルプリペイド）はICチップ搭載が必須。決済端末機で3回以上番号を間違えるとロックになるので注意！もし忘れた場合は出国前にカード会社で確認を。自宅に番号通知書類が送られるシステムなので旅行の2週間前には連絡しよう。（カード会社によってはネット会員ページから確認可能）

買い物時はパスポートを携帯！

旅行者には免税制度があり、免税書類（フォーム）を発行してもらうために支払い時にパスポートは必須。18歳以上が飲酒可能だが、25歳以下に見られがちな人は、スーパーなどでお酒の購入時に年齢確認に提示を求められることも。

お得情報

バーゲンの時期は？

夏と冬の年に2回、大きなセールの期間がある。夏は6月中旬〜7月中旬までと、冬はクリスマス明けの12月26日ごろ〜1月中旬まで。デパートは朝7〜8時にオープンし、マーケットもセールになる。

免税手続きも怠りなく

商品には20%のVAT（付加価値税）がついており、TAX FREEの加盟店で買い物をして申請すれば、空港の税関で手数料を差し引いた最高17%の還付が受け取れる。▶P183

エコバッグは必需品？

レジ袋は基本的に有料（1〜5ペンス）なので、携帯していると便利。お店オリジナルのエコバッグなどもあり、おみやげにしてもいい。

イギリス発祥のお店

バーバリー

バーバリーチェックで知られるトレンチコートなどアパレルから小物まで多彩に展開。

マッキントッシュ

布地の裏に世界初の防水布ゴムシートを貼り付けてできた定番のレインコートが有名。

ポール・スミス

モダンなストライプ柄で有名。デヴィッド・ボウイやダイアナ元妃など著名人の愛用者多数。

ヴィヴィアン・ウエストウッド

王冠と地球をモチーフにしたロゴで、パンクの女王と呼ばれたアバンギャルドなブランド。

マーガレット・ハウエル

伝統的なハンドメイドの美学を貫く、英国王室御用達の高級革靴ブランドの老舗。

サイズ換算表

服(レディス)		服(メンズ)		靴(レディス・メンズ)	
日本	イギリス	日本	イギリス	日本	イギリス
5	XS	6	—	—	22	2・—
7	S	8	S	34	22.5	2.5・—
9	M	10	M	36	23	3・—
11	L	12	L	38	23.5	3.5・4.5
13	LL	14	LL	40	24	4・5
15	3L	16	3L	42	24.5	4.5・5.5
					25	5・6

パンツ(レディス)		パンツ(メンズ)			
日本(cm)	イギリス	日本(cm)	イギリス	25.5	5.5・6.5
58-61	23	68-71	27	26	6・7
61-64	24	71-76	28-29	26.5	6.5・7.5
64-67	25	76-84	30-31	27	7・8
67-70	26-27	84-94	32-33	27.5	7.5・8.5
70-73	28-29	94-104	34-35	28	8・9
73-	30	—	—	28.5	—・9.5
				29	—・10

おすすめのロンドンみやげ

王室公式ロイヤルギフトに、紅茶にお菓子にロンドン発祥ファッションブランドなど、ハイセンスなおみやげがたくさん。老舗デパートや博物館、美術館などのスペシャルアイテムもおすすめ。

王室御用達
ロイヤルワラントと呼ばれ英国王室の紋章が目印。高級品からお菓子や雑貨などスーパーで買える手ごろな品もある。

リバティプリント
生地からバッグにインテリア雑貨に食器まで可愛い小花柄やポップなプリントアイテムは世界中の女性に大人気。

紅茶
老舗はもちろんスーパーの紅茶もブランドや種類が豊富。英国らしいデザインやラッピングのものがおすすめ。

アンティーク
食器にレースにジュエリーに家具。アンティークマーケットではありとあらゆるアイテムが揃うのが魅力。

ショッピングのマナー

まずは挨拶を
日本では「いらっしゃいませ」と店員に言われても無言で入店するとか、軽い会釈だけというのは英国では通じない。お店に入ったら、まずはHiやHelloと口に出して挨拶を。お店を出るときはThank youとひと言声をかけたい。

商品には勝手にさわらない
日本人的な感覚でとにかく商品を手に取って　確認したくなるかもしれないが、勝手に棚から出したり、むやみに商品にさわらないのがマナー。気に入ったものが見つかったら店員にお願いしよう。
　Can I pick it up?／Can I hold it?
　手に取ってもいいですか？
　Would you show me that?
　あれを見せてもらえますか？

ショッピング

欲しいものであふれるロンドン！

ロンドンのショッピングエリア

日本未上陸のブランド商品などお目当ての店にポイントを絞ったり、自分好みの街を歩きながらウィンドーショッピングをするのも楽しいもの。下記のストリートのほか、メルボルン・ハイ Stやショーディッチなどにも注目したい。

ファストファッションのメッカ
オックスフォード St .... Oxford Street

セルフリッジズなどの4つの大型デパートにユニクロやH&Mの旗艦店やブランドショップ、レストラン、カフェなど約400店が集まる。観光客に人気の通りでおみやげ店も多い。

華やかな高級ショッピング街
リージェント St .... Regent Street

大きな弧を描くエレガントな通りに、リバティやバーバリー、アクアスキュータムなど英国を代表する有名ブランド店がある。クリスマスシーズンの壮麗なライトアップが有名。

有名ブランド店が集結する
ボンド St .... Bond Street

ルイ・ヴィトン、シャネル、グッチ、ティファニー、ブルガリをはじめ、世界の高級有名ブランド店が軒を連ねる。オールド・ボンドStとニュー・ボンドStからなる。

セレブ街のブランド通り
スローン St .... Slorne Street

ハロッズや最先端ファッションを扱うハーヴィー・ニコルズなどの高級百貨店を中心にした、ボンドStに次ぐ高級ブランド街。高級車で乗りつけて買い物をするセレブの姿も。

©iStock.com/tupungato

SHOPPING 01　5 POPULAR SHOPS IN LONDON

ロンドンで注目の買い物スポットはここ

おしゃれなロンドンで見つけた
話題のショップ 5 店

コスモポリタンなロンドンで
自由なスタイルを楽しむための
個性的なブランドが集合。

↑スタッフがセットアップなどのアドバイスをしてくれる

遊び心のあるワークウェア
エル・エフ・マーキー
L.F.Markey

ショーディッチ・イースト・エンド周辺 MAP 付録P.5 E-1

バーバリーの元デザイナーだったルイズ・マーキーが立ち上げたブランド。カットやカラー、素材にこだわったモードで上質なワークウェアを展開。大ヒットのジャンプスーツやショルダーフリル、ミディドレスなど普段の生活が楽しくなるアイテムが豊富に揃う。服に合わせた靴やバッグ、小物も充実。

☎020-3862-5391 ✈Ⓤ Dalston Junction ドールストン・ジャンクション駅から徒歩5分
📍58 Dalston Lane, E8 3AH ⏰11:00〜18:00 日曜12:00〜17:00 休無休

↑若きクリエイターたちが集まる東ロンドンのドールストンに出店

↓天井の高い店内に、オリジナル製品のほかに、ルイズが厳選したセレクト小物が並ぶ

↓ヒット商品のジャンプスーツは赤や紺など色違いも
£160

ヴィヴィッドなカジュアルシューズで足元をきめて

↑ポケット付きトートバッグ
£50

↑色づかいの素敵なポーチ

↑ショートパンツ。おそろいのTシャツと合わせたい
£14

122

1920年代の石炭倉庫をリノベートした店内

01 おしゃれなロンドンで見つけた話題のショップ5店

ショッピング

ロンドン発デニムファクトリー
ブラックホース・レーン・アトリエ
Blackhorse Lane Ateliers

大英博物館〜キングス・クロス周辺 MAP 付録P.8 C-1

ロンドンで唯一、ジーンズを自社で縫製している。オーガニック素材や環境にやさしい製法にこだわる。ロンドンのポストコードE8やNW1などエリアごとのライフスタイルに合わせたジーンズを提案。

☎ 020-3746-8303 交 Ⓤ King's Cross St Pancrasキングス・クロス／セント・パンクラス駅から徒歩8分 所 Unit 32, Lower Stable St, Coal Drops Yard, N1C 4DQ 営 11:00〜19:00 日曜12:00〜18:00 休 無休

⬆クオリティの高い縫製技術や扱うデニムについて説明してくれるスタッフ

⬆爽やかな風合いにファンが多いブルージーン・シャツ

⬆トルコや日本、イタリアなど各国から取り寄せたセルビッジ・デニムがずらり

⬆2018年にキングス・クロス駅近くにオープンしたショッピングモール、コール・ドロップス・ヤード内にある

⬆ファクトリーのロゴ入り、トルコ産の生地を使用したジーンズ £140

⬆ソーホー・セルビッジ生地を使用した人気のエプロン £70を試着中のロンドン・ガール

⬆ブロードウェイ・キャンバスのトートバッグ £265

123

SHOPPING 01　5 POPULAR SHOPS IN LONDON

ナイツブリッジの隠れおしゃれブランド
エッグ
Egg

ケンジントン〜チェルシー周辺
MAP 付録P.13 E-4

イッセイ・ミヤケとともに働いていたデザイナーのモーリーン・ドハーティのショップ。真っ白な空間に、シンプルでポエティックなデザインのドレスやコート、ジュエリー、セレクト製品がちりばめられている。

☎ 020-7235-9315　⊗ Knightsbridge ナイツブリッジ駅から徒歩7分　所 36 Kinnerton St, SW1X 8ES　営 10:00〜18:00　休 日曜

⇦元は牛乳屋だったところを改装したブティック

⇦2階にはオフホワイトや黒のボリューム感のあるコートやドレスを展示

⇨ブランドコンセプトを熟知したスタッフ

⇦ドレスやシャツと重ね着したいエアリーなコート £700

⇨Aラインのロマンティックなトップ £300

⇨オーストラリアブランドのシープスキンのシューズ £250

⇦パーティに映えるポーチ £120

⇧イエローのボタン付きドレス £900

ショーディッチの気鋭デザイナー
ヴィンティ・アンドリュース
Vinti Andrews

ショーディッチ〜イースト・エンド周辺
MAP 付録P.11 E-3

セント・マーチン出身のヴィンティ・タンとポール・アンドリュースが手がける。ユニークでグラフィックなデザインと古着のリメイクワークで独自のスタイルを作っている。2人がセレクトする商品も好評。

☎ なし　⊗ Shoreditch High Street ショーディッチ・ハイ・ストリート駅から徒歩4分　所 83 Redchurch St, E2 7DJ　営 11:00〜19:00　休 火曜

⇧ヴィヴィアン・ウエストウッドのコレクションに参加した経験もあるデザイナーのヴィンティさんがお出迎えしてくれることも

⇦60年代を意識したネオンカラーのフェイクファーコート £565

⇨ハートモチーフのブラウス £125

⇦さらっと羽織りたいチェックのナイロンジャケット £189

⇦モードなチェーン・ミニバッグ £38

⇩ダイナミックなプリントTシャツ £78

⇩透け感のあるグラフィティなTシャツ £189

124

ショッピング

新作から定番、アーカイブまで幅広いラインナップ

↑ミニトランクやスリムアタッシュケース、エアキャビンケース、トロリーケースなどサイズも豊富

↑スタッフがカラーやパーツオーダーなどの相談にのってくれる

01 おしゃれなロンドンで見つけた話題のショップ5店

旅のシーンを彩るトラベルケース
グローブ・トロッター
Globe-Trotter

ソーホー〜コヴェント・ガーデン周辺
MAP 付録P.22 A-3

1897年の創業以来、チャーチル元首相やエリザベス女王、ミスター007のダニエル・クレイグ、ケイト・モスなど世界のセレブが愛用。熟練した職人の手仕事と軽量で堅牢、美しいデザインが人気の秘密。特殊な紙素材、ヴァルカン・ファイバーを使用したトラベルケースやミニトランクなどが揃う。2階にはアーカイブ製品が陳列。

☎020-7529-5950 ✈ Ⓤ Green Park
グリーン・パーク駅から徒歩5分 35 Albemarle St, W1S 4JD ⏰10:00〜18:00
休日曜 💳

↑コレクションに合わせたポップなショーウインドー

↑ライラック色の爽やかなミニ・トランク £735

→ポール・スミスとコラボしたトロリーケースも遊び心のあるデザイン £1830

↑インフライトできるトロリーケースは、ハンドルだけ赤など色違いのレザーに替えることも可能 £1255

↑→フラップオーバーパースとコンパクトウォレット £380 / £235

125

SHOPPING 02　ROYAL WARRANT

英国王室御用達の名品を探す

ロイヤルワラントを授与された誇り高きショップ **4** 店

英国女王、エディンバラ大公、ウェールズ公に認められた栄誉あるブランドを巡る。

290年の歴史が刻みこまれた重厚な店内

↑創業当時から同じ場所に存続するフローリス本店

↑別室には創業者フローリスの肖像画や名香、注文台帳などが展示されている(左)。フローリス家に代々継承されてきた貴重な香りの数々が陳列されている(右)

フレグランスの最高峰
フローリス
Floris

ソーホー〜コヴェント・ガーデン周辺 **MAP**付録P.22 C-4

1730年に、地中海のメノルカ島出身のジュアン・ファメニアス・フローリスが創業。上質な香料を使用した気品ある香水や石鹸を作り、フレグランスブランドを確立。ジョージ4世やエリザベス2世女王、チャールズ皇太子らに愛用される。ブーケ ドゥ・ラ・レーヌやホワイトローズ、ネロリボヤージュ、シプレなどの名香に出合える。

☎020-7930-2885 Ⓜ Piccadilly Circus ピカデリー・サーカス駅から徒歩6分 89 Jermyn St, St James's, SW1Y 6JH 9:30〜18:30(木曜は〜19:00) 日曜11:30〜17:30 無休

↑ビスポークルーム。代々受け継がれてきた香調をもとに、熟練のハウスパフューマーのアドバイスを受けながらオーダーできる

£80　£120

→潮風を感じるマリンノートに、ネロリやレモンが香るオードパフューム、ネロリボヤージュ

↑ヴィクトリア女王やナイチンゲールも魅了された可憐なバラの香り、オードトワレ ホワイトローズ

£120

→フローリスが日本女性の美しさを称えて創作したフェミニンな春の香り、オードパフューム チェリーブロッサム

各£18

→保湿成分が配合されたハンドトリートメントクリーム。左からローザ・センティフォリア、セフィーロ、シプレの香り

⤴バースデープレゼントに贈りたいエナメルボックス £350

⤴ハチのモチーフがラブリーなブレスレット 各£150

⤴ 繊密なエナメル彩色が施された工芸品はコレクターがいるほどの人気ぶり

クラフトマンシップが光るエナメル工芸
ハルシオン・デイズ
Halcyon Days
シティ〜ロンドン塔周辺 **MAP** 付録P.16 C-2

19世紀中期に作られた伝統的技法のエナメル細工の名店。英国王室が国賓に贈る伝統工芸品として知られる。記念品や贈り物用のエナメルボックスやアクセサリーにファンが多い。

☎020-3725-8001 ⓧⓤBankバンク駅から徒歩1分 ⓐ27 Royal Exchange,EC3V 3LP ⓞ9:30〜18:00 ⓒ土・日曜

⤴3つのロイヤルワラントが輝く店内

£135

£125 £110 ⤴エレガントなダイヤ入りブレスレット

⤶バラのモチーフのティーポット&カップ

品格漂う老舗ブランド
スマイソン
Smythson
ソーホー〜コヴェント・ガーデン周辺 **MAP** 付録P.22 A-2

1887年の創業。薄くなめらかな書き心地で、ナイルブルーやエメラルドなど美しいカラーの手帳は世界のセレブのお気に入り。型押し仕様のレザーグッズもクラス感がある。

☎020-3535-8009 ⓧⓤGreen Parkグリーン・パーク駅から徒歩10分 ⓐ131-132 New Bond St, W1S 2TB ⓞ10:00〜19:00(木曜は〜20:00) 日曜12:00〜18:00 ⓒ無休

⤴パナマシリーズのバイクバッグ £595

⤵スエード素材のトートバッグ £1795

£795 ⤴1/4ムーンクロスボディ・バッグ

⤴スマイソンならではのノーブルなカラーのステーショナリー

⤴手帳やノートブック、ビスポークステーショナリーからバッグなどのレザーグッズまで幅広い品揃え

⤴最高品質のラグジュアリーな製品を作り出すスマイソンの美学が感じられる店構え

ショッピング

02 ロイヤルワラントを授与された誇り高きショップ4店

127

SHOPPING 02　ROYAL WARRANT

世界最古の帽子ブランド
ロック&コー・ハッターズ
Lock & Co.Hatters

ソーホー〜コヴェント・ガーデン周辺 MAP 付録P.14 B-3

1676年創業。英国紳士や淑女に欠かせないフォーマルなハットやキャスケット、ハンチングなどを製作。チャーチル首相やチャップリン、ダイアナ元妃、ジョン・レノンなどに愛されてきた。

☎020-7930-8874 ✈Ⓤ Green Park グリーン・パーク駅から徒歩6分 所6 St James's St,SW1A 1EF 営9:00〜17:30 土曜9:30〜17:00 休日曜

↶ダイアナ元妃が公式の場でかぶっていたようなエレガントなハット £365

↶トラディショナルなランプシェード型ハット £295

↑クラフトマンシップが香るフェルト素材のハット £285

↶カジュアルなファッションに合わせたいハンドニット帽 £175

↶パール・ハットピンをつけたグラマラスなハット £295

↑上質な素材と仕立てに名店のこだわりが宿る

英国の伝統が香り立つ傘店
ジェイムズ・スミス&サンズ
James Smith & Sons

大英博物館〜キングス・クロス周辺 MAP 付録P.14 C-1

創業1830年の傘とステッキの老舗。ヴィクトリア調の店内には、常時1000本以上のストックがあり、今も店の工房で職人たちが作っている。動物や鳥などのハンドルやタッセルの種類が豊富。

☎020-7836-4731 ✈Ⓤ Tottenham Court Road トッテナム・コート・ロード駅から徒歩3分 所53 New Oxford St,WC1A 1BL 営10:00〜17:45(土曜は〜17:15) 休日曜

↑古き良き時代の面影を残す建物

↑伝統的な製法を用いた上質なステッキを見せてくれる責任者のフィルさん

↷かわいい鳥のハンドルの赤い傘 £95

王室の記念グッズを購入できる公式ショップ
バッキンガム・パレス・ショップ
Buckingham Palace Shop

バッキンガム宮殿〜ウエストミンスター寺院 MAP 付録P.20 A-1

バッキンガム宮殿のそばにある。ロイヤルファミリーの写真や王室紋章入りのテーブルウェア、女王の愛犬コーギーのぬいぐるみ、記念グッズまで、王室関連のグッズを販売。

☎020-7839-1377 ✈Ⓤ Victoria ヴィクトリア駅から徒歩8分 所7 Buckingham Palace Rd, SW1W 0PP 営9:30〜17:00 休無休

↑王室グッズのコレクターをとりこにするショップ

↶ブレックファストティー(ミニ)£4.50

↶スコットランド産ヘザーのハチミツ £8.95

↑女王の愛犬コーギーのぬいぐるみ £19.95

128

世界中から注目される
キャサリン妃お気に入りブランド

各女性誌でも最新コーディネートが日々アップデートされるほど、その着こなしが話題になるキャサリン妃。バッキンガム宮殿でのパーティやチャリティパーティなどTPOに合わせたコーディネート。アレキサンダー・マックイーンなどのラグジュアリーなブランドとカジュアルなブランドを上手にミックスしている。

◯パーティで着映えするドレスが充実

◯ウールブレンドのキャメル色のオーバーコート SABEL £345

◯リバーシブルのシェアリング・ジャケット CLARICE £895

◯フェザープリントのミディドレス MIA £245

◯メンズ・スエード・ウエスタン・ジャケット SCOTT £465

◯華やいだパーティに身につけたいヒールやバッグ

キャリアガールは見逃せない
リース
Reiss
ハイド・パーク周辺 MAP 付録P.13 F-2

キャサリン妃が婚約式で着用した白のワンピースで一躍注目されたブランド。オフィスで着るジャケットやパンツ、パーティ用ドレス、小物などシックでトレンド感のあるものが見つかる。

☎020-7486-6557 Ⓤ Bond Street ボンド・ストリート駅から徒歩2分 ⌂10 Barrett St,W1U 1BA ◷10:00～21:00 日曜11:30～18:00 休無休

◯メタルとガラスで覆われた無機質な外観

キャサリン妃偏愛ブランド
L.K.ベネット
L.K.Bennett
リージェンツ・パーク周辺 MAP 付録P.13 F-1

ダイアナ元妃のスタイルを参考にしたり、ロイヤルファミリーにふさわしい装いに気をつけるキャサリン妃。上品なセットアップやパンツ、ヒールやブーツ、バッグなどを愛用している。

☎020-3985-3088 Ⓤ Baker Street ベイカー・ストリート駅から徒歩9分 ⌂94 Marylebone High St, W1U 4RG ◷10:00～19:00 日曜11:00～17:00 休無休

◯カシミヤやシルクのトップスやサテンのドレスも人気

旬のモダンカジュアル
ミー・アンド・エム
ME + EM
ハイド・パーク周辺 MAP 付録P.13 F-1

キャサリン妃が視察旅行で着ていたボーダーTシャツで注目を浴びる。モノトーンのシックな店内に、黒やグレー、ブラウンなど着回ししやすいトップスやボトムがたくさん揃う。

☎020-7935-0008 Ⓤ Bond Street ボンド・ストリート駅から徒歩7分 ⌂4 New Cavendish St,W1G 8UQ ◷10:00～18:00 日曜11:00～17:00 休無休

◯プリントドレスやブラウスもフェミニンなスタイル

ショッピング / ロイヤルワラントを授与された誇り高きショップ4店 / キャサリン妃お気に入りブランド

SHOPPING 03 MARKET

マーケット天国で宝探し!

アンティークから雑貨までマーケット❺店

ロンドンには世界各国から質の高いものや伝統的なクラフト、無国籍な雑貨が集結し、世界中のアンティークディーラーがやって来る。早起きして、とっておきのアンティークを見つけたい。

ブリクストン・ヴィレッジ
Brixton Village

ロンドン近郊 MAP 付録P.3 D-3

テムズ川の南に位置するブリクストンにはいくつものマーケットがあるが、ここはマーケットというよりは商店街に近い。アフリカやカリブからの移民の多いエリアとして有名で、ポップ・カルチャーな匂いが濃い。治安は以前より良いが夜は避けたい。

☎ 020-7274-2990 交 Brixtonブリクストン駅から徒歩5分 所 Coldharbour Lane, SW9 8PS 営 8:00～23:30(月曜は～18:00) 休 無休

この街はデヴィッド・ボウイの出身地としても有名

無国籍でボヘミアンな雰囲気が残るアーケードも魅力

⤴ おしゃれな雑貨店が増え続けている

エスニックな色彩の衣類や小物、ラグなどが並ぶ

⤴ 気軽に入れるレストランが多いのも特徴

⤴ トレンド感のある店構えも人気の理由

ポートベロ・ロード・マーケット
Portobello Road Market
ハイド・パーク周辺 MAP付録P.4 A-2

高級住宅街のカラフルな建物に囲まれたエリアにあり、華やかな風情が漂う。ポートベロRdからゴルボーンRdあたりまで続く。英国陶器や銀食器、アクセサリー、衣類、絵画などを売る露店や食材や日用品を売る市、家具やジュエリーなどを売る常設の骨董店も多数あり、土曜日がいちばん活気がある。

☎ 020-7361-3001　Ⓤ Notting Hill Gate ノッティン・ヒル・ゲート駅から徒歩14分　⌖ Portopbello Rd,W11 1AN　🕘 9:00〜18:00 (木曜は〜13:00、金・土曜は〜19:00ごろ)　休 日曜

➡ ホウロウ製のポットは形も良く売れ筋

『パディントン』の映画にも登場した有名骨董店「Alice's」

アンティークだけで1500軒という規模で、観光客でも大混雑

➡ ひとつ£5程度のブローチなどのアクセサリーもザクザク

➡ 英国調花柄の小皿は£5。ポットやティーカップなどもあり、おみやげに！

➡ ピーターラビットの作者、ビアトリクス・ポターのイラストは£6.99

03 アンティークから雑貨までマーケット5店

ショッピング

オールド・スピタルフィールズ・マーケット
Old Spitalfields Market
ショーディッチ〜イースト・エンド周辺
MAP付録P.17 D-1

広場の中心に小さな屋台が並び、それを囲んで商店が連なっている。アンティークやオリジナルのクラフトなどがぎっしり並び、見てまわるだけで楽しい。カラフルな靴やアクセサリーなど品質の高い商品もあり、若い感覚で流行の発信地ともなっている。

☎ 020-7247-8556
Ⓤ Liverpool Streetリヴァプール・ストリート駅から徒歩7分　⌖ 16 Horner Square, E1 6EW　🕘 10:00 (木曜8:00)〜20:00 (木・土曜は〜18:00、日曜は〜17:00)　休 無休

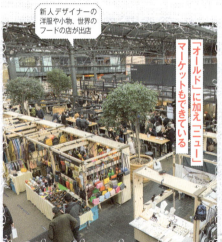

新人デザイナーの洋服や小物、世界のフードの店が出店

「オールド」に加え「ニュー マーケット」もできている

⬆ イマドキのものを食べたり買い物したりが気軽にできる、若者ウケする内容が◎

➡ ナチュラル＆オーガニックのスキンケアの店やアロマのバニラブランも人気

➡ ヴィーガンのチャイもあるチャイ専門店やロンドンで大ヒット中のドーナツ屋もある！

SHOPPING 03 MARKET

カムデン・パッセージ
Camden Passage
ショーディッチ〜イースト・エンド周辺
MAP 付録P.9 F-1

エンジェル駅から徒歩数分の静かな小道に面する。水曜と土曜に露店市が開かれ、良質な食器やカトラリー、グラス、雑貨などを見つけることができる。常設では状態のいい銀食器やヴィンテージの洋服などを扱うショップなどがある。通りにはおしゃれなブティックやオーストリアのデリ・カフェもあり、穴場のスポットだ。

☎07463-557899 交Ⓤ Angelエンジェル駅から徒歩3分 所1 Camden Passage,N1 8EA 営9:00〜18:00(主に水・土曜) ※木・金・日曜に開ける店もある) 休月・火曜(店舗により異なる)

おしゃれなエンジェルにある隠れ家マーケット

小道にあるけれど、充実した内容のマーケットでおすすめ！

↑小さな通りなので、時間のないときにコンパクトにまわれるのも魅力

↑イギリス家庭で使用されている日用品も見つかる

キプフェル
Kipferl

マーケットの散策途中に立ち寄りたいオーストリアンカフェ。ウィーンのフードやスイーツを中心に軽食がとれる。

↑チーズ・オムレツ£8.80やスポーティ・ブレックファスト£8.80も

ヘイゲン
Haygen

トレンドにフォーカスしたコンセプトストア。世界中から買い付けたセンスのいいホームウェアや雑貨は欲しくなるものばかり。

四季折々の花々にうっとり！ホテルの部屋に飾るのも◎

花を愛する英国人の生活を感じとれる花市

コロンビア・ロード・フラワー・マーケット
Columbia Road Flower Market
ショーディッチ〜イースト・エンド周辺
MAP付録P.11 E-2

活気のあるショーディッチの北にある花市。日曜日には、花や草花を愛する地元民や観光客で賑わい、季節の花々が飛ぶように売れていく。周りにはガーデニング・グッズやインテリア用品などを扱うショップが並ぶので、立ち寄ってみよう。近くのカフェやパブで休憩もできる。

交 ⓤ Hoxton ホクストン駅から徒歩10分
所 Columbia Rd, E2 7RG　営 日曜 8:00〜15:00ごろ　休 月〜土曜

03 アンティークから雑貨までマーケット5店

ショッピング

↑美しい彩りの花が多く、どれにしようか迷ってしまうほど。1束£5程度から購入できる

↑夫婦やカップルで花を求めるお客さんも多い

ノム
Nom
可愛いブルーの外観に、ふらっと入りたくなるホームウェアの店。花束を入れたくなるバスケットや植木ポットなどが狙い目。

イン・ブルーム
In Bloom
ガーデニング用品のショップ。各種の植木ポットや花瓶、ガーデニング用のグローブ、ジョウロなどがぎっしり飾られている。

ヴィンテージ・ヘヴン
Vintage Heaven
草花のモチーフのヴィンテージのティーセットや食器、ガーデン・ツールが多数揃う。奥にはラブリーなスイーツがあるカフェも。

133

SHOPPING 04 DEPARTMENT STORE

観光名所でもあるショッピングスポットに直行!

美しきロンドンの
デパート 4 店

風格ある老舗のデパートや
モダンなデパートで
英国ならではのファッションや
食品、雑貨を旅の思い出に見つける。

美しいホールでランチを楽しむ

ロンドン最大の老舗デパート
ハロッズ
Harrods

ケンジントン〜チェルシー周辺 **MAP**付録P.19 D-1

1824年に、チャールズ・ヘンリー・ハロッドが設立。ラグジュアリーな室内装飾の中に、人気のフードホールやハイブランドのフロア、ハロッズグッズやハリー・ポッターグッズのコーナーなどがある。

☎ 020-7730-1234
Ⓤ Knightsbridge ナイツブリッジ駅から徒歩3分 87-135 Brompton Rd,SW1X 7XL
10:00〜21:00 日曜11:30〜18:00 無休
9万m²の売り場面積を誇る

厳選された紅茶やコーヒーのコーナー

➡ おなじみのハロッズベアがお出迎え

➡ 人気のぬいぐるみも各種揃う £30

➡ レッド・ベリーティーNo.70 £7.50
➡ シングル・オリジンのダージリンティーNo.25 £4.50

憧れのリバティプリントの聖地
リバティ
Liberty

ソーホー〜コヴェントガーデン周辺 **MAP**付録P.22 B-2

1875年、アーサー・ラセンビィ・リバティによって創業。ウィリアム・モリスなど著名デザイナーらによるプリント生地は大人気。アール・ヌーヴォー柄や小花、植物、ペイズリー柄のファブリックやグッズが充実している。

☎ 020-7734-1234 Ⓤ Oxford Circus オックスフォード・サーカス駅から徒歩3分 Regent St, W1B 5AH 10:00〜20:00 日曜11:30〜18:00 無休

➡ チューダー・リバイバル様式の木造建築が圧巻

➡ ウィリアム・モリス・デザインの「ストロベリー・スィーフ」柄のパッケージに入ったハンドクリーム £10

➡ イチジクの香りのソープ £6.95。このほか、レモンやラベンダーなどの香りもある

ショッピング

04 美しきロンドンのデパート4店

↑1階と地下に紅茶や食品の売り場がある

300年の歴史をもつ王室御用達
フォートナム&メイソン
Fortnum & Mason

ソーホー〜コヴェント・ガーデン周辺 MAP付録P.22 B-4

1707年に食料品専門店として創業。紅茶やビスケット、ジャム、ハチミツ、チョコレートからティーカップや旅行用に作られたハンパーまで揃う。4階の「ダイヤモンド・ジュビリー・ティールーム」も人気。

☎020-7734-8040 ⊖Ⓤ Green Park グリーン・パーク駅から徒歩4分 ㊟181 Piccadilly, W1A 1ER ⊙10:00〜20:00 日曜11:30〜18:00 休無休

→一番人気のロイヤル・ブレンド・ティー£10

→18世紀に旅行用の食料籠として作られたハンパーは今も愛用者が多い

→バター・クラッカー £4.50

→エキゾチックな絵柄の缶入りビスケット

→アプリコットとチェリーのハーブティー£8.95

→バイレードの華やかなパルファム、カサブランカ・リリー

→コーディネートのアクセントにしたいシルバーのミニバッグ

↑個性的なファッションに合わせたいスニーカー

→プラダとのコラボ商品。おしゃれなウォーターボトル

→次のモードを先取りするウェアや小物が並ぶ

トレンドを押さえたロンドン屈指のデパート
セルフリッジズ
Selfridges

ハイド・パーク周辺 MAP付録P.13F-2

1909年に、アメリカ人のハリー・ゴードン・セルフリッジが創立。英国の伝統的なスタイルと海外のモダンなセンスを組み合わせたスタイル。高級ブランドからスイーツやベーカリーまで充実した品揃え。

☎020-7318-3548 ⊖Ⓤ Bond Street ボンド・ストリート駅から徒歩3分 ㊟400 Oxford St, W1A 1AB ⊙10:00〜22:00 土曜9:30〜21:00 日曜11:30〜18:00 休無休

↑ハロッズに次いで規模の大きな老舗デパート。品揃えも豊富でトレンドの発信源となっている

SHOPPING 05　BRITISH MODERN BRAND

英国が世界に誇る
ブリティッシュ・モダンブランド 5 店

伝統とモダンをミックスしながらも常に旬を感じられるおしゃれな英国ブランドならここ！

伝統とトレンドの融合
バーバリー
Burberry
ソーホー〜コヴェント・ガーデン周辺　MAP 付録P.23 F-2

1856年、トーマス・バーバリーが創立。コットンギャバジンのトレンチコートやバーバリー・チェックで有名に。ケンジントンやウエストミンスター、チェルシーなど5シルエットのトレンチや小物が人気。

☎020-3425-7020　⊗Covent Garden コヴェント・ガーデン駅から徒歩2分　🏠41-42 King St,WC2E 8JS　🕙10:00〜20:00 日曜11:30〜18:00　無休

↑バーバリー、ニュー・ボンドSt店もある

モダンなUKロックを楽しむ
ヴィヴィアン・ウエストウッド
Vivienne Westwood
ソーホー〜コヴェント・ガーデン周辺　MAP 付録P.22 A-2

アヴァンギャルドなデザインで、世界中のファンを魅了。王冠と地球のモチーフロゴ入りのウェアやバッグ、靴、アクセサリー、ブライダルなどのアイテムがある。地下のフロアもコレクションが充実。

☎020-7439-1109　⊗Oxford Circus オックスフォード・サーカス駅から徒歩6分　🏠44 Conduit St, W1S 2YL　🕙10:00〜18:00(木曜は〜19:00) 日曜12:00〜17:00　無休

↑ヴィヴィアンの独創的な世界が広がる

→メイフェア・バス・リリーフ・ペンダント £70

英国のモードを長年牽引
ポール・スミス
Paul Smith
ソーホー〜コヴェント・ガーデン周辺　MAP 付録P.22 B-3

英国らしさを大切にしながら、色づかいやディテールにこだわったアイテムが魅力。アートや家具なども置き、ギャラリー感覚で楽しめる店内は必見。

☎020-7493-4565　⊗Green Park グリーン・パーク駅から徒歩4分　🏠9 Albemarle St, W1S 4BL　🕙10:00(日曜12:00)〜18:00　無休

↑アートギャラリーのようなたたずまい

モダンなジェントル・スタイル
マッキントッシュ
Mackintosh
ソーホー〜コヴェント・ガーデン周辺　MAP 付録P.22 A-2

1823年に、チャールズ・マッキントッシュが設立。防水布のゴム引きコートは、ブランドのシンボル的存在。英国の伝統柄のシェバードチェック柄や無地のコートやアウターが好評。

☎020-7493-4667　⊗Oxford Circus オックスフォード・サーカス駅から徒歩5分　🏠19 Conduit St, W1S 2BH　🕙10:00〜18:00(木曜は〜19:00) 日曜12:00〜17:00　無休

↑英国気分をまとうならここ

高い美意識に基づくモダンシック
マーガレット・ハウエル
Margaret Howell
ハイド・パーク周辺　MAP 付録P.13 F-1

伝統的な素材、カッティング、縫製、上質なつくりにこだわり、シンプルでオーセンティックなライフスタイルを提案。天然素材のニットやシャツは着心地抜群で愛用者が多い。

☎020-7009-9009　⊗Bond Street ボンド・ストリート駅から徒歩5分　🏠34 Wigmore St, W1U 2RS　🕙10:00〜19:00、日曜12:00〜17:00　無休

↑中に入るとミッドセンチュリーモダンな空間が

136

SAVILE ROW
英国テーラーの聖地 サヴィル・ロウ

サヴィル・ロウは1本の短い通りだが、そこにはビスポークの紳士服を仕立てるという矜持が感じられる名門テーラーがひしめいている。おしゃれの達人たちが惚れこむ名カッターのいるテーラーへ。

サヴィル・ロウ最古のテーラー
ヘンリー・プール
Henry Poole & Co.
ソーホー〜コヴェント・ガーデン周辺　MAP付録P.22 B-3

1806年に創業。最高品質のスーツを仕立てることにこだわり、サヴィル・ロウを長年牽引してきた。チャーチルや吉田茂、白洲次郎らに愛された。店内に工房があり、さまざまな生地見本がある。

☎020-7734-5985 ⓂPiccadilly Circus ピカデリー・サーカス駅から徒歩7分 🏠15 Savile Row,W1S 3PJ 🕘9:00〜17:15 休土・日曜

→英国王室御用達。ビスポークの歴史を築いた名店

↑熟練の職人たちが誇りをもって働いている
→2つボタンのラウンジジャケット
→由緒ある店内で働くスタッフは最高のサービスで迎えてくれる(左)。壮麗な各種儀礼服や制服なども作り続けている(右)

テーラーリングの真髄を知る
ギーブス&ホークス
Gieves & Hawkes
ソーホー〜コヴェント・ガーデン周辺　MAP付録P.22 B-3

1785年設立のギーブスと1771年設立のホークスが、1975年に合併。ホークスがジョージ3世から認定をうけて以来、ロイヤルワラントを継続。構築的なデザインのスーツにファンが多い。

☎020-7434-2001 ⓂPiccadilly Circus ピカデリー・サーカス駅から徒歩6分 🏠1 Savile Row, W1S 3JR 🕘10:00〜19:00(土曜は〜18:00) 日曜12:00〜17:00 休無休

→王室御用達の瀟洒な建物

リラックス・エレガンスを追求
ドレイクス
Drake's
ソーホー〜コヴェント・ガーデン周辺　MAP付録P.22 B-3

1977年に、マイケル・ドレイクが創業。ハンドメイドのタイや完成度の高いシャツやニットウェアが、圧倒的な人気。おしゃれ好きな男心をくすぐる。2019年秋にサヴィル・ロウに進出。

→人気のストライプやプリント柄のタイは£135〜、オックスフォード生地のシャツは£155〜

☎020-7734-2367 ⓂPiccadilly Circus ピカデリー・サーカス駅から徒歩7分 🏠9 Savile Row,W1S 3PF 🕘10:00〜19:00 日曜12:00〜18:00 休無休

→グリーンを配し、抜け感のあるおしゃれを演出

SHOPPING 06 INTERIOR

ロンドナーの趣味がちりばめられた
模様が素敵インテリア&雑貨 6 店

趣味や嗜好を取り入れたリラックスできる部屋作りが上手な
ロンドナーを真似て、オブジェや雑貨を探す。

人気ナーサリーでガーデン雑貨を
ピーターシャム・ナースリーズ
Petersham Nurseries
ソーホー〜コヴェント・ガーデン周辺
MAP 付録P.23 F-2

ロンドン郊外で大人気のナースリー（園芸店）がロンドンに進出。ガーデニング好きなイギリス人の心をつかむガーデングッズがいっぱい。草花模様の陶器や花瓶、カードなどが揃う。
☎020-7305-7676 ⊖Ⓤ Covent Garden コヴェント・ガーデン駅から徒歩3分 ⌂ 31 King St, WC2E 8JD ⏰10:30〜18:30 日曜12:00〜18:00 ㊡無休

↑手作りの袋に入った野花のシード 各£◯

£240
←ワイルドガーデン・モチーフのティーポット

↑毎日使いたいマグカップ £70

↑繊細なガラスのフラワーベース £9.50

↑オブジェとして飾りたい花びら型の器 £25 / £14

↑グリーンに彩られた店内

英国雑貨の宝庫
アフター・ノア
After Noah
ショーディッチ〜イースト・エンド周辺
MAP 付録P.10 A-1

アンティーク家具やレトロな小物、トラディショナルなおもちゃからコンテンポラリーな雑貨までを扱う。ホームウェアやステーショナリーなどおみやげになりそうなものも充実。
☎020-7359-4281 ⊖Ⓤ Highbury & Islington ハイベリ&イズリントン駅から徒歩12分 ⌂121-122 Upper St, N1 1QP ⏰10:00〜18:00 日曜11:00〜17:00 ㊡無休

↑ホームリネンや食器などのコーナーも

£13.99
↑フラワーモチーフのポーチ
↓パステルな色づかいのジャングルのデザインのプレイングカードセット £12.99

↑かわいい動物や鳥のイラスト入りパッケージのリップバーム £4.99

長く愛用したい日用品が見つかる
レーバー&ウエイト
Labour and Wait
ショーディッチ〜イースト・エンド周辺
MAP 付録P.11 E-3

ファッションデザイナーだったレイチェルとサイモンが開いたこだわりの雑貨店。形が美しく、機能的なキッチングッズやエプロン、洋服などもあり、男女ともに楽しめる商品が多い。
☎020-7729-6253 ⊖Ⓤ Shoreditch High Street ショーディッチ・ハイ・ストリート駅から徒歩8分 ⌂85 Red church St, E2 7DJ ⏰11:00〜18:30 土・日曜11:00〜18:00 ㊡無休

£12
↑雑誌も入る丈夫な黒のブックバッグ

↑鮮やかなグリーンの建物が目印

£7
↑人気のエナメル・タンブラー

138

↑イギリスのノスタルジックな田園風景の絵柄のプレート £12

↑ハンドクリーム ミニガーデンクラブ £4

ロンドンのライフスタイルブランド
キャス・キッドソン
Cath Kidston
ソーホー〜コヴェント・ガーデン周辺
MAP付録P.22 B-4

英国を象徴するオリジナルプリントのファッション雑貨やインテリアグッズが世界的に人気。キュートな花柄やロンドンの名所をモチーフにしたものなど本国ならではの品を探そう。

☎020-7499-9895 Piccadilly Circus ピカデリー・サーカス駅から徒歩6分 French Railways House, 178-180 Piccadilly, W1J 9ER 10:00〜20:00 日曜12:00〜18:00 無休

↑ショーウィンドーも華やかなフラワーモチーフのディスプレイ

手芸女子お気に入りの生地屋
クロス・ハウス
Cloth House
ソーホー〜コヴェント・ガーデン周辺
MAP付録P.22 C-1

1階と地下のフロアに、ギンガムチェックや色とりどりのコットン生地や麻やジーンズなどの生地を取り揃える。リボンやチロリアンテープ、糸、ボタンもあり、手芸好きにおすすめ。

☎020-7437-5155 Oxford Circus オックスフォード・サーカス駅から徒歩6分 47 Berwick St, W1F 8SJ 9:30〜18:00 土曜10:30〜18:00 日曜

↑活気あるソーホーの一角にある

→繊細な色づかいの生地が魅力。£16/m

1シート£8
↑淡い色合いが素敵なボタン

→カラフルなギンガムチェックのリボン £2/m〜

各£5.50
↑花モチーフのチロリアンテープ

06 模様が素敵インテリア&雑貨6店

ショッピング

手描きの温かみのある陶器
エマ・ブリッジウォーター
Emma Bridgewater
ハイド・パーク周辺 MAP付録P.13 F-1

創業者のエマが母へのギフトになるような陶器をということで起業。イギリスらしさにあふれた花や果物、犬や猫をモチーフにしたポップな陶器が勢揃い。マグカップやお皿をおみやげに。

☎020-7486-6897 Baker Street Station ベイカー・ストリート駅から徒歩9分 81A Marylebone High St, W1U 4QL 10:00〜18:00 木曜10:00〜19:00 日曜11:00〜17:00 無休

↑マリルボーンの中心にあるショップ

→ライズ&シャインのコレクションのプレート £17.95

↓スター柄のマグカップ £19.95

↓おなじみのポルカ・ドット柄のマグ £17.95

↓ラブリーなピンクパンジーのプレート £17.95〜

↑水玉や花柄のほかに、イベントやアニバーサリーのアイテムもラインナップ

SHOPPING 07 BOOKS

暮らしのなかにアートやカルチャーが息づく
ロンドンならではの書店❸店

最近の英国ベストセラーからアートやファッション、グルメ、児童書などあらゆるジャンルの本を探しに行こう。

ロンドン一美しい書店を訪れる
ドウント・ブックス
Daunt Books
ハイド・パーク周辺 MAP付録P.13 F-1
1910年に建てられたエドワード様式の建物で、ステンドグラスがはめ込まれた店内が美しい。各国の旅行書や人気作家の本がずらりと並ぶ。
☎020-7224-2295 交Baker Streetベイカー・ストリート駅から徒歩8分 所83-84 Marylebone High St, W1U 4QW 営9:00～19:30 日曜11:00～18:00 休無休

→アガサ・クリスティやビアトリクス・ポターなどの本やガーデニングの本など幅広い品揃え。オリジナルトートも好評

→天井から自然光が差し込む吹き抜け空間

料理好きにおすすめ！
ブックス・フォー・クックス
Books for Cooks
ハイド・パーク周辺 MAP付録P.4 A-2
各国の料理本や人気シェフの本、ケーキやスコーンの本など料理に関する本を集める。オーナーが本を元に、奥のキッチンで試作することも。
☎020-7221-1992 交Ladbroke Groveラドブローク・グローヴ駅から徒歩6分 所4 Blenheim Crescent, W11 1NN 営10:00～18:00 休日・月曜

→ベジタリアン・レシピやケーキのレシピ本のほか、イギリス料理の本など実際に作るときに参考になるものや眺めて楽しい本が揃う

→料理本がずらりと並び、店の奥で出すランチも人気がある

最新アートを感じるならここ
マグマ
Magma
ソーホー～コヴェント・ガーデン周辺
MAP付録P.23 F-1
トレンドのアートやデザイン、建築、フラワーなどの本や雑誌、若手アーティストのプリント＆アートワークからおしゃれな雑貨までを揃える。
☎020-7240-7970 交Covent Gardenコヴェント・ガーデン駅から徒歩3分 所29 Short's Gardens WC2H 9AP 営11:00～19:00 休無休

→クリエイティブなマガジンや秀逸なデザインのキッチングッズからロンドンの名所をテーマにしたトートバッグまで幅広い品揃え

→1階と地下のフロアがある。気の利いたグッズはプレゼントに

SHOPPING 08 COSMETICS

心身ともにキレイになるための
ビューティ&香水ブランド ❸ 店

オーガニック製品のコスメやこだわりの香りを創造するとっておきの英国ブランドをご紹介。

最高級のスキンケア
ニールズ・ヤード・レメディーズ

Neal's Yard Remedies
ソーホー〜コヴェント・ガーデン周辺
MAP 付録P.23 F-1

数々の美容賞を受賞するオーガニック・コスメを扱う。特にクレオパトラがスキンケアに使っていたというフランキンセンスという天然香料を使用したコスメのシリーズが大人気。

☎ 020-7379-7662 交 ① Covent Garden コヴェント・ガーデン駅から徒歩4分 所 2 Neal's Yard,WC2H 9DP 営 10:00〜20:00 日曜11:00〜18:30 休 無休 J

↑心身を浄化させるお香やエッセンシャルオイルなど多数のプロダクトが見つかる

↑肌と心をトータルに考えたケアに愛用者が多い

↑アロマやハーブを取り揃えたヘルス＆ビューティ製品に詳しい店員さん

£55〜
↑集中保湿クリームのフランキンセンス・インテンスクリーム

£65
→肌にハリを与えるフランキンセンス・インテンスコンセントレイト

£10
↑ふっくらリッチな潤いがあるワイルドローズ・ハンドクリーム

英国の香りのトップブランド
ジョー・マローン

Jo Malone
ソーホー〜コヴェント・ガーデン周辺
MAP 付録P.23 F-2

英国の節度あるスタイルを尊重したエレガントで洗練された香りを提案。イングリッシュペアー＆フリージアコロンや7種のバラをブレンドしたレッドローズコロンが人気。

☎ 020-370-192-5771 交 ① Covent Garden コヴェント・ガーデン駅から徒歩3分 所 10-11 King St, WC2E 8HN 営 10:00〜20:00 日曜11:30〜18:00 休 無休

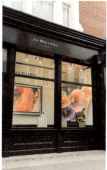
↑すがすがしい香りのキャンドルやバスアイテムも見逃せない

ドラッグストアの優秀コスメ
ブーツ

Boots
ソーホー〜コヴェント・ガーデン周辺
MAP 付録P.22 C-3

ロンドン最大規模を誇るドラッグストア。薬からメイクアップ用品、スキンケア、健康商品などたくさんの製品がある。オーガニックやアンチエイジングなどのシリーズも充実。

☎ 020-7734-6126 交 ① Piccadilly Circus ピカデリー・サーカス駅から徒歩1分 所 44-46 Regent St, W1B 5RA 営 8:30〜18:00 土曜8:30〜17:30 日曜10:00〜16:00 休 無休

↑街のいたるところに店舗がある

07 ロンドンならではの書店3店／08 ビューティ＆香水ブランド3店

SHOPPING 09　TEA & COFFEE

ティーマスターがこだわる通好みの紅茶
イースト・インディア・カンパニー
The East India Company
ソーホー〜コヴェント・ガーデン周辺 MAP付録P.22 B-2

1600年に設立され、イギリスに初めて紅茶を広めた歴史的にも有名な東インド会社。当時の紋章やトレードマークを受け継ぎ、現在の会社が経営。一番摘みや秋摘みなど紅茶通が喜ぶ約100種類のお茶を販売。ビスケットやチョコレートも美味。

☎ 020-3205-3394
Ⓜ Oxford Circus オックスフォード・サーカス駅から徒歩4分 7-8 Conduit St, W1S 2XF　10:00〜19:00　日曜12:00〜18:00　無休

→広い店内に多数の紅茶やコーヒーが

→旨みが凝縮されたダージリン、春摘み紅茶(左)や最高級のホワイトティー(右)
£30

£85

→香ばしいビスケット。上からマスタード&コリアンダー、キャラメル&シーソルト(下左)、チェダーチーズ風味(下右)
£8
£8
£9.50
£18

→ジンの発展に貢献してきた正統派のロンドン・ドライ・ジン
£39.50

→ネロリとベルガモットオイルの香りのオーセンティックなアール・グレイもおすすめ

→店内にはこんなオリエンタルな茶器もディスプレイされている

お茶の本場で、通好みの紅茶やコーヒーを選ぶ
紅茶&コーヒー ③ 店

お茶専門店はたくさんあるが、そのなかでもさらに際立ったある種道楽のような紅茶やコーヒーを扱うショップをご紹介。

エリザベス女王御用達
H.R.ヒギンス
H.R.Higgins
ハイド・パーク周辺 MAP付録P.13 F-2

ハロルド・R・ヒギンズがコーヒーの卸売として創業。2代目は紅茶の販売も始め発展。小さな店内には、銅製の缶に入ったコーヒー豆や紅茶を求めて、世界の愛好家がひっきりなしに訪れる。

☎ 020-7491-8819
Ⓜ Bond Street ボンド・ストリート駅から徒歩3分 79 Duke St, W1K 5AS 8:00(土曜10:00)〜18:00　日曜休

£6.95/125g
→爽やかな飲み心地の紅茶、ブルー・レディはベストセラー。ブラックティーに花の香りが漂う

→缶に入ったコーヒーや紅茶は量り売りで購入できる
→コーヒー・マンの称号をもつ由緒あるショップ

↑地下にカフェがあり、淹れたてのコーヒーが楽しめる

趣味人がこだわる世界各国のティー
ポストカード・ティーズ
Postcard Teas
ハイド・パーク周辺 MAP付録P.14 A-2

ティー文化に魅了されたオーナーのティムさんが、世界各国から厳選して買い付ける約60種のお茶を販売。購入したお茶をショップで販売するポストカードに入れて店から送ることも可能。茶通好みの陶器もある。

☎ 020-7629-3654
Ⓜ Bond Street ボンド・ストリート駅から徒歩9分 Dering St, W1S 1AG 10:30〜18:30　日曜休

→毎週土曜日の朝、ティーのテイスティングも開催している。要予約

→紅茶を入れてショップから郵送できるポスタル・ボックスが人気

→左からミルクと合わせて飲みたいロースト粉末茶、くまさんの絵柄が可愛い缶入りバニラティー、ダージリン一番摘み
£14.95

£9.95　£9.95

→ティーポットの保温用カバー、キルティング生地でできたティーコージー
£45

SHOPPING 10 VINTAGE

ブリック・レーンの人気古着店
アティカ
Atika

ショーディッチ~イースト・エンド周辺 MAP付録P.11 E-4

1階と地下の広いスペースに、多彩なアイテムの古着が揃う。バーバリーやフレッド・ペリーなど英国ブランドからカジュアルなTシャツ、ジーンズ、アクセサリーまで丹念に探したい。

☎ 020-7377-0730　❖ Shoreditch High Streetショーディッチ・ハイ・ストリート駅から徒歩8分　🏠 55-59 Hanbury St, E1 5JP　⏰ 11:00~19:00 日曜12:00~18:00　無休

↑キッチュなミニバッグからトレンチコートや革ジャンまで幅広い取り扱い

↑個性光る白黒バッグは£65。シンプルなファッションに合わせたい

↑ヴィクトリア時代の倉庫を利用した建物

↑何枚あっても嬉しいカラフルなTシャツも豊富な品ぞろえ

お宝がザクザク！バイヤー気分で掘り出し物を探そう

ハイブランド・ヴィンテージ3店

ロンドンには、ヴィンテージショップやチャリティショップがあちこちに。おしゃれの達人たちも通うショップで、お目当てのアイテムを。

シックでエレガントなヴィンテージ
ブラックアウトⅡ
Blackout Ⅱ

ソーホー~コヴェント・ガーデン周辺 MAP付録P.23 F-1

アラジンの洞窟のようなコージーな店内は、1920年代から80年代のグラマラスなドレスやジュエリー、帽子、バッグ、靴などで埋め尽くされている。ヴィンテージに精通したスタッフが親切にアドバイスしてくれる。

☎ 020-7240-5006　❖Ⓤ Covent Garden コヴェント・ガーデン駅から徒歩3分　🏠 51 Endell St,WC2H 9AJ　⏰ 11:00~19:00 土曜11:30~18:30　日曜

↑1階と地下のフロアがあるので、のぞいてみたい

↑ベークライトのおしゃれなめがねやネックレスで、華やかさをプラス

↑ゴージャス感たっぷりのペンダントやイヤリングは夜会に！値段は比較的手ごろで買いやすい

ノッティン・ヒルのチャリティショップ
オクスファム・ブティック
Oxfam Boutique

ハイド・パーク周辺 MAP付録P.4 A-3

チャリティ団体が運営するショップ。高級住宅街にあり、ハイブランドのファッションアイテムが多い。品よくディスプレイされた店内に、ジミー・チュウやクロエ、トッズなどの靴や洋服が格安で見つかることも。

☎ 020-7229-5000　❖Ⓤ Notting Hill Gate ノッティン・ヒル・ゲート駅から徒歩10分　🏠 245 Westbourne Grove, W11 2SE　⏰ 10:00~18:00 日曜12:30~16:00　無休　🏠 23 Drury Lane, WC2B 5RHの店舗は ⏰ 10:00~18:00 日曜12:00~16:00 無休

↑おしゃれなショップが軒を連ねる通り

↑フェラガモの上品なフラットシューズ

↑トッズのシックなショートブーツ

↑何にでも合わせやすい黒とゴールドのトップス

↑ウエストが映える王冠デザインのベルト

£55　£45　£6　£6

143

SHOPPING 11 SUPERMARKET

バラマキみやげに利用したい！
スーパーマーケット ⑤ 店

ロンドンのいたるところにあるスーパーマーケット。王室御用達からオーガニック専門まで、ロンドンっ子が日頃愛用しているものをチョイス。

おしゃれなオーガニック製品

A プラネット・オーガニック
Planet Organic

大英博物館〜キングス・クロス周辺 MAP 付録P.14 C-1

☎ 020-3073-1038 ⊗ ⓤ Tottenham Court Road トッテナム・コート・ロード駅から徒歩3分 ㊟ 23-24 Tottenham Court Rd,W1T 1BJ ⊕ 7:30〜21:00 土曜8:00〜21:00 日曜12:00〜18:00 ㊡無休

英国王室御用達プレミアムな食材

B ウエイトローズ
Waitrose

ハイド・パーク周辺 MAP 付録P.13 F-1

☎ 020-7935-4787 ⊗ ⓤ Baker Street ベイカー・ストリート駅から徒歩9分 ㊟ 98-101 Marylebone High St,W1U 4SD ⊕ 8:00〜22:00 日曜11:00〜17:00 ㊡無休

定番のおみやげ探しならここ

C マークス＆スペンサー
M&S

ソーホー〜コヴェント・ガーデン周辺 MAP 付録P.22 B-1

☎ 020-7437-7722 ⊗ ⓤ Oxford Circus オックスフォード・サーカス駅から徒歩3分 ㊟ 173 Oxford St,W1D 2JR ⊕ 9:00〜21:00 日曜12:00〜18:00 ㊡無休

コスパ抜群のみやげが勢揃い

D テスコ
Tesco

ソーホー〜コヴェント・ガーデン周辺 MAP 付録P.22 C-3

☎ 0345-677-9812 ⊗ ⓤ Piccadilly Circus ピカデリー・サーカス駅から徒歩3分 ㊟ 17-25 Regent St,SW1Y 4LR ⊕ 6:00〜24:00 土曜6:00〜22:00 日曜12:00〜18:00 ㊡無休

イギリス最大オーガニックスーパー

E ホール・フーズ・マーケット
Whole Foods Market

ソーホー〜コヴェント・ガーデン周辺 MAP 付録P.22 C-3

☎ 020-7406-3100 ⊗ ⓤ Piccadilly Circus ピカデリー・サーカス駅から徒歩2分 ㊟ 20 Glasshouse St,W1B 5AR ⊕ 7:30〜22:00 土曜9:00〜22:00 日曜12:00〜18:00 ㊡無休

↰ ヴィーガン製品のロータスシードのポップコーン Ⓐ

£1.50

↰ £2.99 ジョン・ウエストのオリーブオイル漬けサーディン Ⓑ

↰ ヴィーガン、グルテンフリーのストロベリー＆ピスタチオ入りチョコレート Ⓐ

£3.65

↰ パッケージのデザインがおしゃれなヴィーガンのチョコレート Ⓐ

£1.30

↰ 世界の有名シェフたちも愛用するマルドンのまろやかソルト(小) Ⓑ

£1.20

↰ オーガニックのスパイス。ガーリック風味 Ⓑ

£1.89

£1.00

↰ ピーチとパッションフルーツのスポンジケーキ Ⓒ

↰ イギリス家庭で使われているマスタードパウダー Ⓓ

£1.42

£1.65

↰ チャールズ皇太子が始めたチャリティブランドDUCHYのビスケット Ⓑ

↰ パッケージが爽やかなカモミールティー Ⓒ

£1

£1.10

↰ ローストラムなどに添えるミント・ソース Ⓒ

£1.79

↰ かわいいラビットのデザインのケール・クリプス Ⓔ

£2

↰ グルテンフリーのカシュークッキー Ⓓ

£1.63

↰ ロンドンっ子のおやつキャラメルウエファー Ⓓ

£1.99

↰ パッカのナイトタイム有機ハーブティー Ⓔ

↰ オーガニック、チックピー・パフ Ⓔ

£1.9

新旧の落差が激しいスピーディーな街を楽しむ
歩いて楽しむロンドン

刺激にあふれた街を歩く

確かに未来型の超モダンな建築物に目を奪われるが振り返れば激動の歴史を刻んだ建物が威圧してくる。「新旧」というがこれほどその落差を見せる都市はない。それに、テムズ川や広大な緑地が加わって景観をつくる。街を歩きながら旅行者は、自分の小さな存在に気づく。

Contents

バッキンガム宮殿 周辺
▶P146

ソーホー〜コヴェント・ガーデン 周辺 ▶P148

シティ〜ロンドン塔 周辺
▶P150

キングス・クロス 周辺
▶P152

ケンジントン〜チェルシー 周辺
▶P154

©iStock.com/DaLiu

AREA WALKING 01 BUCKINGHAM PALACE

宮殿の前にはヴィクトリア女王メモリアル

シェファーズ・マーケット。広場は村のような雰囲気でほっとできるスポット

高さ64mの観覧タワーからロンドンが見渡せる

王室の威光と歴史を最も感じるエリア
バッキンガム宮殿周辺
Buckingham Palace

イギリス王室を象徴する宮殿と教会、テムズ河畔にそびえるビッグ・ベンにロンドン・アイ。これぞロンドン!とイメージする景色に出合える。

MAP 付録P.14-15／20-21

王室ゆかりの歴史的建造物が集まる
エリザベス女王陛下のお膝元

　真っ赤な制服に黒いモコモコ帽子をかぶった衛兵交代の行進が見られるバッキンガム宮殿周辺は、セント・ジェイムズ・パークやグリーン・パークなどが広がる緑豊かなエリア。宮殿前から、トラファルガー・スクエアを結ぶザ・マルの沿道には王室関連の建物が多い。
　英国国王の戴冠式を行う寺院であり、ニュートンやディケンズなども眠る荘厳なウエストミンスター寺院と、テムズ河畔にビッグ・ベンの愛称で知られる時計塔(正式名:エリザベス・タワー)をもつ国会議事堂(ウエストミンスター宮殿)は、ロンドン観光には外せない。それらの歴史的建物を見渡せる対岸の大観覧車のロンドン・アイもロンドンの新シンボルとして人気。

↑テムズ河畔の観覧車ロンドン・アイ

アクセス

ディストリクト線、サークル線
ヴィクトリア駅 ウエストミンスター駅
セント・ジェイムズ・パーク駅
ピカデリー線
コヴェント・ガーデン駅
ベイカールー線、ピカデリー線
ピカデリー・サーカス駅

\#ウエストミンスター寺院

歩いて楽しむロンドン

01 バッキンガム宮殿周辺

ピカデリー・サーカス駅

Strand

ナショナル・ポートレート・ギャラリー
ナショナル・ギャラリー P.72

トラファルガー・スクエア

チャリング・クロス駅

チャリング・クロス駅

ウォータールー・ブリッジ

エンバンクメント駅

#セント・ジェイムズ・パーク

1664年にロシア大使から贈られたペリカンが繁殖している

ト・ジェイムズ・

The Mall

P.24
騎兵隊交代式

バンケティング・ハウス P.36

セント・ジェイムズ・カフェ P.117

P:28
セント・ジェイムズ・パーク

Victoria Embankment

ダウニング街

ザ・マル
The Mall
バッキンガム宮殿とトラファルガー・スクエアを結ぶ通り。国家的な儀式用に造られた。

この辺に赤い公衆電話ボックスが点在し、記念写真の絶好ポイント

P.32
ロンドン・アイ

ウォータールー駅

Leake Street

ロンドン水族館

ウエストミンスター・ブリッジ

ガーズ博物館

トン兵舎 P.56

ウエストミンスター駅

セント・マーガレット教会

P.27
ビッグ・ベン

フローレンス・ナイチンゲール博物館

リーク St
Leake Street
いつもグラフィティ・アーティストが群れるトンネルは壮観。バンクシーも通ったという。

P.27/P.36
国会議事堂
（ウエストミンスター宮殿）

セント・ジェイムズ・パーク駅

ウエストミンスター寺院
P.26/P.36

ウエストミンスター・ティ・ホール
t.

テムズ川

Great Peter St.

ウエストミンスター

ミルバンク

Lambeth Palace Rd.

アーチビショップス・パーク

Carlisle Lane

Hercules Rd.

マーシャムSt.

Marsham St.

ランベス・パレス

ランベスRd.
Lambeth Rd.

ランベス

庭園博物館 P.81

ノール・ブリッジ

セント・ジョンズ・ガーデンズ

ランベス・ブリッジ

Millbank

Newport St.

Lollard St.

Gibson Rd.

#テート・ブリテン

P.76
テート・ブリテン

John Islip St.

Atterbury St.

#国会議事堂
（ウエストミンスター宮殿）

Vauxhall St.

Sancroft St.

ヴ Rd.

ピムリコ駅

Vauxhall Bridge Rd.

Ponsonby Pl.

147

WALKING 02 SOHO, COVENT GARDEN

夜も賑やかな
ピカデリー・
サーカス

中心街を歩きウエスト・エンドで観劇!

ソーホー〜
コヴェント・ガーデン周辺
Soho, Covent Garden

歴史と文化と芸術のスポットに、ファッション、ショッピング、グルメ、エンターテインメントなどが集結。あれもこれもと欲張りたい人はマルチにロンドンが楽しめる。

MAP 付録P.14-15

**ロンドー一の繁華街
買い物にグルメに芸術三昧**

　ナショナル・ギャラリーがあるトラファルガー・スクエアやエロス像の立つピカデリー・サーカス界隈は、多くの観光客で賑わう。王室御用達や老舗高級店などが並ぶショッピングストリートが集まる。
　中華街のあるソーホーは劇場にパブやナイトクラブなど活気あふれるエリア。映画『マイ・フェア・レディ』の舞台として有名なコヴェント・ガーデンは、ヒッチコックが少年時代を過ごした。映画作品にも登場する青果市場などで栄えた。今は屋台が並ぶマーケットやストリート・ファッションのメッカ。また、ロイヤル・オペラ・ハウスをはじめ劇場やライブハウスも多く、広場などでは大道芸人によるパフォーマンスや生演奏などが楽しめる。

↑キング・ストリートとベッドフォード・ストリートの交差点

アクセス

セントラル線、ヴィクトリア線
オックスフォード・サーカス駅
ピカデリー線
グリーン・パーク駅、コヴェント・ガーデン駅、ピカデリー・サーカス駅
ベイカールー線、ノーザン線
チャリング・クロス駅

ボニー・ガル・
シーフード・シャック●

●ライディング・ハウス・カ

オックスフォード St
Oxford Street
東西に延びる長い通りは、ロンドンで最も賑やかなショッピング・ストリート、大型デパートが立ち、大小の店が並んで、買い物客が絶えることはない。

オックスフォード・サーカス駅

●現代写真
　ギャラリー

リバティP.134

サヴィル・ロウ
Savile Row
オーダーメイドの紳士服を扱う店が集中している通り。顧客には有名人が名を連ねている。

P.137
Savile Row

チャーチル首相とルーズベルト大統領の銅像がベンチで会合中、真ん中に座って記念写真を撮るのが人気

●アライズ・
　スカルプチャー
ロイヤル・アーケード●
　　　　　　　　　フィッシュワーク

●シャノネル・エ・ウォーカー
●グローブ・トロッターP.125

フォートナム&メイソン
P.13

ロイヤル・アーケード
The Royal Arcade
19世紀後半に完成した、歴史あるショッピング・アーケード。

ザヴォルズリーP.97
ザ・リッツ・ロンドン

P.28
グリーン・パーク

セント・ジェイム
宮

→バッキンガム宮殿周辺

AREA WALKING 03 CITY, TOWER OF LONDON

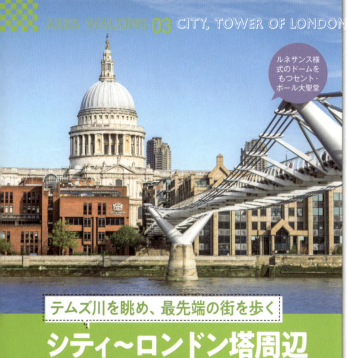

ルネサンス様式のドームをもつセント・ポール大聖堂

テムズ川を眺め、最先端の街を歩く
シティ～ロンドン塔周辺
City, Tower of London

中世の建物に斬新な高層ビル群が立ち並ぶシティは金融オフィス街。ショーディッチ界隈はおしゃれなロンドナーが集まる最先端のアーティスティック・エリアとして注目の的。

MAP 付録P.16-17

テムズ川沿いで実感する
ロンドンの新旧カルチャー

　テムズ川の北側に位置するシティは、ローマ統治時代まで遡るロンドン発祥の地。ドームが印象的なセント・ポール大聖堂、牢獄や公開処刑場として使われたロンドン塔、『ロンドン橋落ちた』の童謡で知られるロンドン・ブリッジや優雅な跳ね橋のタワー・ブリッジなどが、大胆なフォルムの未来型高層ビル群と混在する。

　一方、古くは移民街や倉庫街だったショーディッチ界隈は、家賃の安さにひかれて多くのアーティストが移り住み、バンクシーの作品もあるというストリート・アートが街なかを飾る。移民文化を伝える個性的なレストランやカフェ、バーなどが多く、ファッションからレコード、家具など幅広いヴィンテージものが揃う。

↑リビングトンStのグラフィティ

アクセス

セントラル線、ウォータールー&シティ線、ノーザン線
バンク駅
サークル線、ディストリクト線
タワー・ヒル駅、モニュメント駅
サークル線、メトロポリタン線
オルドゲート駅

バービカンにあるバンクシー・アート、バスキアへのオマージュ作品

#バンクシー・アート

150

歩いて楽しむロンドン

03
シティ〜ロンドン塔周辺

Old St.

バンクシー・アート

Rivington St.

Bethnal Green Rd.

オールド・ストリート駅

オールド St
Old Street
ショーディッチを構成する
通りで、ベトナム料理店な
どが集まる。

Great Eastern St.

Shoreditch High St.

Club Row

P.124
ヴィンティ・
アンドリュース

リヴィングトン St
Rivington Street
デヴィッド・ボウイやイギー・
ポップが住んいた街で尖鋭的
でポップな壁画が街を飾る。

Lets Adore and
Endure Each Other-
Stephen Powers

Bethnal
Green Rd.
ショーディッチ・
ハイストリート駅

ショーディッチ

地下鉄車両が目印の
ライブ＆アート会場
には、ロンドン最大
の壁画が外壁に

Brick Lane

ブリック・レーン
Brick Lane
エッジの効いたヴィンテー
ジ店などあり、今ロンドン
で最先端のファッショナブ
ルな通り。

スピタルフィールズ

オールド・スピタルフィールズ・マーケット
P.131

リヴァプール・ストリート駅

Fashion St.

Vallance Rd.

Brick Lane

ムーアゲート駅

P.118
トレード

Commercial St.

リヴァプール・ストリート駅

London Wall

Petticoat Lane

Bell Lane

ホワイトチャペル・ギャラリー
ペチコート・レーン・マーケット

Whitechapel
Rd.

ホワイトチャペル

シティ

P.56 タワー42

Bishopsgate

ガーキン

オルドゲート・イースト駅

Commercial Rd.

イングランド銀行
ハルシオン・デイズ P.127
旧王立取引所
P.37

オルドゲート駅

ロイズ・オブ・ロンドン

Back Church Lane

Leman St.

レドンホール・マーケット
P.54

Fenchurch St.

スカイ・ガーデン P.33

フェンチャーチ・
ストリート駅

Mansell St.

古代ローマ人が
1700年前に建て
た10mの壁の遺
構が今も残る

Cannon St.

モニュメント駅

ロンドン・ウォール
タワー・ヒル駅

タワー・ゲートウェイ駅

ロンドン大火記念塔

オールド・ビリングスゲート・
フィッシュ・マーケット

税関

King William St.

ロンドン塔

#ロンドン塔

ロンドン・ブリッジ

タワー・ピア

テムズ川

HMS ベルファスト号

タワー・ブリッジを
背景にイルカと少
女が踊る噴水は撮
影ポイント

サーク大聖堂

Girl with a Dolfin fountain

ロンドン・ブリッジ駅
ーケット

ヘイズ・ギャレリア

ロンドン・ブリッジ駅

ザ・シャード P.50

St. Thomas St.

ロンドン市庁舎
（シティ・ホール）

タワー・ブリッジ
P.33

テムズ川

ポターズ・
フィールド・パーク

バーモンジー

#HMSベルファスト号

151

AREA WALKING 04 KINGS CROSS

キングス・クロス駅は新しく改造された

大英博物館からハリー・ポッターへ
キングス・クロス周辺
Kings Cross

堂々たる威厳を放つ大英博物館。世界有数のコレクションを収める広い館内には何度訪れても新しい発見が。キングス・クロス駅は『ハリー・ポッター』ファンの人気撮影スポット。

MAP 付録P8-9

大英博物館は必見！
アカデミックな空気をまとう文芸タウン

『ハリー・ポッター』で魔法世界への入口として再現されたプラットホームがあるキングス・クロス駅はすっかり有名な観光地になったが、南に広がるブルームズベリでの見どころは、世界一の規模を誇る大英博物館に尽きる。
　界隈はロンドン大学や図書館などが集まるアカデミックなエリアで、かつて作家や文化人たちが活動の拠点としたことで知られる。チャールズ・ディケンズ博物館があり、マルクスやダーウィン、サマセット・モーム、バーナード・ショー、ヴァージニア・ウルフなどのブルー・プラークが多く目につく。学生たちが行き交う通りには、フィッシュ＆チップスの店やカフェや本屋なども多い。

↑大英博物館の館内エントランス

アクセス

ヴィクトリア線、ノーザン線
サークル線、ピカデリー線
キングス・クロス/Stパンクラス駅
ヴィクトリア線、ノーザン線
ウォレン・ストリート駅
セントラル線、ノーザン線
トッテナム・コート・ロード駅

リージェンツ運河トウパス
Regent's Canal Towpath
運河沿いの遊歩道は四季の植栽も美しく、散策にぴったり。

#リージェンツ運河トウパス

動物学博物館には、恐竜やドードー鳥など貴重な標本が大集合。入場無料

#大英博物館

AREA WALKING 05 KENSINGTON, CHELSEA

©iStock.com/Vladislav Zolotov

ケンジントン宮殿の庭園は美しく、気品に満ちている

おしゃれな街チェルシーとミュージアム

ケンジントン〜チェルシー周辺
Kensington, Chelsea

ハロッズを筆頭に王室御用達の高級百貨店やブランド・ショップが立ち並ぶエリア。作家や文化人が住んだ家が残るチェルシーでは高級住宅地をセレブ気分で散策したい。

MAP 付録P.12-13／P.18-19

ショップもレストランもハイソ
セレブが愛した街並みへ

ダイアナ元妃ゆかりのケンジントン・ガーデンズの南側は、その歴史とゴージャスな内装と華やかなディスプレイでロイヤルな雰囲気を体現できる老舗デパートやブランド店が軒を連ねる。また、ヴィクトリア＆アルバート博物館、科学博物館、自然史博物館の3大ミュージアムが集まるエリアでもあり、ヴィクトリア時代の文化的栄華を偲ばせる。

17世紀ごろから高級住宅街だったチェルシーは、古くは『ユートピア』の著者のトマス・モア、『クマのプーさん』の作者のA.A.ミルン、詩人のオスカー・ワイルドやアガサ・クリスティなども居を構え、ブルー・プラークを探すのも楽しい。近年ではフレディ・マーキュリーなどの家も残る。

↑ヴィクトリア＆アルバート美術館

アクセス

ピカデリー線
グロスター・ロード駅
ハイド・パーク・コーナー駅
サウス・ケンジントン駅
ディストリクト線、サークル線
ヴィクトリア駅
ピカデリー線ナイツブリッジ駅

154

HISTORY OF LONDON

栄光と酸鼻、至福と悲惨のドラマが滔々と流れる
ロンドンを知れば世界が見える

「全世界は1つの舞台」ならば、ロンドンという世界も大きな舞台であるだろう。
長大な歴史の流れを逸話なども楽しみながら気軽に眺めてみたい。

ブリタニアの中心都市ロンドン
カエサルがブリテン島に

紀元前54年、ケルト人の住むブリテン島にカエサル率いるローマ軍が上陸。ローマの属州ブリタニアの中心都市としてロンディニウム(ロンドン)が整備された。2世紀ごろから高さ6mの防御壁ロンドン・ウォールが建造された。5世紀末にはアングロ・サクソン人が進出・支配。11世紀にはイングランド最大の都市となり、のちにハンザ同盟の在外商館も置かれた。エドワード懺悔王はウエストミンスター寺院をロマネスク様式で創建した。

↑ロンドン塔をシェイクスピアは惨劇の場として描き、夏目漱石は「不気味だった」と書いた ▶P26

幽霊にも出会える?スポット
ノルマン朝とロンドン塔

エドワード懺悔王の死後、1066年にノルマンディー公ギヨーム2世はヘイスティングスの戦いでハロルド2世(アングロ・サクソン系最後のイングランド王)を破り、ロ ↑ウィリアム1世

ンドンも降伏させた。

ノルマンディー公はウエストミンスター寺院でイングランド王ウィリアム1世として即位し、イギリス王室の開祖となる(ノルマン・コンクエスト)。城塞としてホワイト・タワー(ロンドン塔)を建造するが、のちには牢獄として利用された。ヘンリー8世の2番目の王妃アン・ブーリンは無実の罪でここに投獄され、斬首された(彼女の幽霊の目撃情報は今も有名)。アン・ブーリンの王女エリザベス1世も投獄されたことがある。「塔の中の王子たち」として知られるエドワード5世と弟も幽閉され、消息を絶ったといわれる。夏目漱石は1900年にここを見学し、小説『倫敦塔』を書いている。

離婚のためなら宗教をも変える
メアリー1世は血の臭い

テューダー朝第2代のイングランド王ヘンリー8世(在位1509〜47年)の離婚問題を主な原因としてローマ・カトリックから分離したイギリス国教会が設 ↑メアリー1世

立された。これに反対したトマス・モア(『ユートピア』の著述で知られる)は処刑されるが、ヘンリー8世の側近で、宗教改革を主導したトマス・クロムウェルもやがてロンドン塔に収監され、処刑されてしまう。

ヘンリー8世の娘メアリー1世は、プロテスタントのイギリス国教会を敵視・迫害し、約300人をも処刑したため"ブラッディ・メアリー(血まみれのメアリー)"と称された。メアリー1世の後継エリザベス1世は国教会を国教とし、確かなものとした。やがてこれがピューリタン革命とつながっていく。1585年、ロンドンに進出したシェイクスピアはロンドンで新進の劇作家として大きな成功を収めた。

200	300	400	500	600	700	800	900	1000	1100	1200
ローマ帝国			アングロ・サクソン七王国					イングランド王国		
			449 サクソン人がロンドンを支配	604 セント・ポール大聖堂創建		851 ヴァイキングによるロンドン襲撃が続く	886 アルフレッド大王がロンドンを奪回・再建	927 イングランド統一 / 1016 デーン朝	1042 ウエストミンスター宮殿 / 1066 ノルマン朝	1154 プランタジネット朝
同時期の日本	百済使者来日		十七条憲法	大化の改新	大宝律令	遣唐使廃止	承平・天慶の乱	白河上皇院政	保元・平治の乱 / 鎌倉幕府	承久の乱

歩いて楽しむロンドン ロンドンの歴史

モーツァルト、ロンドンに行く
王妃に神童が見事な即興

8歳のモーツァルトは1764年、パリを出発してカレーからドーヴァーを渡り、ロンドンに着く。当時この街は音楽都市でもあって、ジョージ3世(在位1760〜1820年)は宮廷音楽を好み、イギリスの繁栄をバックに私的なコンサートなどを盛んに開催していた。バッキンガム宮殿では、王妃シャーロット・ソフィアが歌うアリアに即興で伴奏を披露し、その超人的な才能を発揮したという。神童モーツァルトのロンドン滞在は1年3カ月にも及び、多くの作品を残した。

ヴィクトリア期に多様な世界が
産業革命の光と影の葛藤

人口が50万を超えた17世紀のロンドンはヨーロッパ最大の都市になっていたが、1665年には人口の約25%が死亡したペストが大流行、翌1666年には市内の家屋の約85%を焼き尽くしたロンドン大火災が起こる。これらの災厄から、ロンドンは新しい都市計画によって近代都市へと再建されていく。

1760年代から進行した産業革命は、ロンドンをその中心的都市とするが、人口と産業の集中化は生活環境に深刻な影響も与えることになった。1837年にヴィクトリア女王が即位すると、産業革命は頂点を迎え、19世紀後半にはロンドン万博が開催され、世界初の地下鉄も開業する。文化的にはダーウィンの『種の起源』が発刊され、芸術・文学界ではターナーやラファエル前派、ディケンズやオスカー・ワイルドらが活躍し、個性に富んだ多様な世界が生み出されていった。

大戦後は流入する移民の問題が
飛行船攻撃から大空襲へ

第一次世界大戦(1914〜18年)の前半、連合国側のイギリス首都ロンドンは、ドイツ軍のツェッペリン飛行船による爆撃にさらされ、住民は呆然と空を見上げるばかりだったが、やがてイギリス軍は飛行機を使って反撃に出る。最初の大戦からわずか21年後には第二次世界大戦が勃発。1940年9月、ロンドンはナチス・ドイツ軍から無差別爆撃(ロンドン大空襲/The Blitz)を受け、死者4万人以上の被害を被っている。このころのロンドン上空には、敵機の低空侵入を防御するため、多くの気球(阻塞気球)が浮かんでいた。

大戦は結果的にドイツのブリテン島への上陸を諦めさせ、ロンドンは占領されることはなかった。1940年代からロンドンには多くの移民が流入し、多民族化と多様化が進んだが、この傾向は現在も続き、さまざまな不安な問題も生起している。

↑1940年、空襲を受けたロンドン市街

スインギング・ロックの時代が
ロンドンは文化発祥の地

ロンドンは多くの先端カルチャーの震源地でもある。1950年代末のモッズ、60年代のビートルズやツィギーらが輝いたスインギング・ロンドン、60年代後半のヒッピー、70年代後半のパンクなどが世界を席巻し、ライフスタイルにも多くの影響を与えてきた。現在はショーディッチが位置するイースト・ロンドンあたりが騒がしい。アートシーンではバンクシーが話題となり、ロンドンはそのストリート・アートが各所で見られる宝庫だ。

サッチャーも猫と暮らした家
代々の首相の歴史の証人

歴代の首相は300年以上の歴史を持つ官邸(ダウニング街10番地、一般にNumber 10と呼ばれる)に住むが、初の女性首相、第71代のマーガレット・サッチャー

↑ロンドンで最も重要な住所かもしれない

(在任1979〜90年)は、黒い正面玄関が印象的な官邸を「最も重要な国家遺産のひとつ」と高く評価し、猫を飼ったことでも有名。かつてロンドン市長を務め、2019年7月に首相となったボリス・ジョンソンは77代目にあたる。官邸には「首相官邸鼠捕獲長」の肩書きを持つ正式な飼い猫も"雇用"されていて、給与もある。

1400	1500	1600	1700	1800	1900	2000
	イングランド王国		グレートブリテン王国		イギリス	

- 1399 ランカスター朝
- 1461 ヨーク朝
- 1485 チューダー朝
- 1556 王立取引所設立
- 1558 エリザベス1世即位
- 1603 スチュアート朝
- 1640〜 ピューリタン革命
- 1652 コーヒー・ハウス出現
- 1665 黒死病の蔓延
- 1666 ロンドン大火災
- 1694 イングランド銀行設立
- 1707 グレートブリテン王国
- 1714 ハノーヴァー朝
- 1759 大英博物館開館
- 1801 アイルランド王国と連合
- 1829 ロンドン警視庁設置
- 1837 ヴィクトリア朝
- 1851 世界最初の地下鉄開業
- 1859 ビッグ・ベン完成
- 1862 ロンドン万国博覧会
- 1901 サウス・コパーク・ゴダ朝
- 1917 ウィンザー朝
- 1940 ロンドン大空襲
- 1952 エリザベス2世即位
- 1979 サッチャー首相就任

- 織田信長入京
- 豊臣秀吉関白
- 江戸幕府
- 生類憐みの令
- 享保の改革
- 寛政の改革
- 天保の改革
- 日清戦争
- 日露戦争
- 明治維新
- 日米和親条約
- 関東大震災

HISTORY OF LONDON

文庫1冊、旅行バッグにしのばせて
イギリスの文豪たち

イギリス文学のヒントになるかもしれない本の一端。シェイクスピアはP.50、80

ジェフリー・チョーサー
Geoffrey Chaucer (1340?～1400)

カンタベリー大聖堂への巡礼者らがそれぞれの物語を語るスタイルで書かれた『カンタベリー物語』は中世文学の傑作。作者はロンドン生まれのチョーサーで、その人間洞察の深さと鋭さはもより、ラテン語や当時の貴族の言葉であったフランス語ではなく、中期英語で著したことでも知られる。英詩の父とも称される。

ジョナサン・スウィフト
Jonathan Swift (1667～1745)

ダブリン生まれのスウィフトは聖パトリック大聖堂の司祭でもあったが、デフォーの『ロビンソン・クルーソー』の影響を受けて、当時のイギリスの政治や社会、さらに人間存在への痛烈な批判と嘲笑の風刺小説『ガリバー旅行記』を書いた。ほかに『桶物語』などが知られる。デフォーとともに近代小説の父ともされる。

ウィリアム・ワーズワース
William Wordsworth (1770～1850)

イギリス・ロマン派を代表する詩人ワーズワースは、生涯の大半を湖水地方で過ごしたため、湖畔詩人とも呼ばれた。コールリッジとの共著『抒情歌謡集』はロマン主義運動の画期的な詩集として高く評された。ほかに自伝的叙事詩『序曲』などが知られる。73歳で桂冠詩人(王室から任命された詩人)となっている。

ジェーン・オースティン
Jane Austen (1775～1817)

イギリス南部ハンプシャーの牧師館で生まれたオースティンの小説はどれも18～19世紀イングランドの田舎の中流生活を書いたもの。その登場人物の皮肉っぽく、ユーモラスな心理描写は高い評価を得ている。代表作は『高慢と偏見』『マンスフィールド・パーク』など。住んだことのあるバースには資料館がある。

チャールズ・ディケンズ
Charles Dickens (1812～1870)

軍港ポーツマス近郊に生まれ、のちにロンドンに住んだディケンズは、ヴィクトリア時代を代表する作家で、下層の人々の生活をヒューマニズムを基調にユーモアとペーソスで描き、国民的作家として人気を博した。代表作に『ディヴィット・コパフィールド』や『オリバー・ツイスト』『クリスマス・キャロル』などがある。

オスカー・ワイルド
Oscar Wilde (1854～1900)

「自然は芸術を模倣する」と言ったとされるワイルドは19世紀末を代表する作家・劇作家。同性愛で投獄されるなど、スキャンダラスな生涯を歩んだ。小説に『ドリアン・グレイの肖像』、詩劇の『サロメ』(挿絵を描いたビアズリーはブライトン生まれ)、喜劇の『真面目が肝心』、有名な童話『幸福の王子』などを残した。

ジョージ・バーナード・ショー
George Bernard Shaw (1856～1950)

アイルランド生まれのショーは、イギリス近代演劇を確立した劇作家で、生涯に53作もの戯曲を書き、1925年にはノーベル文学賞を受賞。代表作のひとつ『ピグマリオン』はミュージカル『マイ・フェア・レディ』の原作として知られる。ほかに『メトセラへ帰れ』や『人と超人』などがある。批評家としても活躍した。

サマセット・モーム
Somerset Maugham (1874～1965)

イギリス人を両親とし、パリに生まれたモームは幼くして孤児となりイギリスに渡る。軍医や諜報部員などを経て、ゴーギャンの生涯をモデルとした小説『月と六ペンス』を書いて注目された。わかりやすさと巧妙な物語性が好まれた作家で、長編として『人間の絆』や『お菓子とビール』、短編に『雨』などの傑作がある。

ジェイムズ・ジョイス
James Joyce (1882～1941)

ダブリン郊外に生まれた20世紀最大の作家の一人と評されたジョイスは、登場人物の意識の流れや、パロディ、洒落、地口、模倣などの手法を駆使してさまざまな文体で表現した小説『ユリシーズ』が特に知られる。ほかに『若き芸術家の肖像』や難解な言語で書かれた『フィネガンズ・ウェイク』などがある。

D.H. ロレンス
David Herbert Lawrence (1885～1930)

ノッティンガムシャーで炭坑労働者の息子として生まれたロレンスは、小学校の教員などをし、やがて創作活動に専念。恩師の妻フリーダと駆け落ちし、物質文明を嫌い、本能による性愛の充実を主張した。代表作『チャタレイ夫人の恋人』の邦訳は"わいせつ物頒布罪"に問われ、「チャタレー事件」として話題になった。

地方の名前は古語で「羊小屋のある丘」
コッツウォルズ
Short Trip to COTSWOLDS

緑の田園風景のなかへ

澄んだ水をたたえる川辺を歩き、小さな石橋を渡る。
村人たちが挨拶を交わして行き過ぎる。
石組みの壁と茅葺きの家並みが続く。
緑のゆるやかな斜面では羊たちが戯れている。
ロンドンの西方へ2時間ほどの、穏やかな丘陵地帯。
北のストラトフォード・アポン・エイヴォンから
南のバースの間、約160kmの間に村々が点在する。
村は鉄道とバスで結ばれ、のどかにたたずんでいる。
時間はゆるゆると流れ、風景はどこまでもやわらかい。

Contents
チッピング・カムデン ▶P.162
ブロードウェイ ▶P.164
ボートン・オン・ザ・ウォーター ▶P.166
ロウアー・スローター ▶P.167
バイブリー ▶P.168
バーフォード ▶P.169
テットベリー ▶P.170
カッスル・クーム ▶P.172
レイコック ▶P.174
ストラトフォード・アポン・エイヴォン ▶P.175
バース ▶P.176

©iStock.com/yuelan

SHORT TRIP TO COTSWOLDS

01 いにしえの情緒漂う コッツウォルズ最北の村
チッピング・カムデン
Chipping Campden

かつて羊毛取引でヨーロッパにも知られた村。今はその美しさで、世界中の観光客を魅了している。

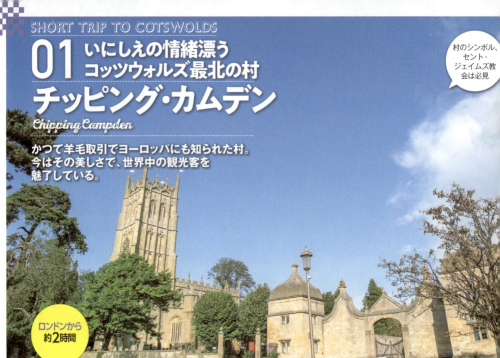

> 村のシンボル、セント・ジェイムズ教会は必見

ロンドンから約2時間

ハイStに軒を連ねる羊毛商人たちの古い建物

中世から近世にかけて羊毛産業で栄え、コッツウォルズを縦断する遊歩道コッツウォルド・ウェイの北の出発点となっている村。通りに面した古い石造りの建物には、飲食店、ショップ、郵便局などがあり、周辺の住人や観光客で賑わいをみせる。

ロンドンからのアクセス
ロンドンのPaddingtonパディントン駅から鉄道で約1時間30分のMoreton-in-Marshモートン・イン・マーシュ駅で下車し、さらにローカルバスで約30分、タウン・ホール下車。

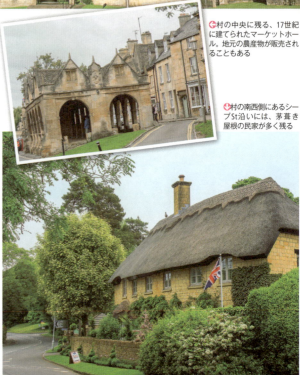

> 村の中央に残る、17世紀に建てられたマーケットホール。地元の農産物が販売されることもある

> 村の南西側にあるシープSt沿いには、茅葺き屋根の民家が多く残る

162

地元民が集うショッピング・ビレッジ
おすすめの人気スポット

ハイストリート沿いには、日常生活に欠かせない店舗が盛りだくさん。住民気分でショッピングを楽しもう。

20世紀はじめに保存活動で守られた美しい景観

村の中心にある豪華ホテル
コッツウォルド・ハウス・ホテル&スパ 〈ホテル〉
Cotswold House Hotel and Spa
MAP P.162
裕福な羊毛商人が建てた邸宅を改装したホテル。広い庭とスパ施設もあり、旅の疲れをゆっくり癒やすことができる。
☎01386-840330 ❖バス停の前 ♠The Square GL55 6AN 客数28 料⑤①£95～

↑本館の入口。庭に面した別館もある

↑クロスの掛かったテーブルで優雅な朝食

↑本館の客室。庭側と村の通り側がある

村の復興に関わった工房
ロバート・ウェルチ 〈ショップ〉
Robert Welch
MAP P.162
村が過疎化した20世紀はじめに、ロンドンから移住した職人の店。独創的なデザインの銀細工や鋳物用品が揃う。
☎01386-841671 ❖バス停から徒歩3分 ♠Lower High St, GL55 6DY ⏰9:30～17:30 日曜10:00～16:00 休無休

↑シープSt交差点の角にある

↑レシピ本に便利というブックスタンド£40(左)。シルバーのほか、鍋・釜・包丁などのキッチン用品も多数ある(右)

↑1693年に建てられた石造りの店内は、落ち着いた雰囲気

多彩なケーキに目移りしそう
バンタム・ティー・ルームズ 〈カフェ〉
Bantam Tea Rooms
MAP P.162
自家製のスコーンと伝統的なケーキが楽しめる人気の店。ケーキ類£1.55～はショーウインドーに並んでいるので選びやすい。スコーン2個とクリームティー£7.25。
☎01386-840386 ❖バス停から徒歩1分 ♠High St, GL55 6HB ⏰10:00(日曜10:30)～17:00 休無休

↑ハイSt沿いにありB&Bも経営

↑通りに面したショーウインドーに並ぶケーキ

ここにしかない逸品に出合える
フランキー・ドゥードゥル 〈ショップ〉
Frankie Doodle
MAP P.162
店の内外に小物や雑貨があふれる、楽しい雰囲気のショップ。エスプリの効いたカードや置物、地元の作家による独特なアクセサリーが揃う。
☎01386-841282 ❖バス停から徒歩1分 ♠High St, GL55 6AG ⏰9:30～17:00 日曜11:00～16:00 休無休

↑「ありふれた商品は置かない」と店主

↑ちょっと変わったみやげ物が見つかるかも

↑歩道まであふれるグッズが店の目印

01 チッピング・カムデン

コッツウォルズ

163

SHORT TRIP TO COTSWOLDS

02 駅馬車時代の繁栄を今に伝える古い村
ブロードウェイ
Broadway

地元で切り出されるハチミツ色の石灰岩で建てられた村は、絵はがきのような風景で旅行者を迎え入れる。

17世紀から18世紀に建てられた石造りの建物が残る

ロンドンから約**1**時間**55**分

北部コッツウォルズを代表する近世に栄えた宿場町

近世に、ロンドンからウスターにつながる街道沿いの宿場町として栄えた村。村名のとおり、村の中心に幅の広いハイ Stがあり、コッツウォルズ特有のハチミツ色をした建物が並ぶ。その風景は、駅馬車が停泊した時代を彷彿とさせる。

ロンドンからのアクセス
ロンドンのPaddingtonパディントン駅から鉄道で約1時間30分のMoreton-in-Marshモートン・イン・マーシュ駅で下車し、さらにローカルバスで約25分、リゴン・アームズ下車。

ここは立ち寄りたい

コッツウォルズを一望できる
ブロードウェイ・タワー
Broadway Tower
MAP P.160

ブロードウェイ村を見下ろす小高い丘の上に立つ石造りの塔は、中世の城塞のように見えるが、建てられたのは18世紀。塔の屋上からの眺望は抜群だ。

モリスも愛した丘の上の塔

☎01386-852390 ❖村のバス停から車で約10分 ㉿Middle Hill WR12 7LB ⏰10:00〜17:00 ㉁無休 ¥£5

⤵ウィリアム・モリス（→P178）はこの塔にたびたび訪れており、塔内にモリス関連の展示も

幅の広いハイStを散歩
おすすめの人気スポット

観光で訪れる人が多く、ハイStとその周辺に、楽しいショップやティールームが見つかる。

ハイStの東端は静かな住宅街が続く

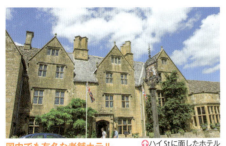

国内でも有名な老舗ホテル
リゴン・アームズ
The Lygon Arms 〈ホテル〉
MAP P.164
16世紀から続くホテルで、国王をはじめ多数の著名人が宿泊。歴史を感じさせる古い内装を生かした空間で、日常を忘れるひとときを過ごせる。
☎01386-852255 ❿バス停の前 ⌂High St, WR12 7DU 室数78室 ⓈⓉ£109～

↑ハイStに面したホテルの威容
↓本館脇の客室。中庭に面した客室棟もある

地元産品であふれる
ブロードウェイ・デリ
Broadway Deli 〈ショップ〉
MAP P.164

コッツウォルズと周辺で作られる食料品を扱う店。オリーブオイルやビールなどおみやげになる品や、テイクアウェイできる良質な自家製スイーツも販売している。
☎01386-853040 ❿バス停の前 ⌂St Patrick's, 29 High St, WR12 7DP 営8:00～17:00 日曜9:00～15:00 休無休

↑おみやげにも人気が高い地元産のハチミツ£5.75～
↓店先に新鮮な野菜や果物をディスプレイ

本格的な紅茶が楽しめる
ティサンズ・ティー・ルームズ
Tisanes Tea Rooms 〈カフェ〉
MAP P.164
ロンドンの老舗紅茶店ウィタードに勤めていたオーナーによる店。30種類以上の紅茶と、自家製ケーキやサンドイッチが味わえる。アフタヌーンティーも£12.50とお手ごろだ。

↑紅茶の販売もしている
☎01386-853296 ❿バス停から徒歩2分 ⌂Cotswold House, 21 The Green WR12 7AA 営10:00～17:00 休無休

↑スコーン1つとポットの紅茶のクリームティー£2.80

隣村にある有名庭園と邸宅
スノーズヒル・マナー
Snowshill Manor 〈ショップ〉
MAP P.160
ブロードウェイの南、スノーズヒルという小村にある16世紀ごろの邸宅。20世紀初めに造られたイギリス庭園と、館内に残る世界各地の手工芸品のコレクションが見どころ。

↑小区画に区切られた庭園は20世紀初頭の形式

☎01386-852410 ❿バス停から車で10分 ⌂Snowshill WR12 7JU 営12:00～17:00(11月は11:00～14:30) 休月・火曜、12～3月 料£7.40

コッツウォルズ

02 ブロードウェイ

165

SHORT TRIP TO COTSWOLDS

03 コッツウォルズ屈指の美しい水の都
ボートン・オン・ザ・ウォーター
Bourton-on-the-Water

観光シーズンにはいつも多くの人出で賑わうコッツウォルズの人気村。小川沿いをそぞろ歩けば気分もリフレッシュ。

村を流れる小川のほとり、芝生でのんびりしよう

ロンドンから約2時間5分

美しい水辺が楽しい
コッツウォルズのベニス

　澄んだ小川に小さな石橋が架かる、おだやかな風景が特徴的な村。通りや小川沿いに並ぶ古い石造りの民家には、みやげ物店やレストラン、オープンカフェなどがある。暑い季節には、素足を小川に入れて遊ぶ人々の姿も見られ、開放的な雰囲気に満ちている。

⇒おしゃれなショップやティールームが並ぶ小川沿いのストリート

オリジナル香水を製造販売
コッツウォルド・パフューメリー
The Cotswold Perfumery 〔ショップ〕
MAP P.166

50年以上にわたり、村で独自の香水を作り続ける家族経営の店。製品の質は高く、エリザベス女王をはじめ、ロイヤルファミリーからも注文を受けている。

☎01451-820698 ◉バス停から徒歩1分 ㊐Victoria St, GL54 2BU ◉9:30(日曜10:30)～17:00(夏季は～17:30) ㊡無休 ♪♩♭

ロンドンからのアクセス

ロンドンのPaddingtonパディントン駅から鉄道で約1時間30分のMoreton-in-Marshモートン・イン・マーシュ駅で下車し、さらにローカルバスで約35分、ウォー・メモリアル下車。

⇒純植物性の石鹸£4.35
⇒お好みの香水6本詰め合わせ£11.95

⇑店舗は300年前に建てられた古い建物にある
⇒香水用の小瓶など、小物類も扱っている

04 人々の日常が静かに流れる小村
ロウアー・スローター
Lower Slaughter

喧騒から離れ、静かな小村を訪れたいならここ。
イギリスの素朴な田園風景に出合える。

コッツウォルズを代表するシーンとして有名

ロンドンから約2時間20分

散策しながら享受するコッツウォルズの日常

隣村のボートン・オン・ザ・ウォーターと同じ小川沿いの村だが、雰囲気は大きく異なる。ここにはホテルと、赤レンガの水車小屋を改装したショップ兼ティールームが1軒あるだけだ。コッツウォルズの村の日常が感じられ、訪れる人は後を絶たない。

ロンドンからのアクセス

ロンドンのPaddingtonパディントン駅から鉄道で約1時間30分のMoreton-in-Marshモートン・イン・マーシュ駅下車。タクシーで約15分またはバス(セント・メリー教会下車)と徒歩35分。

憧れのマナーハウスホテル
ローズ・オブ・ザ・マナー
Lords of the Monor

ホテル

MAP P.167

ロウアー・スローターの隣村アッパー・スローターにある有名なマナーハウスホテル。17世紀の邸宅を改装したもので、優雅なひとときを過ごせる。

☎01451-820243 ロウアー・スローター村から車で約5分 Upper Slaughter GL54 2JD 客数26 料⑤①£250〜

吹き抜けの大広間などはない小ぶりな建物で、スタッフとの距離も近い

↑別館の寝室。本館には天蓋付きのベッドがある部屋も
↑広い庭園で味わえるアフタヌーンティー£27.50

SHORT TRIP TO COTSWOLDS

05 モリスが賞賛した緑に包まれた村
バイブリー
Bibury

石造りの住宅アーリントン・ロウがあり、コッツウォルズを訪れるツアーの目玉ともいえる場所。

今も住民が暮らす中世の建物アーリントン・ロウ

ロンドンから約2時間30分

毛織物産業の繁栄を伝える石造りの建物と水辺の風景

詩人、工芸デザイナーとして知られるウィリアム・モリスが、19世紀の中ごろ、「イギリスで一番美しい村」と称したことで知られる。石造りのアーリントン・ロウは、かつて毛織物の工房として使用され、作業場だった隣接する水辺とともに保存されている。

ロンドンからのアクセス

ロンドンのVictoria Coach Stationヴィクトリア・コーチ・ステーションから長距離バスで約2時間のCirencesterサイレンセスター下車。ローカルバスで約15分、Bibury Post Officeバイブリー・ポスト・オフィス下車。

小川のほとりに立つホテル
スワン・ホテル
The Swan Hotel　ホテル
MAP P.168

白鳥や水鳥が遊ぶコルン川に沿って村を散策すると、必ず目に入る石造りのホテル。テラス席のある中庭やバーで、お茶や食事が楽しめる。
☎01285-740695 バス停から徒歩1分
Bibury GL7 5NW 客室数22 料金⑤①£150～

↑「一番美しい村」の一番のホテル

↑「人生で最高の朝食」が供される

↓19世紀の建物を改装し、内装を上品にまとめたプチホテル

06 長い坂道に並ぶ様式の異なる建物
バーフォード
Burford

定期的に市場が開いたマーケットタウン、駅馬車が停車する宿場町として栄えた古くからの要衝。

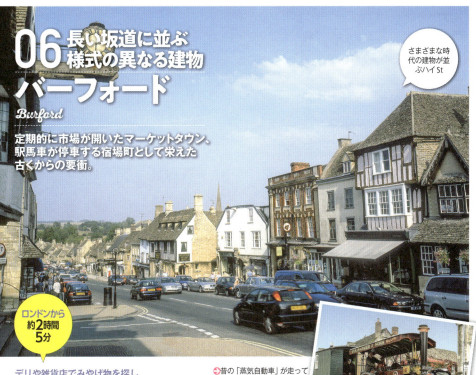

→さまざまな時代の建物が並ぶハイSt

ロンドンから約**2**時間**5**分

デリや雑貨店でみやげ物を探しティールームやパブでひと休み

オックスフォードからグロスターに向かう幹線道路沿いにあり、コッツウォルズの東の玄関口と呼ばれる村。この地方では珍しく、石造りのほかに、木骨組の家が混在する。有名菓子店ハフキンスもあり、村の風景とともに、ショッピングも楽しめる。

ロンドンからのアクセス

ロンドンのPaddingtonパディントン駅から鉄道で約1時間20分のKinghamキンガム駅下車。さらにローカルバスで約30分、War Memorialウォー・メモリアル下車、またはタクシーで約15分。

→昔の「蒸気自動車」が走っているのを見かける

イギリス伝統菓子の老舗
ハフキンス
Huffkins　ショップ

MAP P.169

日本で開催される「英国展」にも出店している有名な店。1890年にこの村で創業し、スコーンやパンなどを、伝統的な手法で作り続けている。

☎01993-824694　❸観光案内所から徒歩2分　🏠98 High St, Ox18 4QF　⏰8:30(日曜10:00)〜17:00　休無休

↑パンや菓子などのテイクアウェイのコーナー

↑イチゴのタルトやキャロットケーキなど£2.25〜

↓ティールームでは、終日アフタヌーンティーが楽しめる

コッツウォルズ

05 バイブリー／06 バーフォード

169

SHORT TRIP TO COTSWOLDS

07 ちょっとハイソな アンティークの街

テットベリー
Tetbury

アンティークショップとロイヤルファミリーで知られ、モダンなホテルやティールームに出合える街。

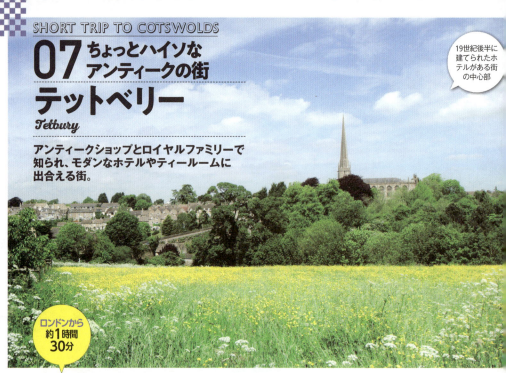

19世紀後半に建てられたホテルがある街の中心部

ロンドンから約1時間30分

歴史ある街並みを生かしクラシックとモダンが交錯

古くは羊毛取引で繁栄し、その象徴であるマーケット・ハウスが街の中央に立つ。そこから四方に延びる通りには、古い建物を利用した商店が軒を連ね、特にアンティークショップが目立つ。郊外にチャールズ皇太子やアン王女の別荘があるためか、街にはそこはかとなく高級感が漂う。

ロンドンからのアクセス

ロンドンのPaddingtonパディントン駅から鉄道で約1時間10分のKembleケンブル駅で下車、ローカルバスで約20分、BankバンクまたはNewsagentニュースエージェント下車。

⬆高い尖塔が目印のセントメアリー教会(左)。いつも賑わっている街の中心部(右)

⬇円柱のコラムが並ぶマーケット・ハウスでは現在も市が立ち、アンティークなどが販売される

170

→街の教会に向かうチャーチStの賑わい

たくさんのショップから選ぶならここ
おすすめの人気スポット
みやげ物を探し、アンティークショップをのぞく。
休憩はちょっとモダンなホテルやティールームで。

街の中心にあるプチホテル
ザ・クローズ・ホテル
The Close Hotel 〈ホテル〉
MAP P.170

16世紀初めごろに建てられた邸宅を改装したホテル。1階のバーとレストランでは、ソファでくつろぎながらコーヒーを飲んだり、アフタヌーンティーを楽しむことができる。
☎01666-502272 ⊗マーケット・ハウスから徒歩1分 働Long St, GL8 8AQ 客室数19 料⑤①£350〜 ♣♣♣

↑賑やかな通りに面した正面入口

↑レストランに面した庭。テラス席もある

↑内装は全室異なり、庭に面した部屋や屋根裏のこぢんまりした部屋などがある

気軽にひと休み
リンゼイズ
Lyndseys 〈カフェ〉

レストランやティールームはたくさんあるが、アットホームな雰囲気を選ぶならこの店。クリームティー£5、軽食には日替わりスープ£4.95などがあり、料金も手ごろ。
☎01666-503696 ⊗マーケット・ハウスから徒歩1分 働19 Church St, GL8 8JG 営10:00(土曜9:00)〜16:00 休無休

↑サラダと自家製コールスローが付くサンドイッチ£4.75〜

↑街の中心部にあり、立ち寄るのに便利

↑ボードに書き出される日替わりの手作りケーキ£2.95

チャールズ皇太子の店
ハイグローヴ
Highgrove 〈ショップ〉
MAP P.170

チャールズ皇太子が設立したブランド「ハイグローヴ」のショップ。別荘の庭園に育つ草花をデザインした小物入れや文具類など、みやげ物にぴったりなアイテムが揃う。
☎0333-2224555 ⊗マーケット・ハウスから徒歩1分 働10 Long St, GL8 8AQ 営9:30〜17:00 日曜10:30〜16:30 休無休 ♣♣♣

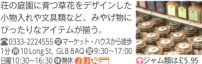
↑ニワトリをデザインした卵カップ£9.50

↑ジャム類は£5.95

↑店での売り上げはチャリティに寄付されている

テットベリー郊外のホテル
ザ・ヘアー・アンド・ハウンズ・ホテル
The Hare & Hounds Hotel 〈ホテル〉
MAP P.170

テットベリーから南に4kmほど行った、牧草地と自然に囲まれたホテル。18世紀の農家の建物を利用しているが、20世紀にホテルとして拡張しているので設備は新しく快適だ。
☎01666-881000 ⊗マーケット・ハウスから車で10分 働Westonbirt GL8 8QL 客室数44 料⑤①£250〜 ♣♣♣

↑1階にフロントやロビーがある邸宅風の本館

↑別館の客室。庭園に面した部屋もある

↑レストランで供されるフル・イングリッシュブレックファスト

07 テットベリー

コッツウォルズ

171

SHORT TRIP TO COTSWOLDS

08 時代を遡ったような過去の風景に出合える
カッスル・クーム
Castle Combe

石造りのコテージが並ぶ、
古き良き時代のイギリスの風景を残す村。
映画やドラマの舞台としても有名だ。

近世に毛織物の工房として使われた建物が並ぶ

ロンドンから約1時間30分

緑に包まれた谷間の村は時代を超えた隠れ里

イギリスで最も美しい村のひとつとして、コッツウォルズのみならず、全国的に名を馳せる村。最後の家が建てられたのが17世紀初めごろとされ、近世におけるイギリスの村の様子をよく残している。観光のための施設は乏しいものの、世俗を離れた村の風景を堪能できる。

ロンドンからのアクセス
ロンドンのPaddingtonパディントン駅から鉄道で約1時間10分のChippenhamチッペナム駅下車、ローカルバスで約20分、Village Centreヴィレッジ・センター下車。

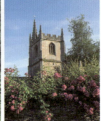

⬆立派な塔をもつ、村の中心にある教会

⬆窓辺の装飾。人々が日常生活を送る生きた村

⬅村に通じる道路は細いため、交通量も少なく静か

172

ゆったりとした時間を楽しむ
おすすめの人気スポット

雑貨店などショップはないので、みやげ物は探せないが、風景を堪能する貴重な時間を見つけられる。

村の広場にあるマーケット・クロスと隣接の教会

自宅を利用したティールーム
オールド・レクトリー・ティールーム 〔カフェ〕
The Old Rectory Tearoom
MAP P.172

ホテルやパブなどを除けば、村で唯一のティールーム。店内は女性オーナーのセンスで選ばれた、かわいらしい置物で装飾されている。事前予約が必須なので注意。
☎01249-782366
⊗教会から徒歩1分 所The St, SN14 7HU 営10:00〜15:00 休不定休

↑通りに面した入口。15世紀に建てられた建物を利用している

↑スコーン2つと紅茶かコーヒーが付くクリームティー£4.95

村の真ん中にあるパブ
カッスル・イン 〔ホテル〕
Castle Inn
MAP P.172

広場に沿ってテーブルが並び、賑やかな笑い声が聞こえてくるパブ。ビールなどのアルコール類はもちろん、コーヒーや紅茶で休憩することも。おいしいパブランチなどの食事もある。
☎01249-783030 ⊗教会の前 所Castle Combe SN14 7HN 営12:00〜21:00(日曜は〜15:00) 休無休

↑全部で12室あるホテルも営業している

→ビールのほか、日曜以外はクリームティーもある(左)。12世紀の建物を改装した店内(右)

本格的なマナーハウス
ザ・マナーハウス 〔ホテル〕
The Manor House
MAP P.172

村に隣接する広大な緑の敷地に立つ、貴族の邸宅を改装したマナーハウスホテル。近世に建てられた荘厳な邸宅の雰囲気を味わうことができ、食事やお茶だけでも利用したい。
☎01249-782206 ⊗教会から徒歩3分 所Castle Combe SN14 7HX 室数48 料Ⓢ Ⓣ £215〜

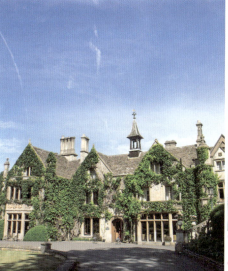

↑3段トレーのアフタヌーンティーは£32.50

←42万坪の広大な敷地に囲まれ、イタリア式の庭園もある

↑ディナーや朝食に利用されるレストラン

↑本館の建物は14世紀に建てられ、繰り返し改装された

08 カッスル・クーム

コッツウォルズ

173

SHORT TRIP TO COTSWOLDS

09 修道院屋敷が残る南部の珠玉の村

レイコック
Lacock

石造りや木骨組などの建物が並ぶ魅力的な村の風景

ナショナル・トラストが保存管理している村。路地を歩けば、まるで過去にタイムスリップしたかのようだ。

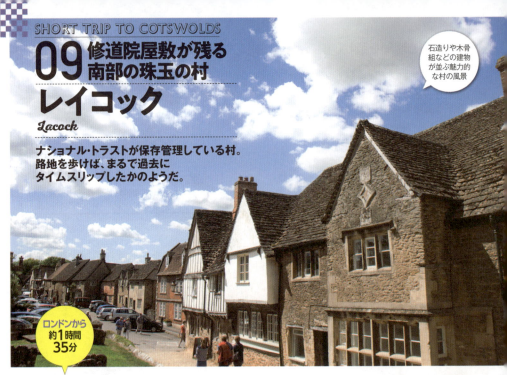

ロンドンから約1時間35分

過去の風景を残しつつ生活の場として息づく

村がつくられたのは、隣接するレイコック・アビーが建てられた中世に遡るといわれるが、現在の建物はその大半が18世紀ごろのものだ。近世の面影をそのまま残しているのは、ナショナル・トラストが村全体を管理しているからで、映画やドラマのロケに利用されている。

ロンドンからのアクセス

ロンドンのPaddingtonパディントン駅から鉄道で約1時間10分のChippenhamチッペナム下車、ローカルバスで約25分、The Georgeザ・ジョージ下車。

村を所有していた貴族の館
レイコック・アビー
Lacock Abbey （教会）
MAP P.174

12世紀に建てられた女子修道院だったが、中世の宗教改革で貴族の邸宅となった。ハリー・ポッターの映画の舞台として利用されている。

☎01249-730459 ⊗バス停から徒歩約5分
所Lacock SN15 2LG 開10:30〜17:00
11月〜2月中旬11:00〜16:00 休無休 料£11.20

↓石組みのアーチが見事な回廊は、修道院時代の名残

↑形もかわいらしい石鹸£2.95

手作り石鹸で有名な店
クインテッセンシャリー・イングリッシュ
Quintessentially English （ショップ）
MAP P.174

添加物、保存料無添加のオーガニック石鹸が人気のショップ。入浴剤や美容品のほか、家庭雑貨なども多数取り扱っている。

☎01249-730100 ⊗バス停から徒歩1分
所11 West St, SN15 2LH 開10:30〜16:30
休9〜3月の火曜

↑店内にはやさしい香りが漂う

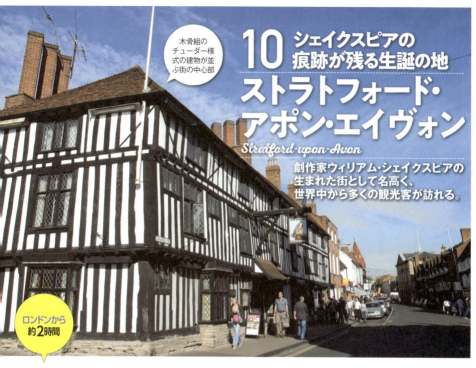

10 シェイクスピアの痕跡が残る生誕の地
ストラトフォード・アポン・エイヴォン
Stratford-upon-Avon

木骨組のチューダー様式の建物が並ぶ街の中心部

劇作家ウィリアム・シェイクスピアの生まれた街として名高く、世界中から多くの観光客が訪れる。

ロンドンから約2時間

チューダー朝の街並みとエイヴォン川沿いの緑を堪能

シェイクスピアゆかりの地として有名な街。生家や、晩年を過ごした場所、埋葬された教会などがあり、劇場では彼の作品を鑑賞することができる。近世の雰囲気を伝える街並みや、のどかな川沿いの風景なども魅力的で、シェイクスピアファンならずとも、散策を楽しめるだろう。

ロンドンからのアクセス

ロンドンのMaryleboneマリルボーン駅から鉄道で約2時間のStratford-upon-Avonストラトフォード・アポン・エイヴォン駅下車。

青年期を過ごした家
シェイクスピアの生家
Shakespeare's Birthplace 史跡
MAP P.175

1564年にシェイクスピアが生まれた家。革手袋の製造と卸売業で成功した父親が購入したもので、当時の生活を再現した家具や調度品が展示されている。

☎01789-204016 駅から徒歩7分 所 Henley St, CV37 6QW 時9:00～17:00(7・8月は～17:30) 11～3月10:00～16:00 休無休 £16.50

↑15世紀末から16世紀初めの建物

家族も暮らしていた場所
ニュー・プレイス
New Place 史跡
MAP P.175

シェイクスピアが晩年に購入し、亡くなるまで過ごした豪邸があった場所。18世紀に取り壊され、現在は土台のみが残っている。

☎01789-292325 駅から徒歩10分 所22 Chapel St, CV37 6EP 時10:00～17:00 11～3月11:00～16:00 休無休 £12.50

➡ニュー・プレイスの東側にある小公園

コッツウォルズ

09 レイコック／10 ストラトフォード・アポン・エイヴォン

SHORT TRIP TO COTSWOLDS

11 ローマ時代に栄えた
温泉の湧く南の街

バース
Bath

温泉の魅力に誘われ古代ローマ人が建設。その後、ヴィクトリア国王時代に貴族や富裕層の保養地として栄えたエレガントな建物が多い観光の街。

> パルトニー・ブリッジの下からクルーズが出る

©iStock.com/chrisdorney

> ロンドンから約1時間30分

コッツウォルズのすぐ南 観光客で賑わっている街

街名が風呂（バス）の語源ともいわれるが、温泉が湧いたからこの街名になったという説もある。いずれにせよ、古代ローマの時代から温泉の街として発展した。ローマの衰退とともに街もさびれたが、19世紀のヴィクトリア女王時代に復活。貴族や富裕階のリゾートとなった。華麗な建造物は大戦でドイツ軍が破壊したがのちに再建された。

ロンドンからのアクセス

鉄道はPaddingtonパディントン駅からBath Spaバース・スパ駅まで約1時間30分。1時間に1〜2便。　高速バスはVictoria Coach Stationヴィクトリア・コーチ・ステイションから出ていて、約3時間。

↑もうひとつのバース名物、バース・バンを提供するティールーム。アフタヌーンティーも楽しめる

176

世界文化遺産に指定された美しい景観の街
蘇った優雅な建造物と温泉
19世紀ロンドンの上流階級の好みで建てられた建造物はバースをエレガントな街に仕立て、周辺の街と趣が違う。

優美な建物が多く、いつも観光客で賑わう

ローマ人が造った大浴場
ローマン・バス博物館
The Roman Baths 〔史跡〕
MAP P.176

紀元前1世紀のローマ時代に建造された大浴場。埋没していたが、19世紀に発見され発掘。現在は博物館になっており、ギリシャ神話のミネルヴァの胸像やコインなどが展示されている。

☎01225-477-785 ❀Bath Spaバース・スパ駅から徒歩5分 ⌂Stall St, BA1 1LZ ⏰9:00～22:00 冬季9:30～18:00 休12月25・26日 料£18～20

ローマ時代、温泉は神の恩寵と考えられた

バース市民たちのマーケット
ギルドホール・マーケット
Guildhall Market 〔市場〕
MAP P.176

エイヴォン川のほとりにある市民たちのマーケットで、こぢんまりして見えるが、中に入ると意外に広く、小さな店が集まっている。衣服や布地から、肉や野菜などの食料品、お菓子など、生活必需品はなんでもある。

☎01225-461593 ❀Bath Spaバース・スパ駅から徒歩5分 ⌂High St,City Centre,BA2 4AW ⏰8:00～17:00 休無休

↑往時、サウナやマッサージ・ルームなどが完備していた
©iStock.com/herraez

↑お気に入りの一品を見つけて帰りたい

クレッセントは三日月の意
ロイヤル・クレッセント
Royal Crescent 〔史跡〕
MAP P.176

美しい三日月のような曲線を描きながら、30軒ほどの上流階級の大邸宅が立ち並ぶ。天才といわれたジョン・ウッドの設計。

☎01225-823-333 ❀Bath Spaバース・スパ駅から徒歩20分 ⌂16 Royal Cres.,BA1 2LS ⏰10:00～17:00 休無休 料£10.60

↑↑内装はジョージ王朝時代の様式

美しい天井が見もの
バース寺院
Bath Abbey 〔教会〕
MAP P.176

アーチの形状が天井を美しく埋め尽くしている。993年、統一イングランド初代国王が戴冠式を挙行した、由緒のある教会だが、現在の建物は1499年の建造。

☎01225-422-462 ❀Bath Spaバース・スパ駅から徒歩5分 ⌂12 Kingston Buildings, BA1 1LT ⏰9:00 (月曜9:30)～17:30(土曜は～18:00) 日曜13:00～14:30、16:00～18:00 休無休 料£10.60

↑教会の内部

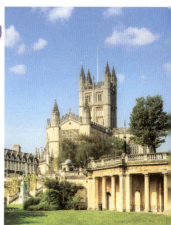
↑荘厳な外観が素晴らしい
©iStock.com/travellinglight

コッツウォルズ

11 バース

ウィリアム・モリスとコッツウォルズ

自然の草花や鳥などをモチーフにしたプリント柄で知られるウィリアム・モリス。
コッツウォルズをこよなく愛し、ケルムスコット村に別宅を持っていたことで知られる。

モリスの生い立ちとコッツウォルズとの出合い

ウィリアム・モリスは1834年、ロンドン郊外のウォルサムストウに生まれた。王室御用林であるエッピングの森に接する、広い庭園がある邸宅で育ち、子どものころから自然と親しんだ。17歳でパブリック・スクールのモールバラ校に入学。近在する環状列石などの古代遺跡、教会などの歴史的建造物に興味を抱くようになる。聖職者を目指してオックスフォード大学に進学するが、ここで知り合ったバーン=ジョーンズとともに、芸術家の道を選ぶ。コッツウォルズと出合ったのはこのころだろう。

William Morris（1834〜1896）

粗悪品の大量生産に抗し手工芸の復興運動を主導

1861年、モリスは志を同じくする画家や工芸家たちとモリス・マーシャル・フォークナー商会を設立し、家具やステンドグラス、壁紙などの室内装飾を手がけ、たいへん人気となる。商会は芸術家たちの共同工房のようなもので、モリスたちは手工芸と、そこから生み出される新しいデザインにこだわった。このような思想を背景に、1880年代に現れたのがアーツ・アンド・クラフツ運動だ。産業革命によって大量生産が可能になり、粗悪品があふれるようになったことに反発し、手工芸の復興を唱えた運動で、モリスはその主導的な立場にあった。

⬆モリスがデザインする実用品の多くは、自然の草花がモチーフとなっている

ケルムスコット・マナーとコッツウォルズへの影響

1871年、モリスはコッツウォルズ東部のケルムスコット村にある邸宅を借り、仕事の拠点をロンドンに置きながら、この地方に滞在するようになる。当時この地方は主要産業だった毛織物業が衰退し、廃墟と化した村もあったが、その美しさと貴重さを世に伝えたのもモリスだった。古い建築物がむやみに改修されることに反対し、古いままの姿で残された建築物はコッツウォルズにも見られる。また、アーツ・アンド・クラフツ運動に賛同する芸術家や工芸家が、この地方に移住し、村の保存活動も行われるようになった。今日のコッツウォルズの姿は、モリスの思想とその賛同者たちの活動なしにはありえなかっただろう。

⬆世界中の家庭で愛されている、モリスがデザインしたインテリア用品

モリスの理想郷
ケルムスコット・マナー
Kelmscott Manor
バイブリー MAP P.161

モリスが別宅として借りていた邸宅。16世紀後半に建てられ17世紀に増築された建物で、壁紙、カーテン、ソファなどは、独特の美しいデザインで装飾され、モリスの世界を堪能することができる。
☎01367-252486 ▪バーフォード（Burford）から車で20分 ▪Kelmscott GL7 3HJ ▪4〜10月の水・土曜11:00〜17:00 ▪11〜3月、4〜10月の月・火・木・金・日曜 ▪£9
※2020年は改装工事のため閉鎖中。

⮕モリスの著書『ユートピアだより』の挿絵に使われている邸宅正面

ホテルリスト

HOTEL

● バッキンガム別館とも呼ばれる歴史と格式

クラリッジス
Claridge's
ハイド・パーク周辺 **MAP** 付録P.13 F-2
☎020-7629-8860 ⊗Ⓤ Bond Streetボンド・ストリート駅から徒歩3分 ⌖ Brook St Mayfair, W1K 4HR ⒷⓈⓉ £660～ 寢数 190室 ⒽⓅ www.claridges.co.uk

---

● 世界のセレブに愛される名門ホテル

ドーチェスター
The Dorchester
ハイド・パーク周辺 **MAP** 付録P.13 F-3
☎020-7629-8888 ⊗Ⓤ Hyde Park Cornerハイド・パーク・コーナー駅から徒歩7分 ⌖ Park Lane, W1K 1QA ⒷⓈⓉ £420～ 寢数 250室 ⒽⓅ www.dorchestercollection.com/en/london/the-dorchester

---

● パレスのようなたたずまいとインテリア。食も一流

ザ・リッツ・ロンドン
The Ritz London
ソーホー～コヴェント・ガーデン周辺 **MAP** 付録P22 B-4
☎020-7493-8181 ⊗Ⓤ Green Parkグリーン・パーク駅から徒歩2分 ⌖ 150 Piccadilly, W1J 9BR ⒷⓈⓉ £425～ 寢数 136室 ⒽⓅ www.theritzlondon.com

---

● 改装を経てさらに華やか。豪華ホテルの祖

サヴォイ
The Savoy
ソーホー～コヴェント・ガーデン周辺 **MAP** 付録P.15 D-3
☎020-7836-4343 ⊗Ⓤ Embankmentエンバンクメント駅から徒歩5分 ⌖ Strand, WC2R 0EZ ⒷⓈⓉ £410～ 寢数 267室 ⒽⓅ thesavoy.grandluxuryhotels.com/en/h/396/the-savoy-hotel-london

---

● 結婚式前日にキャサリン妃が宿泊

ゴーリング
The Goring
バッキンガム宮殿～ウエストミンスター寺院 **MAP** 付録P20 A-1
☎020-7396-9000 ⊗Ⓤ Victoriaヴィクトリア駅から徒歩4分 ⌖ 15 Beeston Place, SW1W 0JW ⒷⓈⓉ £445～ 寢数 69室 ⒽⓅ www.thegoring.com

---

● 大規模改修を経て、さらにラグジュアリーに

マンダリン・オリエンタル・ハイド・パーク
Mandarin Oriental Hyde Park London
ハイド・パーク周辺 **MAP** 付録P.13 E-4
☎020-7235-2000 ⊗Ⓤ Knightsbridgeナイツブリッジ駅から徒歩2分 ⌖ 66 Knightsbridge, SW1X 7LA ⒷⓈⓉ £600～ 寢数 181室 ⒽⓅ www.mandarinoriental.com/london/hyde-park

---

● 施設が充実。洗練されたしつらえとサービスが好評

フォーシーズンズ・アット・パーク・レーン
Four Seasons Hotel at Park Lane
ハイド・パーク周辺 **MAP** 付録P.13 F-4
☎020-7499-0888 ⊗Ⓤ Hyde Park Cornerハイド・パーク・コーナー駅から徒歩3分 ⌖ Hamilton Place, Park Lane, W1J 7DR ⒷⓈⓉ £725～ 寢数 193室 ⒽⓅ www.fourseasons.com/london

---

● モダンに生まれ変わった老舗ホテル

コンノート
The Connaught
ハイド・パーク周辺 **MAP** 付録P.13 F-3
☎020-7499-7070 ⊗Ⓤ Bond Streetボンド・ストリート駅から徒歩6分 ⌖ Carlos Place, W1K 2AL ⒷⓈ £480～ Ⓣ £570～ 寢数 121室 ⒽⓅ www.the-connaught.co.uk

---

● モダン×アンティークなインテリアも素敵

ハム・ヤード
Ham Yard Hotel
ソーホー～コヴェント・ガーデン周辺 **MAP** 付録P22 C-2
☎020-3642-2000 ⊗Ⓤ Piccadilly Circusピカデリー・サーカス駅から徒歩2分 ⌖ One Ham Yard, W1D 7DT ⒷⓈⓉ £470～ 寢数 91室 ⒽⓅ www.firmdalehotels.com/hotels/london/ham-yard-hotel

---

● 街を象徴する複合ビルの高層階に位置

シャングリラ・アット・ザ・シャード
Shangri-La Hotel At The Shard
ショーディッチ～イースト・エンド周辺 **MAP** 付録P.16 C-3
☎020-7234-8000 ⊗Ⓤ London Bridgeロンドン・ブリッジ駅から徒歩1分 ⌖ 31 St. Thomas St., SE1 9QU ⒷⓈⓉ £445～ 寢数 202室 ⒽⓅ www.shangri-la.com/london/shangrila

---

● エドワード王朝様式の建物に泊まる

ローズウッド
Rosewood London
ソーホー～コヴェント・ガーデン周辺 **MAP** 付録P.15 E-1
☎020-7781-8888 ⊗Ⓤ Holbornホルボーン駅から徒歩3分 ⌖ 252 High Holborn, WC1V 7EN ⒷⓈⓉ £544～ 寢数 308室 ⒽⓅ www.rosewoodhotels.com/en/london

---

● 著名な文化人たちも暮らした品格あるホテル

バークレー
The Berkeley London
ケンジントン～チェルシー周辺 **MAP** 付録P.13 E-4
☎020-7235-6000 ⊗Ⓤ Hyde Park Cornerハイド・パーク・コーナー駅から徒歩4分 ⌖ Wilton Place Knightsbridge, SW1X 7RL ⒷⓈ £450～ Ⓣ £480～ 寢数 190室 ⒽⓅ www.the-berkeley.co.uk

179

HOTEL

◉ 洗練されたモダンなラグジュアリー・ホテル
ザ・ウェルズリー
The Wellesley Knightsbridge London
ケンジントン〜チェルシー周辺 MAP 付録P.13 F-4
☎020-7235-3535 ⊗ ⓤ Hyde Park Corner ハイド・パーク・コーナー駅から徒歩2分 ㊟11 Knightsbridge, SW1X 7LY 料⑤ £390〜 室数 36室 ㏋ www.marriott.com/hotels/travel/lonwb-the-wellesley-knightsbridge-a-luxury-collection-hotel-london

◉ カジノも有する伝統の中規模5ツ星
デュークス
Dukes London
ソーホー〜コヴェント・ガーデン周辺 MAP 付録P.14 B-3
☎020-7491-4840 ⊗ ⓤ Green Park グリーン・パーク駅から徒歩4分 ㊟35 St James's Place, SW1A 1NY 料⑤ £250〜 室数 87室 ㏋ www.dukeshotel.com

◉ 駅構内にある19世紀の名建築に滞在
セント・パンクラス・ルネッサンス
St. Pancras Renaissance Hotel
大英博物館〜キングス・クロス周辺 MAP 付録P.8 C-3
☎020-7841-3540 ⊗ ⓤ King's Cross St Pancras キングス・クロス/セント・パンクラス駅から徒歩3分 ㊟Euston Rd., NW1 2AR ⑤ⓣ £300〜 室数 245室 ㏋ www.marriott.com/hotels/travel/lonpr-st-pancras-renaissance-hotel-london/

◉ アトリウムでのアフタヌーンティーも素敵
ランドマーク
The Landmark London
リージェンツ・パーク周辺 MAP 付録P.7 D-4
☎020-7631-8000 ⊗ ⓤ Marylebone マリルボーン駅から徒歩2分 ㊟222 Marylebone Rd., NW1 6JQ 料⑤ £330〜 室数 300室 ㏋ www.landmarklondon.co.uk

◉ 古い銀行を改装。モダンな高級感が漂う
ソフィテル・セント・ジェイムズ
Sofitel London St James
ソーホー〜コヴェント・ガーデン周辺 MAP 付録P.23 D-4
☎020-7747-2200 ⊗ ⓤ Piccadilly Circus ピカデリー・サーカス駅から徒歩4分 ㊟6 Waterloo Place, SW1Y 4AN 料ⓣ £290〜 室数 183室 ㏋ all.accor.com/hotel/3144/index.en.shtml

◉ 現代的な華やかさをたたえた老舗ホテル
ランガム
The Langham London
ハイド・パーク周辺 MAP 付録P.14 A-1
☎020-7636-1000 ⊗ ⓤ Oxford Circus オックスフォード・サーカス駅から徒歩4分 ㊟1c Portland Place, GB W1B 1JA 料ⓣ £390〜 室数 380室 ㏋ www.langhamhotels.com/en/the-langham/london

ホテルの予約方法

ホテルにメールや電話で予約したり旅行代理店への依頼も可能だが、手軽さと割引率で昨今一般的になっているのがホテル比較サイトの利用。

▌比較サイトでホテル選び
ホテルの比較サイトでチェックインや滞在日数、宿泊者数などを入力して検索すると、条件に合った宿泊施設がリストアップされる。サイトのおすすめ順、料金順、ランドマークなどでソートし、興味のあるホテルを選ぶと最安値でそのホテルを取り扱っている予約サイトに誘導されるが、料金表示はサイトによって1泊1室あたりのものだったり、滞在日数や部屋数を掛けた金額だったりとマチマチなので確認が必要。また、税やサービス料が加算されていない金額が記載されている場合がほとんどなので、その点も注意。

▌支払い方法を確認し選択
予約時にサイト上でクレジットカード決済するケースと現地払いがある。£建て、円払いも要確認。サイトや宿泊プランにより、支払い方法が指定されており、利用者が選択できない場合もある。

▌最終手続き前の確認事項
ホテルを決定し、最終的に予約手続きする際には、チェックインとアウトの日付、宿泊人数、部屋数、ツインやダブル、バスタブ付きといった部屋のタイプ、送迎や朝食、クラブラウンジ利用などのサービスが含まれたプランかどうかなど、自分の検索条件に合っているかを確認する。キャンセル要項も重要だ。

▌チェックイン時には
通常、名前を告げパスポートを提示すれば完了。万が一に備えて予約確認書やバウチャーを持参する。

▌ホテル選びのポイント
周辺の治安や滞在目的に便利な立地を考慮して選びたい。地図から検索できる予約サイトもある。また、ホスピタリティや清潔感などについてはクチコミも有力な情報源となる。格安ツアーのホテルは都心や駅などから離れた不便な立地にあることも多いので申し込み前に確認を。

TRAVEL INFORMATION
旅の基本情報

パスポートにビザ、両替、ホテルへのアクセス、物価、治安。
ロンドン旅行に必要な基本情報についての知識が滞在の楽しみと快適性を左右する。

旅の準備

パスポート(旅券)

旅行の予定が決まったら、まずはパスポートを取得。各都道府県、または市区町村のパスポート申請窓口で取得の申請をする。すでに取得している場合も、有効期限をチェック。イギリス入国時には、パスポートの有効残存期限が帰国時まで有効かどうか再確認する。不測の事態に備えて、入国時に6カ月以上余裕があるのが望ましい。

ビザ(査証)

6カ月以内、観光目的の滞在であれば、ビザは必要ない。

海外旅行保険

海外で病気や事故に遭うと、思わぬ費用がかかってしまうもの。携行品の破損なども補償されるので、必ず加入しておきたい。保険会社や旅行会社の窓口、インターネットで加入できるほか、簡易なものであれば出国直前でも空港内で加入できる。クレジットカードに付帯しているものもあるので、補償範囲を確認しておきたい。

📞 日本からイギリスへの電話のかけ方

国際電話会社の電話番号	→	010	→	44	→	相手の電話番号
マイラインに入っていない場合		国際電話の識別番号		イギリスの国番号		最初の0は不要

荷物チェックリスト

◎	パスポート	
◎	パスポートのコピー(パスポートと別の場所に保管)	
◎	現金	
◎	クレジットカード	
◎	航空券またはeチケット	
◎	ホテルの予約確認書	
◎	海外旅行保険証	
◎	ガイドブック	
	洗面用具(歯磨き・歯ブラシ)	
	常備薬	
	化粧品	
	着替え用の衣類・下着	
	雨具・折りたたみ傘	
	帽子・日傘	
	サングラス	
	変換プラグ	
	携帯電話・スマートフォン/充電器	
	デジタルカメラ/充電器/電池	
	メモリーカード	
	ウェットティッシュ	
△	スリッパ	
△	アイマスク・耳栓	
△	エア枕	
△	筆記具	

◎必要なもの　△機内で便利なもの

※イギリスのEU離脱後、諸手続きが変更する場合がありますので、事前にご確認ください。

TRAVEL INFORMATION

入国・出国はあわてずスマートに手続きしたい!

日本からロンドンまでは直行便で約12時間30分。出入国のポイントをおさらいしよう。

イギリス入国

① 入国審査

日本人は自動化ゲート(eGates)が利用可能。日の丸の表示に従い、パスポートの写真のあるページを読み取り機にかざす。前方モニターを緑になるまで見て、ゲートを通過。12歳未満の子供連れの場合は自動化ゲート利用可能国の審査カウンターに並ぶ。

② 預けた荷物の受け取り

電光掲示板を確認して、自分の乗ってきた便の荷物のターンテーブル番号を確認。荷物をピックアップする。

③ 税関手続き

課税対象になるものを持っている場合は、赤いランプのカウンター、申告対象のものがなければ緑のランプのカウンターに進む。

イギリス入国時の免税範囲

アルコール類	無発泡ワイン2ℓ、アルコール22%を超える酒類1ℓ、またはアルコール度22%以下の酒類2ℓ(18歳以上)
たばこ	紙巻たばこ200本、または葉巻50本、または細葉巻100本、または刻みたばこ25g(18歳以上)
香水	香水60㎖とオードトワレ250㎖
物品	合計£145相当まで。植物、火薬、弾薬、火器、肉類、猥褻物など
現金	外貨、トラベラーズチェック、現金通過などの合計が£1万相当以上のものは申告が必要

シェンゲン協定とは

ユーロ圏の国々は、加盟国間の移動について国内移動と同等に扱われ、入国審査や税関検査を行わないが、イギリスはこれに加盟していないので要注意。

シェンゲン協定加盟国 オーストリア、ベルギー、デンマーク、フィンランド、フランス、ドイツ、ギリシャ、アイスランド、イタリア、オランダ、ポーランド、ポルトガル、スペイン、スイスなど26カ国(2020年1月現在)

📍 出発前に確認しておきたい!

Webチェックイン

Webチェックイン搭乗手続きや座席指定を事前に搭乗航空会社のWebで終わらせておくことで空港では荷物を預けるだけで済み、大幅に時間を短縮することができる。一般的に出発時刻の24時間前からチェックイン可能。パッケージツアーでは一部対象外となるものもあるため要注意。

飛行機機内への持ち込み制限

● **液体物** 100㎖(3.4oz)を超える容器に入った液体物はすべて持ち込めない。100㎖以下の容器に小分けしたうえで、ジッパー付きの透明なビニール袋に入れる。免税店で購入したものは100㎖を超えても持ち込み可能だが、乗り継ぎの際に没収されることがある。

● **刃物** ナイフやカッターなど刃物は、形や大きさを問わずすべて持ち込むことができない。

● **電池・バッテリー** 100Whを超え160Wh以下のリチウムを含む電池は2個まで。100Wh以下や本体内蔵のものは制限はない。160Whを超えるものは持ち込み不可。

● **ライター** 小型かつ携帯型のものを1個まで。

＊アルコール類、タバコは18歳以上のみ

荷物の重量制限

航空会社によって異なるが、日本航空、全日本空輸、ブリティッシュ・エアのエコノミークラスで1個23kgの手荷物2個までは無料。詳細はサイトなどで事前確認し、超過料金に注意。

ロストバゲージしたら

万が一預けた手荷物が出てこなかったり、破損していた場合には荷物引換証(クレーム・タグ)を持って受取場内にあるカウンターに出向く。次の旅程やホテルの連絡先などを所定の用紙に記入するか係員に伝えて、届けてもらうなどの処理依頼を交渉しよう。

イギリス出国

① 空港へ向かう
搭乗する航空会社によってターミナルが違うため、事前に確認しておきたい。チェックインがまだであれば2時間30分前、観光シーズンはもう少し余裕をもって到着していたい。

② チェックイン
チェックインがまだであれば、カウンターでパスポートと搭乗券(eチケット控え)を提示。預ける荷物をセキュリティチェックに通し、バゲージクレーム・タグを受け取る。免税を申請するものがあれば、それまでに手続きを行うか、機内持ち込みにする。

③ 出国審査
パスポートと搭乗券を審査官に提示。審査官不在の場合は審査なしで出国となる。

④ 搭乗
搭乗ゲート前で手荷物のセキュリティチェックがあるため、早めに到着しておきたい。免税店で購入した商品で指定のビニール袋に入れたままであれば、液体物を持ち込むこともできる。

日本帰国時の免税範囲

アルコール類	1本760mℓ程度のものを3本
たばこ	紙巻たばこ400本、葉巻たばこ100本、その他500g、加熱式たばこ個装等20個のいずれか。2021年10月からそれぞれ半分となる
香水	2oz(オーデコロン、オードトワレは含まない)
その他物品	海外市価1万円以下のもの。1万円を超えるものは合計20万円まで

※アルコール類、たばこは20歳以上のみ

日本への主な持ち込み禁止・制限品

持ち込み禁止品	麻薬類、覚醒剤、向精神薬など
	拳銃などの鉄砲、弾薬など
	ポルノ書籍やDVDなどわいせつ物
	偽ブランド商品や違法コピー
	DVDなど知的財産権を侵害するもの
	家畜伝染病予防法、植物防疫法で定められた動物とそれを原料とする製品
持ち込み制限品	ハム、ソーセージ、10kgを超える乳製品など検疫が必要なもの
	ワシントン国際条約の対象となる動植物とそれを原料とする製品
	猟銃、空気銃、刀剣など
	医療品、化粧品など

免税手続きについて事前に確認

付加価値税(VAT)
外国籍の旅行者が3カ月未満の滞在中に購入した商品を未使用のまま国外へと持ち出す場合は、一部の税金が還付されるので、よりお得な買い物ができる。商品購入時にパスポートを提示するほか、簡単な手続きがあるので覚えておきたい。

払い戻しの条件
海外のパスポート保持者が、同日内、同一店舗内で一定額以上の買い物をし、未使用で購入から3カ月以内に国外へ持ち出すことが条件。店によって還付手続きができない店や最低消費額が異なる点と、出国時に空港のVAT REFUNDカウンターで購入商品と書類の提示が必要となるので荷造りには注意が必要。また、食品や書籍、子供用品など、もともとVAT課税外の商品は不可。

払い戻し方法
● **お店**　税金払い戻し取り扱い店舗で支払いの際にパスポートを提示、免税書類(輸出入販売明細書)の作成をしてもらう。払い戻し方法(現金かクレジットカード)を選択し同書類にサインする。書類と投函用の封筒をくれるので出国の空港まで大切に保管する。
● **空港**　VAT FORMと呼ばれる免税書類とレシート(クレジットカードの控えは不可)、パスポート、航空券、未使用の購入品を用意してカウンターへ出向き、確認スタンプを押してもらう。確認スタンプをもらったら、還付代行会社のカウンターへ出向き手続きをする。

手続きの注意点
出国する際、空港では、いずれも未使用の購入商品を提示できるように準備しておく必要がある。現金での還付を希望の場合、空港の両替所に書類を持参するが、クレジットカードへの払い戻しが便利だ。カードへの還付は約2カ月後が目安。

※イギリスのEU離脱後、変更する場合がありますので、事前にご確認ください。

TRAVEL INFORMATION

ヒースロー空港
Heathrow Airport

ロンドン最大にして、世界屈指の利用者数を誇るハブ空港。ヨーロッパ域内で乗り継ぎしロンドンに到着した場合などはガトウィック空港を使うこともあるが、日本からロンドンを訪れる旅客のほとんどはヒースローを利用することになる。ターミナルは5つあるが、1が閉鎖したため、現在稼働しているのは2〜5の4つ。

ターミナル間の移動
ターミナル2と3は徒歩で移動。ターミナル2・3〜4間はTFLレイル、2・3〜5間はヒースロー・エクスプレスで1駅。発券機で無料チケットをプリントして利用する。4〜5間は路線バスが便利。こちらも無料で移動可能だ。乗り継ぎの場合は、余裕をもって少なくとも1時間30分程度をみておくのが望ましい。

ターミナル2
ザ・クイーンズの名で知られるターミナル。スターアライアンス加盟航空会社の便が発着する。
航空会社 全日本空輸(NH)、アシアナ航空(OZ)、ルフトハンザドイツ航空(LH)、シンガポール航空(SQ)、タイ国際航空(TG)

ターミナル3
ワンワールドの便が発着。日本からの直行便である日本航空、ブリティッシュ・エアウェイズのほか、アジアでの乗り継ぎ便での利用も多い。
航空会社 日本航空(JL)、ブリティッシュ・エアウェイズ(BA)、ヴァージン・アトランティック航空(VS)、キャセイパシフィック航空(CX)

ターミナル4
主にスカイチームの便が発着。日本からは乗り継ぎ便での離着陸で利用する場合が多い。
航空会社 エールフランス(AF)、アリタリア航空(AZ)、エティハド航空(ET)、KLMオランダ航空(KL)、大韓航空(KE)、カタール航空(QR)

ターミナル5
世界最高の空港ターミナルと評される。英国のフラッグ・キャリア、ブリティッシュ・エアウェイズが発着。
航空会社 ブリティッシュ・エアウェイズ(BA)、イベリア航空(IB)

✅ 空港でしておきたいこと

☐ **両替**
空港内到着エリアでも両替できるが、レートが良くないので市内までの交通費など最低限分のみにするのがベター。基本的にポンドは日本国内で両替しておくほうがレートが良い。
➲ P.186

☐ **SIMカードの購入**
到着ロビーにsim LOCALやWHSmithの店舗や、クレジットカード対応の自動販売機があり入手は簡単。3(Three)、EE、Vodafone、O2各社のカードがあり、自分で開通設定する必要がある。市内店舗ではSIM代不要でお得なため、到着時は空港のWi-Fiを利用し、市内に出てから購入する手もある。➲ P.188

空港からホテルへはスムーズにアクセスしたい！

長時間のフライトで疲れていても迷わずホテルに行けるよう、事前にシミュレーションしておこう。

空港から中心部へ

ヒースロー空港から中心部への交通手段は5種類。それぞれ所要時間や料金、快適さが異なるので、到着時刻や旅のスケジュールに合わせて選びたい。

ヒースロー・エクスプレス

所要	約15～21分
料金	片道£5.5～32 往復£12.1～55

ターミナル5駅と空港ターミナル2・3にあるヒースロー・セントラル駅とパディントン駅のみに停車。料金は高いが、早朝から深夜まで15分間隔で運行され、快適、最速なアクセス方法だ。混雑具合や席のグレードによって価格が異なる。また、変更不可のネット事前購入（早く購入する方が安く、乗車後の車内発見が最高値）などの早割もあって料金システムは複雑。

①チケットを買う
当日購入の場合は券売機（クレジットカードのみ）で購入。日本語表示も選択可。オイスターカードでの乗車もできる。

②乗り場へ向かう
到着口を出てExpressの表示に従って進む。エクスプレスの駅がないターミナル4に飛行機が到着する場合はTFL（無料）でヒースロー・セントラル駅のあるターミナル2・3に移動し、乗車。

③乗車する
車内での検札で当日購入のチケットまたはネット購入時に受信したチケットのプリントアウトまたはスマホ画面を提示する。ラゲージ置き場、Wi-Fiあり。

TFLレイル

所要	約25～30分
料金	£10.10～10.50

旧ヒースローコネクト。ターミナル4駅からターミナルズ2＆3駅のほか4～5つの駅に停車しながらパディントン駅まで運行する。ヒースロー・エクスプレスよりも少し時間はかかるが料金は安い。運行は30分間隔。

①チケットを買う
日本語表示も可能な自動券売機で購入する。オイスターカードの使用も可。

②乗り場へ向かう
TrainsまたはOver-groundの表示に従って駅に向かう。ターミナル5からはヒースロー・エクスプレス（無料）で移動。

③乗車する
ラゲージ置き場があるので、大きな荷物はここに置く。

地下鉄（ピカデリー線）

所要	60分以上
料金	£3.1～6

TFLアンダーグラウンドとも呼ばれる。運賃は安いが、時間がかかり、混雑するので大きな荷物を持っての移動はしにくいが、ピカデリー線沿いのホテルなどに宿泊する場合は乗り換えなしでアクセスできるのでオフピーク時や荷物が少ない場合は便利。運行は5～10分間隔。チケットでの乗車は少し割高で、オイスターカードで利用する際は混雑時、オフピーク時によって料金が異なる。

①チケットを買う
券売機で購入。日本語での表示も選択できる。オイスターカードも利用可能。

②乗り場へ向かう
Undergroundの表示に従って乗り場に向かう。ターミナル2・3にあるヒースロー・セントラル駅、ターミナル4・5駅とすべてのターミナルに駅がある。

③乗車する
改札でチケットまたはオイスターカードを通して乗車する。

空港バス（ナショナル・エクスプレス）

所要	約40分～2時間 （道路状況による。平均1時間）
料金	£10

Coachとも呼ばれる。電車に比べて時間はかかるが、日本国内のリムジンバス同様、荷物を預け座って移動できるので楽。また、クリスマス期など、公共交通が運休する時期にも動いていることが多い。運行は1時間に最大4便。市内サイドのバス停であるヴィクトリア・コーチ・ステーションからは路線バスと少し距離があるので、タクシー利用が便利。

①チケットを買う
自動券売機、または職員のいるカウンターで購入。発券機は現金で支払いできるものとクレジットカードのみのものがある。発券機に日本語表示はない。

②乗り場へ向かう
バス乗り場はターミナル2、3からすぐ。その他のターミナルに着陸する場合は、空港内移動が必要となる。

③乗車する
ラゲージを預けて乗車、着席。トイレ、無料Wi-Fiも完備で快適。

タクシー

所要	1時間～ （道路状況による）
料金	£60～100

ミニ・キャブと呼ばれる白タクもあり、ドライバーはライセンスを取得してはいるが、メーターがなく厳密な料金交渉が必要。正規のブラック・キャブはメーター制で時間帯や距離により値段が変動するが、ライセンス取得が厳しいため安心。同行人数によってはお得。

TRAVEL INFORMATION

イギリスのお金のことを知っておきたい！

カード利用が便利なイギリスだがチップなどで現金が必要なことも。迷わないようお金の基本をおさらい。

通貨

現在はまだEU加盟国だが、通貨はポンド（£）とペンス（p）。ポンドはパウンド（Pound）、クイッド（quid）、ペンスはピー（p）と呼ばれることもある。

£1 ＝ 約143円
（2020年1月現在）

1万円 ＝ 約£70.08

スリや盗難の心配があるので多額の現金を持ち歩くのは避けよう。イギリスでは少額でもクレジットカードの利用が可能。現金で支払うことが多いチップやちょっとした買い物に備え、両替時は少額紙幣を多めにしてもらおう。

紙幣
£5
£10
£20
£50

硬貨
£2　£1　50p　20p
10p　5p　2p　1p

両替

どこで両替をすればいい？

空港やホテルは一般的にレート、手数料が高い。市内では銀行、両替商での両替が可能。£は日本で両替したほうがレートが良いことが多い。

クレジットカードでキャッシング

VISAやMastercardなど大手国際ブランドのクレジットカードを持っていればATMで現地通貨を引き出せる。各カード会社の規定による手数料や利息がかかるので、出国前に暗証番号（PIN）とともに確認しておこう。

海外トラベルプリペイドカード

VISAやMastercardなどの国際的なクレジットカード会社によるプリペイドカード。年齢制限が低く、信用審査などがないこと、日本円で入金して現地通貨で使えることなど、プラスチック・マネーでありながら現金に近い感覚で利用できる。使いすぎ防止にも有効。

物価

ロンドンの物価は東京よりもやや高い。中級ホテルで1万2000円くらい。5ツ星ホテルなら3万円以上を目安に。外食はコーヒー1杯400円前後、ビストロなどのカジュアルなランチは2000円から、ディナーは1万円程度を目安に予算を考えておこう。

地下鉄（アンダーグラウンド）
£2.40（約350円）
オフピーク、オイスターカード使用時

タクシー初乗り
£2.40（約350円）

ミネラルウォーター
（500mℓ）
£1（約143円）

ビール
£1（約143円）〜

滞在中に知っておきたいイギリスのあれこれ！

文化や習慣、マナーの違いを把握しておけばロンドンの滞在も快適に。まずは積極的にあいさつしよう。

飲料水

一般的にロンドンの水道水は衛生上飲用可能だが、日本と異なる硬水なので違和感を感じる人も多く、稀に腹痛を起こす場合もある。スーパーなどでは水道水をろ過したボトルド・ウォーター（硬水）のほか、軟水や炭酸入りも販売している。

トイレ

ほとんどの駅にはトイレがなく、公共トイレでは有料のところも少なくない。ファストフード店などでは利用可能な場所もあるがカスタマー・オンリー（customers only）という表示が出ていたり、店に暗証番号を聞く必要があるところが多い。おすすめは立ち寄ったレストランや美術館・博物館、ホテル、デパート。使いやすく清潔さ。

各種マナー

何よりもあいさつを。店に入る際、エレベーターで同乗の人にも「ハロー」とあいさつしよう。

公共交通機関で 金・土曜はヴィクトリア線、セントラル線、ノーザン線、ピカデリー線が24時間運行するが、深夜、都心部以外では人けが少なくなるので要注意。

美術館で 写真撮影が許されている施設もあるが、フラッシュや三脚・自撮り棒使用については禁止の場合も多い。

教会で 帽子や露出度の高い服は避け、ミサや結婚式などは見学、写真撮影を控えるようにしたい。

度量衡

長さはインチ（2.54m）、重さはポンド（453.6g）、ストーン（6.35kg）、距離はマイル（1.61km）、容量はパイント（568mℓ）で表す。

ビジネスアワー

ロンドンのデパートやショップは10〜18時と営業時間が短く、日曜は午後のみ開く店も一般的。イースター前後も祝祭日は休む店も多く、クリスマスから年始にかけては店だけでなく公共交通機関も全面休業、または減便となる。

電化製品の使用

電圧は日本と異なる

ロンドンの電圧は240V、電流は50Hz。日本から電化製品を持参する際には変圧器内蔵のもの、または海外旅行対応製品を使うほか、変圧器が必要。電化製品に100〜240Vと表示があればそのまま使用できる。誤って使用すると加熱して火災などの危険があるので注意しよう。

プラグはBFタイプ

3本型ピンのBFプラグなので、日本から持参した電化製品を使用する場合は変換プラグが必要。

BFタイプ

郵便

はがき／手紙

日本へは、24cm×16.5cm、厚さ0.5cmまで、あるいは35.3cm×25cm、厚さ2.5cmまでのサイズで受け付けており、それぞれ重さによって値段が異なる。切手はコンビニなどでも買えるがシート単位での販売のため、郵便局の窓口で出すのが便利。大きな局には送り先とサイズを選ぶと的確な値段の切手が買える自販機もある。宛名の住所にはJAPAN（日本）と英語で書く。AIR MAILの記載も忘れずに。

小包

60cm×60cm×90cmの小包は重さによって値段が異なり、2kgまで郵送できる。料金詳細は郵便局のHPで確認を。

飲酒と喫煙

飲酒、喫煙とも18歳から。

飲酒するときは身分証明書を携行

イギリスではお酒購入できるのは18歳からだが、16歳以上なら、親が同伴していれば、食事中に限りビールやサイダー（シードル）が許可されている。道路や公園など公共の場での飲酒は禁止。

喫煙は喫煙スペースで

建物内の公共スペースは、パブやバーも含めて喫煙禁止。

TRAVEL INFORMATION

電話／インターネット事情を確認しておきたい！

情報収集に便利なインターネット接続や、いざというときの電話のかけ方をおさらいしておこう。

電話をかける

📝 国番号は、日本が81、イギリスが44

イギリスから日本への電話のかけ方

ホテル、公衆電話から

ホテルからは外線番号 → 00 → 81 → 相手の電話番号

- 00：国際電話の識別番号
- 81：日本の国番号
- ※固定電話・携帯電話とも市外局番の最初の0は不要

携帯電話、スマートフォンから

0または＊を長押し → 81 → 相手の電話番号

- ※機種により異なる
- 81：日本の国番号
- ※固定電話・携帯電話とも市外局番の最初の0は不要

固定電話からかける

ホテルから 外線番号（ホテルにより異なる）を押してから、相手先の番号をダイヤル。たいていは国際電話もかけることができる。

公衆電話から 赤い電話ボックスが街のトレードマークにもなっており、公衆電話はたくさんあるが、故障しているものも多い。

日本へのコレクトコール

緊急時にはホテルから通話相手に料金が発生するコレクトコールを利用しよう。

● KDDIジャパンダイレクト
☎ 0800-6312-001

オペレーターに日本の電話番号と、話したい相手の名前を伝える。

携帯電話／スマートフォンからかける

国際ローミングサービスに加入していれば、日本で使用している端末でそのまま通話できる。滞在中はイギリスの番号にそのままダイヤルするだけでよい（最初の0も必要）。日本の電話には、＋を表示させてから、国番号＋相手先の番号（最初の0は除く）。同行者の端末にかけるときも、国際電話としてかける必要がある。

海外での通話料金 日本国内での定額制は適用されず、着信時にも通話料が発生するため、料金が高額になりがち。ホテルの電話やIP電話を組み合わせて利用したい。同行者にかけるときも日本への国際電話と同料金。

IP電話を使う インターネットに接続できる状況であれば、SkypeやViberは有料プランでイギリスの固定電話にもかけられる。

インターネットを利用する

ロンドンでは美術館や博物館、ホテル、カフェ、銀行、大きなデパートやスーパーなどで、Wi-Fiが使用できる。メールアドレスを登録したり、パスワードを入手してから接続する必要がある場合もあるので、心配な人は日本からWi-Fiルーターをレンタルするのも一案。海外への電話もインターネットの通話サービスを利用するなどして、通話料金をお得に。

インターネットに接続する

海外データ定額サービスに加入していれば、1日1000～3000円程度でデータ通信を行うことができる。通信業者によっては空港到着時に自動で案内メールが届くこともあるが、事前の契約や手動での設定が必要なこともあるため、よく確認しておきたい。定額サービスに加入せずにデータ通信を行うと高額な料金となるため、不安ならば電源を切るか、機内モードやモバイルデータ通信をオフにしておくことがおすすめ。

SIMカード／レンタルWi-Fiルーター

現地SIMカードの購入や海外用Wi-Fiルーターのレンタルも検討したい。SIMフリーの端末があれば、空港や市内の携帯ショップ、駅などにあるチェーンの小売店、WHSmithなどで購入できるSIMカードを差し込むだけでネットに接続できる。30日有効かつ5GBの通信料で£15など。念のため購入時にはパスポートを持参。Wi-Fiルーターは複数人で同時に使えるのが魅力。料金は大容量プランで1日500～1500円ほど。

	カメラ／時計	Wi-Fi	通話料	データ通信料
電源オフ	×	×	×	×
機内モード	○	○	×	×
モバイルデータ通信オフ	○	○	$	×
通常モバイルデータ通信オン	○	○	$	$

○ 利用できる　　$ 料金が発生する

オフラインの地図アプリ

地図アプリでは、地図データをあらかじめダウンロードしておくことで、データ通信なしで利用することができる。機内モードでもGPS機能は使用できるので、通信料なしで地図データを確認できる。

病気、盗難、紛失…。トラブルに遭ったときはどうする？

事故や病気は予期せず起こるもの。万が一のときにもあわてずに行動したい。

治安が心配

世界中から観光客が集まるロンドンはスリやひったくりなどが多発。政府の緊縮財政で警官が減少していることもあり、軽犯罪は増加傾向にある。持ち物から手を離さない、バッグは体に斜めがけして上にコートなどを羽織る、スマホに夢中にならないなど基本的なことが重要。周囲に気をつけ不審な行動をとる人からは離れるのも大切。

緊急時はどこへ連絡？

盗難やけがなど緊急の事態には警察や消防に直接連絡すると同時に、日本大使館にも連絡するように。

警察 ☎999
消防・救急 ☎999
大使館
在英国日本国大使館
バッキンガム宮殿周辺 **MAP** 付録P.14 A-3
☎020-7465-6500 101-104 Piccadilly W1J 7JT www.uk.emb-japan.go.jp
病院
ロンドン医療センター
市街北部 **MAP** 付録P.2 B-1
☎020-8202-7272
234-236 Hendon Way, Hendon Central, NW4 3NE
24時間365日診療。日本人医師、スタッフがサポート。 www.iryo.com

病気・けがのときは？

海外旅行保険証に記載されているアシスタンスセンターに連絡するか、ホテルのフロントに医者を呼んでもらう。海外旅行保険に入っていれば、提携病院で自己負担なしで安心して治療を受けることができる。

パスポートをなくしたら？

① 最寄りの警察に届け、盗難・紛失届証明書(Police Report)を発行してもらう。
② 証明書とともに、顔写真2枚、本人確認用の書類を用意し、在英国日本国大使館に、紛失一般旅券等届出書を提出する。
③ パスポートの失効後「帰国のための渡航書」の発行を申請。帰りの航空券(eチケット控えで可)が必要となる。発行の手数料は£17。
新規パスポートは5年有効(12歳未満)£41、(12歳以上)£74、10年以上(20歳以上)£108の手数料で再発行可能。所要5日(土・日曜、休館日を除く)。支払いは現金のみ。

クレジットカードをなくしたら？

不正利用を防ぐため、カード会社にカード番号、最後に使用した場所、金額などを伝え、カードを失効してもらう。再発行にかかる日数は会社によって異なるが、翌日～3週間ほど。事前にカード発行会社名、紛失・盗難時の連絡先電話番号、カード番号をメモし、カードとは別の場所に保管しておくこと。

現金・貴重品をなくしたら？

現金はまず返ってくることはなく、海外旅行保険でも免責となるため補償されない。荷物は補償範囲に入っているので、警察に届け出て盗難・紛失届出証明書(Police Rport)を発行してもらい、帰国後保険会社に申請する。

**外務省
海外安全ホームページ＆たびレジ**
外務省の「海外安全ホームページ」には、治安情報やトラブル事例、緊急時連絡先などが国ごとにまとめられている。出発前に確認しておきたい。また、「たびレジ」に渡航先を登録すると、現地の事件や事故などの最新情報が随時届き、緊急時にも安否の確認や必要な支援が受けられる。

旅のトラブル実例集

 スリ

事例1 駅構内や路上で硬貨や雑誌を落としたり、背中に飲み物などを付けられたり、気を取られている隙に、後ろにいた共犯者から財布や貴重品を抜き取られる。刃物でバッグを切り裂き、貴重品を抜くスリもある。
事例2 バイクや自転車で追い抜きざまにバッグなどをひったくる手口も頻発。
対策 多額の現金や貴重品はできる限り持ち歩かせず、位置を常に意識しておく。支払いのときに、財布の中を他人に見えないようにする。バッグをいつも腕や体にかけてしっかりと抱え込むように持つ。

ぼったくり

事例1 ミニ・キャブで乗車前値段交渉したが、降車時に2人乗車したからと2倍の値段を請求された。
事例2 劇場のチケット売り場に並んでいると、ダフ屋に声をかけられた。少し高いが並ぶのに疲れたため購入。ニセのチケットだった。
対策 基本料金が高いがタクシーはブラック・キャブを使用。ブラック・キャブは厳しい試験をパスしたドライバーが運転、メーター制だが、それでも遠回りなどが頻発。乗車時にスマホの地図などでルートを示すとトラブルが減る。ニセのチケット屋、警官などに気をつける。

置き引き

事例1 写真撮影を頼まれ荷物を足元に置いたところ、いつの間にか荷物がなくなる、カフェなどで場所取り用に置いたバッグがなくなるなど。
事例2 ホテルのチェックイン、チェックアウトのときに、足元に置いていた荷物を盗まれる。
対策 バッグやスマホなどは手から離さないことが鉄則。自分の持ち物を置いたままその場を離れて安心な場所であると思っても危険。また、電車内での居眠りも危険。地下鉄などで空港から移動する場合、ラゲージから手を離さないことも大切。

INDEX

ハルカナ✈旅を
豊かで楽しくするスポット

INDEX

インデックス

🟢 観光

あ
- アフタヌーンティー・クルーズ … 35
- イートン・スクエア … 56
- イズリントン付近の運河 … 13
- ヴィクトリア&アルバート博物館 … 68
- ヴィクトリア・タワー … 27
- ウエストミンスター寺院 … 26・36
- ウエストミンスター・ホール … 27
- ウェリントン兵舎 … 56
- 英国アカデミー … 56
- 衛兵交代式 … 24
- エミレイツ・エア・ライン … 33
- オーストラリア・ハウス … 54

か
- 科学博物館 … 80
- 騎兵隊交代式 … 24
- 旧王立取引所 … 37
- キューガーデン … 28
- キングス・クロス駅 … 54
- クラレンス・ハウス … 29
- グリーン・パーク … 28
- グリニッジ・フット・トンネル … 33
- グローブ・シアター・ガイド・ツアー … 51
- グローブ・タヴァーン … 57
- ケルムスコット・マナー … 178
- ケンジントン・ガーデンズ … 28
- ケンジントン宮殿 … 29
- コヴェント・ガーデン … 37
- 国会議事堂 … 27・36

さ
- ザ・シャード … 32
- サマセット・ハウス … 37
- シェイクスピアの生家 … 175
- 自然史博物館 … 57・79
- シャーロック・ホームズ博物館 … 53
- スカイ・ガーデン … 38
- スピーディーズ・サンドイッチ・バー&カフェ … 56
- セシル・コート … 54
- セント・ジェイムズ・パーク … 28
- セント・バーソロミュー病院 … 53
- セント・ポール大聖堂 … 37
- セントラル・ロビー … 27

た
- ダイアナ・メモリアル・ファウンテン … 29
- ダイアナ・メモリアル・プレイグラウンド … 29
- 大英図書館 … 80
- 大英博物館 … 62
- タワー42 … 56
- タワー・ブリッジ … 33
- チャイナタウン … 56
- 庭園博物館 … 81
- テート・ブリテン … 76
- テート・モダン … 78
- テムズ川 … 30
- テムズ・クリッパーズ … 34

な
- ナショナル・ギャラリー … 72

- ニュー・プレイス … 175

は
- バース寺院 … 177
- ハイド・パーク … 28
- バッキンガム宮殿 … 22
- パディントン駅 … 57
- バンケティング・ハウス … 36
- ビッグ・ベン … 27
- ブロードウェイ・タワー … 164
- ベイカー・ストリート駅 … 52

ま
- マダム・タッソー人形館 … 81
- ミレニアム・ブリッジ … 32

ら
- レイコック・アビー … 174
- ロイヤル・クレッセント … 177
- ローマン・バス博物館 … 177
- ロンドン・アイ … 32
- ロンドン・ウォーキング・ツアー … 52
- ロンドン塔 … 26
- ロンドン動物園 … 54

わ
- ワーナー・ブロス・スタジオツアー・ロンドン・メイキング・オブ・ハリー・ポッター … 55

🔷 エンタメ

あ
- アビー・ロード … 91
- アビー・ロード・スタジオ … 91
- アポロ・ヴィクトリア・シアター（ウィキッド）… 89
- ヴィクトリア・パレス・シアター（ハミルトン）… 88
- ウィンブルドン・ローンテニス博物館 … 92
- エミレーツ・スタジアム（アーセナル）… 92
- オール・イングランド・ローンテニス・アンド・クローケー・クラブ … 92
- オールド・ヴィック・シアター … 91
- オルドウィッチ・シアター … 90

か
- ギールグッド・シアター … 90

さ
- サヴォイ・シアター … 90
- シェイクスピア・グローブ座 … 50
- スタンフォード・ブリッジ（チェルシー）… 92
- セルハースト・パーク（クリスタル・パレス）… 92
- ソンドハイム・シアター（レ・ミゼラブル）… 89

た
- トゥイッケナム・スタジアム … 92
- トッテナム・ホットスパースタジアム（トッテナム・ホットスパー）… 92
- ドルリー・レーン王立劇場 … 90

な
- ノヴェロ・シアター（マンマ・ミーア！）… 86
- ノエル・カワード・シアター … 90

は
- バービカン・センター … 91
- ハー・マジェスティーズ・シアター（オペラ座の怪人）… 88

- パレス・シアター（ハリー・ポッターと呪いの子）… 84
- ハロルド・ピンター・シアター … 90

ら
- ライシアム・シアター（ライオン・キング）… 53・87
- ロイヤル・オペラ・ハウス … 13・91
- ロイヤル・ナショナル・シアター … 91
- ロイヤル・フェスティバル・ホール … 91
- ロンドン・コロシアム … 91
- ロンドン・スタジアム（ウェストハム・ユナイテッド）… 92

🟠 グルメ／ナイトスポット

あ
- アイビー … 102
- アクア・シャード … 101
- アペロ … 101
- アムルサ・ラウンジ … 109
- アラジン・ブリック・レーン … 109
- アルビオン・オール・デイ・カフェ … 96
- ウィンドミル・メイフェア … 103
- オットレンギ・ノピ … 111

か
- カンティナ・デル・ポンテ … 57
- ギニア・グリル … 39
- グレート・コート … 67
- コーチ・メーカーズ・アームズ … 40
- ゴールデン・ハインド … 104

さ
- ザ・ウォルズリー … 97
- ザ・グレナディア … 45
- ザ・クローヴ・クラブ … 99
- ザ・シャーロック・ホームズ・パブ … 43・53
- ザ・スプレッド・イーグル … 40
- ザ・ダイニング・ルーム … 101
- ザ・チャーチル・アームズ … 45
- ザ・ビブ&ブッチャー … 39
- ザ・ブラックフライアー … 42
- ザ・ブレックファスト・クラブ … 96
- ザ・ラム&フラッグ … 43
- ジ・オイスターメン・シーフード・バー&キッチン … 106
- ジ・オールド・チェシーチーズ … 44
- ジ・オールドバンク・オブ・イングランド … 44
- ジコニ … 110
- シティ・オブ・ヨーク … 41
- シンプソンズ・イン・ザ・ストランド … 53
- セント・ジョン・スミスフィールド … 100

た
- ダフネ … 111
- タヤブス … 108
- チャツネズ・レストラン … 109
- ディシューム・カーナビー … 108
- ティペラリー … 42
- トゥー・ブラザーズ … 104
- トッフス … 105
- トレッドウェルズ … 98

190

バーナーズ・タヴァーン ・・・・・ 97
バタシー・パイ・ステーション ・・・ 103
バチャママ ・・・ 110
バトラーズ・ワーフ・チョップ・ハウス ・・・ 103
フィッシュワークス ・・・ 107
45 ジャーミン St. ・・・ 103
プラム&スピルト・ミルク ・・・ 99
ベナレス ・・・ 109
ベントレース・オイスター・バー&
グリル ・・・ 106
ポピーズ ・・・ 104
マークスマン ・・・ 38
ミエン・タイ ・・・ 111
ミュージアム・タヴァーン ・・・ 53
メイフェア・チッピー ・・・ 105
モリス、ガンブル&ポインター・
ルームズ ・・・ 71
ヤウアチャ ・・・ 111
ライディング・ハウス・カフェ ・・・ 97
ライルズ ・・・ 100
ランダル&オービン ・・・ 107
リロイ ・・・ 100
ルック・マム・ノー・ハンズ！ ・・・ 97
ロースト ・・・ 102
ロック&ソール・プレイス ・・・ 105
ロンドン・シェル・コー ・・・ 107

◆ カフェ&スイーツ

アフタヌーンティー・ウィズ・
V&Aカフェ ・・・ 116
ウェッジウッド ・・・ 48
オールド・レクトリー・ティールーム ・・・ 173
オットレンギ ・・・ 114
カッター&スクイッジ ・・・ 113
ザ・ハミング・バード・ベーカリー ・・・ 114
ザ・ボタニカル ・・・ 117
ザ・リッツ・ロンドン ・・・ 46
シャボネル・エ・ウォーカー ・・・ 115
スケッチ ・・・ 47
セント・ジェイムズ・カフェ ・・・ 117
ティサンズ・ティー・ルームズ ・・・ 165
トーマスズ・カフェ ・・・ 116
トレード ・・・ 118
バンタム・ティー・ルームズ ・・・ 163
ビーズ・オブ・ブルームズベリ
（マリルボーン店） ・・・ 114
ピーターシャム・ナースリーズ ・・・ 49
ビスケッティアーズ・ブティック&
アイシング・カフェ ・・・ 115
フォートナム&メイソン ・・・ 49
ブラウンズ ・・・ 49
プレタポルティ ・・・ 48
プレタマンジェ ・・・ 118
ブレッド・アヘッド ・・・ 117
ベギー・ポーション ・・・ 112
ミルク・トレイン ・・・ 115
メートル・シュー ・・・ 113
モンティーズ・デリ ・・・ 118
ランデンウィック ・・・ 118

リンゼイズ ・・・ 171
ローズウッド・ロンドン ・・・ 47
和カフェ ・・・ 117

◆ ショッピング

アティカ ・・・ 143
アフター・ノア ・・・ 138
イースト・インディア・カンパニー ・・・ 142
ヴィヴィアン・ウエストウッド ・・・ 136
ヴィンティ・アンドリュース ・・・ 124
ウエイトローズ ・・・ 144
H.R.ヒギンス ・・・ 142
エッグ ・・・ 124
エマ・ブリッジウォーター ・・・ 139
エル・エフ・マーキー ・・・ 122
L.K.ベネット ・・・ 129
オクスファム・ブティック ・・・ 143
ギープス&ホークス ・・・ 137
キャス・キッドソン ・・・ 139
クインテッセンシャリー・イングリッシュ ・・・ 174
グローブ・トロッター ・・・ 125
クロス・ハウス ・・・ 139
コッツウォルド・パフューメリー ・・・ 166
ジェイムズ・スミス&サンズ ・・・ 128
ジョー・マローン ・・・ 141
スノーズヒル・マナー ・・・ 165
スマイソン ・・・ 127
セルフリッジズ ・・・ 135
テスコ ・・・ 144
ドゥント・ブックス ・・・ 140
ドレイクス ・・・ 137
ニールズ・ヤード・レメディーズ ・・・ 141
バーバリー ・・・ 136
ハイグローヴ ・・・ 171
バッキンガム・パレス・ショップ ・・・ 128
ハフキンス ・・・ 169
ハルシオン・デイズ ・・・ 127
ハロッズ ・・・ 134
ピーターシャム・ナースリーズ ・・・ 13·138
ブーツ ・・・ 141
フォートナム&メイソン ・・・ 135
ブックス・フォー・クックス ・・・ 140
ブラックアウトⅡ ・・・ 143
ブラックホース・レーン・アトリエ ・・・ 123
プラネット・オーガニック ・・・ 144
フランキー・ドゥードゥル ・・・ 163
ブロードウェイ・デリ ・・・ 165
フローリス ・・・ 126
ヘンリー・プール ・・・ 137
ポール・スミス ・・・ 136
ホール・フーズ・マーケット ・・・ 144
ポストカード・ティーズ ・・・ 142
マーガレット・ハウエル ・・・ 136
マークス&スペンサー ・・・ 144
マグマ ・・・ 140
マッキントッシュ ・・・ 136
ミー・アンド・エム ・・・ 129
リース ・・・ 129
リバティ ・・・ 134

レイバー&ウエイト ・・・ 138
ロック&コー・ハッターズ ・・・ 128
ロバート・ウェルチ ・・・ 163

◆ マーケット

オールド・スピタルフィールズ・
マーケット ・・・ 131
カムデン・パッセージ ・・・ 132
ギルドホール・マーケット ・・・ 177
コロンビア・ロード・フラワー・
マーケット ・・・ 133
セブン・ダイヤルズ・マーケット ・・・ 12
バラ・マーケット ・・・ 57·58
フラット・アイアン・スクエア ・・・ 13·59
ブリクストン・ヴィレッジ ・・・ 130
ブリック・レーン ・・・ 60
ポートベロ・ロード・マーケット ・・・ 131
メルカート・メイフェア ・・・ 12
モルトビー・ストリート・マーケット ・・・ 60
レドンホール・マーケット ・・・ 54

◆ ホテル

カッスル・イン ・・・ 173
クラリッジス ・・・ 179
ゴーリング ・・・ 179
コッツウォルド・ハウス・ホテル&スパ ・・・ 163
コンノート ・・・ 179
ザ・ウェルズリー ・・・ 180
サヴォイ ・・・ 179
ザ・クローズ・ホテル ・・・ 171
ザ・ヘアー・アンド・ハウンズ・ホテル ・・・ 171
ザ・マナー・ハウス ・・・ 173
ザ・リッツ・ロンドン ・・・ 179
シャングリラ・アット・ザ・シャード ・・・ 179
スワン・ホテル ・・・ 168
セント・パンクラス・ルネッサンス ・・・ 180
ソフィテル・セント・ジェイムズ ・・・ 180
デュークス ・・・ 180
ドーチェスター ・・・ 179
バークレー ・・・ 179
ハム・ヤード ・・・ 179
フォーシーズンズ・アット・パーク・
レーン ・・・ 179
マンダリン・オリエンタル・ハイド・
パーク ・・・ 179
ランガム ・・・ 180
ランドマーク ・・・ 180
リゴン・アームス ・・・ 165
ローズウッド ・・・ 179
ローズ・オブ・ザ・マナー ・・・ 167

STAFF

● 編集制作 Editors
K&Bパブリッシャーズ K&B Publishers

● 取材・執筆・撮影 Writers & Photographers
粟野真理子 Mariko Awano
関谷萌 Moe Sekiya
山内ミキ Miki Yamanouchi
名取由恵 Yoshie Natori
近藤真紀 Maki Kondo
小林写函 Syabako Kobayashi
富岡秀次 Shu Tomioka
髙橋きよし Kiyoshi Takahashi

髙橋靖乃 Yasuno Takahashi
嶋嵜圭子 Keiko Shimazaki
西連寺くらら Clara Sairenji
堀井美智子 Michiko Horii
大原扁理 Henri Ohara

● 編集協力 Local Cooperation
時田あや Aya Tokita
オリバー慶 Kei Oliver

● カバー・本文デザイン Design
山田尚志 Hisashi Yamada

● 地図制作 Maps
トラベラ・ドットネット TRAVELA.NET

● 表紙写真 Cover Photo
iStock.com

● 写真協力 Photographs
PIXTA
Aflo
123RF

● 総合プロデューサー Total Producer
河村季里 Kiri Kawamura

● TAC出版担当 Producer
君塚友 Futoshi Kimizuka

● TAC出版海外版権担当 Copyright Export
野崎博和 Hirokazu Nozaki

● エグゼクティヴ・プロデューサー Executive Producer
猪野樹 Tatsuki Ino

ハルカナ　ロンドン コッツウォルズ

2020年2月29日　初版　第1刷発行

著　者	TAC出版編集部	
発 行 者	多 田 敏 男	
発 行 所	TAC株式会社 出版事業部	
	（TAC出版）	

〒101-8383 東京都千代田区神田三崎町3-2-18
電話　03(5276)9492（営業）
FAX　03(5276)9674
https://shuppan.tac-school.co.jp

印　刷	株式会社　光邦	
製　本	東京美術紙工協業組合	

©TAC 2020　Printed in Japan　ISBN978-4-8132-8623-3
N.D.C.293　　　　　落丁・乱丁本はお取り替えいたします。

本書は、「著作権法」によって、著作権等の権利が保護されている著作物です。本書の全部または一部につき、無断で転載、複写されると、著作権等の権利侵害となります。上記のような使い方をされる場合には、あらかじめ小社宛許諾を求めてください。

視覚障害その他の障害により視覚による表現の認識が困難な方のためにする本書の複製にあたっては、著作権法の規定で認められる範囲内において行ってください。